どこでも！学ぶ

2024
年度版

賃貸不動産経営管理士

不動産
経　営

基本テキスト

賃貸不動産経営管理士資格研究会　編著

JN050961

建築資料研究社 日建学院

はじめに

　賃貸不動産経営管理士は、専門的な知識をもって賃貸管理の職務を公正中立な立場で行う専門家として、賃貸不動産経営管理士協議会によって付与される資格です。現在までの総有資格者数は77,598人に達しており（令和5年4月時点）、資格者はすでに賃貸住宅管理実務の現場で、中心的な役割を担うに至っています。

いよいよ国家資格に！

　令和2年6月に「賃貸住宅の管理業務等の適正化に関する法律」（以下「賃貸住宅管理業法」という）が成立し、令和3年6月に完全施行されました。同法では、賃貸住宅管理業者の営業所等に業務管理者の設置が義務づけられていますが、この業務管理者になるための資格要件として賃貸不動産経営管理士が位置づけられています。つまり、法律に基づく国家資格としての地位が認められたわけです。賃貸不動産経営管理士の社会的な役割は今後確実に大きくなりますから、これまでにも増して重要な資格試験となります。

賃貸住宅管理業法のポイントを徹底解説！

　本書では、令和3年度試験から新しく出題範囲に加わった賃貸住宅管理業法について、今後出題が予想されるポイントを含め徹底解説しています。令和5年11月に実施された令和5年度試験では、賃貸住宅管理業法に関する問題が20問出題され、出題範囲に占めるウエイトは引き続き高くなると予想されます。しかし、本書で取り扱う内容を押さえておけば、試験対策としてはバッチリです！

過去問とのセット学習が効果的！

　ところで、令和３年度試験から、出題範囲は全部で６分野となり、９分野で構成されていた以前の出題範囲と比べると、大幅に変更されています。これは、賃貸住宅管理業法の施行に伴って制定された、同法施行規則に基づいて出題範囲が変更されたことによるものです。

　ただし、賃貸不動産経営管理士として求められる専門的知識はそれ以前と大きく変わるものではありませんので、従来のとおり、**基本テキストと過去問をセットで学習することが効果的な試験対策**となります。

　本書は、試験対策として必要な事項を整理し、問題を解くためのカギとなる要点をまとめた図表を中心に構成しています。試験対策には、当然ながら過去問の理解と出題傾向の分析が重要です。本書では、**過去９年間の本試験での出題実績**についても、解説中に表示しています。

　さらに、本書の姉妹本であり、過去７年間の本試験問題から必読問題を精選した『2024年度版　どこでも！学ぶ　賃貸不動産経営管理士　過去問題集』（2024年５月刊行）と合わせて活用していただくことで、さらなる実力アップにつながります。

　本書を利用して、多くの方が合格の栄冠を勝ち取り、賃貸不動産経営管理士として活躍されることを、心から祈念いたします。

2024年５月吉日

賃貸不動産経営管理士資格研究会

本書の利用法

▶【重要度】

ひと目でわかる！
学習するうえでの重要度を**S**、**A**、**B**、**C**の4段階（**S**が最も重要）
でランク表示

▶【本試験の出題実績】

出題実績のある項目に出題年度を表示しています。

▶【攻略ポイント】

学習を始める前にサラッと読んで、テーマごとの押さえどころをチェックしましょう！

▶【コメント】

解説本文の理解を助ける補足情報として掲載。過去問の選択肢を意訳しているコメントもあるので、試験対策として見逃せない情報です。

▶【注　意】

ひっかけ問題として出題されやすい内容です。

第5章

転貸借
（サブリース）

重要度ランク **S**

攻略ポイント

● サブリース事業では、原賃貸人Aはサブリース業者Bに対して賃貸人としての権利を有する

● サブリース業者Bと転借人Cの転貸借において、BはCに対して賃貸人（転貸人）としての権利を有する

出た！ H29・30・R1・2

コメント
サブリース事業における原賃貸借契約も賃貸借契約である。したがって、普通建物賃貸借契約であれば、その契約成立には書面の作成や引渡しは不要（H29問8）。原賃貸借契約が定期借家契約であれば、その契約成立には書面の作成が必要

注意
サブリース事業では、サブリース業者にとって転借人（入居者）の選択は、自らが賃貸人としてその契約の相手方を選ぶ行為となる（管理受託方式では、貸借人の選択は、賃貸人が相手方を選ぶ行為であって、管理業者の業務は、賃貸人への協力である）（H29問8）。

出た！ H27・28・29・R2

① 契約関係

サブリース事業は、サブリース業者Bが原賃貸人（所有者）Aから賃貸住宅を借り受け、Aの承諾を得て、自らが転貸人となって第三者に転貸する法形式を利用して行う事業です。AとC（転借人）との間には契約関係は生じません。

Bは賃貸借の当事者（原賃借人・転貸人）となって業務を行います。

ポイント整理
サブリース事業の契約関係

② 原賃貸人とサブリース業者の関係

原賃貸人Aとサブリース業者Bの関係は、賃貸借です。

226

▶【図表＆フローチャート】

シンプルな図表やフローチャートによるビジュアル解説で、複雑な賃貸借の関係などもわかりやすく表示しています。

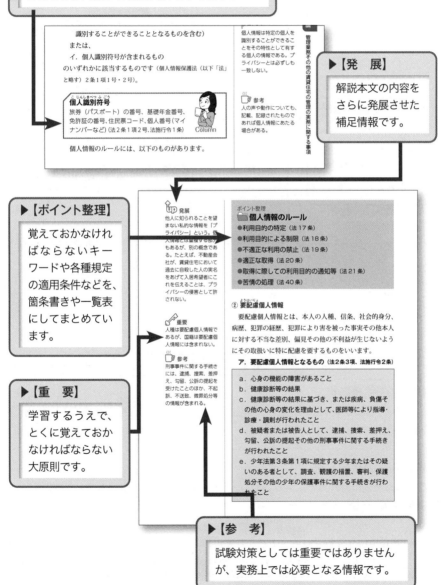

的物返還などが含まれます。

コメント

いないことを知れば、Ｂに代わってＡに対する賃料を支払うことができる。

AはCに対して権利はありますが、義務（修繕・敷金返還等）は負いません。
また、Bの賃料不払いに対してAが解除しようとするときにも、Cに通知をすることなく、Bに対して支払いの催告や契約解除をすることができます。

出た！ H27・29・30・R1

コメント

ＢＣ間の転貸借契約で、毎月の賃料は前月末に支払うという前払いの特約があった場合、Ａとの関係で対抗できない前払いになるかどうかを具体的にみると、Cが3月分の賃料を2月末にＢに支払うことはAとの関係の前払いにならないが、Cが3月分の賃料を1月末以前に支払うことは、Aとの関係の前払いとなる。

出た！ H29・R1・2

② 転借人の原賃貸人に対する賃料支払義務

原賃貸人Ａが転借人Ｃに請求することができる賃料の範囲は、原賃貸借（ＡＢ間の賃貸借）の賃料と転貸借（ＢＣ間の賃貸借）の賃料とを比較して、より低額なほうの賃料となります。

Ｃはサブリース業者Ｂに対する賃料の前払いをもって、Ａに対抗することができません。前払いとは、転貸借契約で定められた支払期を基準とする前払いを意味します。

ワンポイント講座

AはCに対して直接の義務を負いませんから、建物の修繕が必要なときにも、CはAに対して修繕を求めることはできません。
これに対し、CはAに対して直接に義務を負いますから、AはCに対して直接に賃料の支払いを請求することができます。

③ 借地借家法第34条第1項の通知

ＡＢ間の原賃貸借が期間の満了または解約の申入れによって終了するとき、ＡはＣにその旨の通知をしなければ、その終了をＣに対抗できません（借地借家法第34条第1

228

凡 例

▶【おもな登場人物の表記について】

本書の解説では、原則として以下のような表記を用います。

賃貸人………賃貸借契約における貸主
賃借人………賃貸借契約における借主
管理業者……賃貸住宅管理業者
原賃貸人……特定賃貸借契約（マスターリース契約）における貸主
転借人………転貸借契約における借主

▶【法令名等の表記について】

一部の法令名等については、以下のような略称を用いて表記しております。

空き家対策法……………………空家等対策の推進に関する特別措置法
FAQ集……………………………賃貸住宅管理業法ＦＡＱ集（令和５年３月31日時点版）
解釈・運用の考え方………賃貸住宅の管理業務等の適正化に関する法律の解釈・運用の考え方
金商法……………………………金融商品取引法
原状回復ガイドライン……原状回復をめぐるトラブルとガイドライン（再改訂版）
建築物衛生法……………………建築物における衛生的環境の確保に関する法律
投信法……………………………投資信託及び投資法人に関する法律
高齢者すまい法……………高齢者の居住の安定確保に関する法律
個人情報保護法……………個人情報の保護に関する法律
サブリースガイドライン…サブリース事業に係る適正な業務のためのガイドライン
資産流動化法………………資産の流動化に関する法律
住宅セーフティネット法…住宅確保要配慮者に対する賃貸住宅の供給の促進に関する法律
障害者差別解消法…………障害を理由とする差別の解消の推進に関する法律
耐震改修促進法……………建築物の耐震改修の促進に関する法律
宅建業法……………………宅地建物取引業法
建物保護法…………………建物保護ニ関スル法律
賃貸住宅管理業法…………賃貸住宅の管理業務等の適正化に関する法律
賃貸住宅標準契約書………賃貸住宅標準契約書（平成30年３月版）
建築物省エネ法……………建築物のエネルギー消費性能の向上に関する法律
表示規約……………………不動産の表示に関する公正競争規約
標準管理受託契約書………賃貸住宅標準管理受託契約書
不登法………………………不動産登記法
法施行規則…………………賃貸住宅の管理業務等の適正化に関する法律施行規則

賃貸住宅管理業法は、本試験における出題項目にあわせて、本テキストでは第１編第１章、第２編第１章、第３編第１、２章、第４編第１〜８章、第５編第１〜３章に分けて説明しています。

受験ガイダンス

※試験の実施要領につきましては、必ず、試験実施団体から発表される内容をご確認ください。

●令和6年度 賃貸不動産経営管理士試験実施要領

○試験日時　**令和6年11月17日（日）** 13：00 ～ 15：00（120分間）

○試験会場　北海道、青森、岩手、宮城、福島、群馬、栃木、茨城、埼玉、千葉、東京、神奈川、新潟、石川、長野、静岡、岐阜、愛知、三重、滋賀、奈良、京都、大阪、兵庫、島根、岡山、広島、山口、香川、愛媛、高知、福岡、熊本、長崎、大分、宮崎、鹿児島、沖縄（全国38地域）

○受験料　　12,000円

○出題形式　四肢択一、50問（令和5年度・6年度の賃貸不動産経営管理士講習（試験の一部免除）修了者は45問）

○受験要件　日本国内に居住する方であれば、年齢、性別、学歴等に制約はありません。

○資料請求　　　　令和6年8月1日（木）〜令和6年9月26日（木）

　受験申込期間　　※願書請求期間は令和6年9月19日（木）PM12：00まで

○合格発表　令和6年12月26日（木）

○試験出題範囲

❶ 管理受託契約に関する事項

❷ 管理業務として行う賃貸住宅の維持保全に関する事項

❸ 家賃、敷金、共益費その他の金銭の管理に関する事項

❹ 賃貸住宅の賃貸借に関する事項

❺ 法に関する事項

❻ ❶から❺までに掲げるもののほか、管理業務その他の賃貸住宅の管理の実務に関する事項

　　※問題中の法令等に関する部分は、令和6年4月1日現在で施行されている規定（関係機関による関連告示、通達等を含む）に基づいて出題される。

●過去の試験結果

※試験実施団体の公表資料を基に作成

	申込者数	受験者数	合格者数	合格率	合否判定基準
令和5年度	31,547名	28,299名 (11,449名)	7,972名 (3,700名)	28.2% (32.3%)	50問中36点 (45問中31点)
令和4年度	35,026名	31,687名 (11,306名)	8,774名 (3,475名)	27.7% (30.7%)	50問中34点 (45問中29点)
令和3年度	35,553名	32,459名 (10,390名)	10,240名 (3,738名)	31.5% (36.0%)	50問中40点 (45問中35点)
令和2年度	29,591名	27,338名 (8,671名)	8,146名 (2,925名)	29.8% (33.7%)	50問中34点 (45問中29点)
令和元年度	25,032名	23,605名 (6,882名)	8,698名 (2,641名)	36.8% (38.4%)	29点 (25点)
平成30年度	19,654名	18,488名 (5,379名)	9,379名 (2,886名)	50.7% (53.7%)	29点 (25点)
平成29年度	17,532名	16,624名 (4,380名)	8,033名 (2,342名)	48.3% (53.5%)	27点 (23点)
平成28年度	13,862名	13,149名 (2,286名)	7,350名 (1,556名)	55.9% (68.1%)	28点 (24点)
平成27年度	5,118名	4,908名 (1,653名)	2,679名 (1,056名)	54.6% (63.9%)	25点 (21点)
平成26年度	4,367名	4,188名 (1,463名)	3,219名 (1,245名)	76.9% (85.1%)	21点 (17点)
平成25年度	4,106名	3,946名 (1,901名)	3,386名 (1,689名)	85.8% (88.8%)	28点 (24点)

＊1 （ ）内の数値は免除講習の修了者の実績。令和元年度までは4問免除、令和2年度からは5問免除

＊2 令和元年度までの問題数は40問（免除講習の修了者は36問）

●賃貸不動産経営管理士試験に関する問い合わせ先

一般社団法人賃貸不動産経営管理士協議会 受付センター

TEL 0476-33-6660（受付は平日10時 〜 17時）

FAX 050-3153-0865（24時間受付）

協議会ホームページ https://www.chintaikanrishi.jp

目　次

第1編　管理受託契約に関する事項

第2編　管理業務として行う賃貸住宅の維持保全に関する事項

第3編　家賃、敷金、共益費その他の金銭の管理に関する事項

第4編　賃貸住宅の賃貸借に関する事項

第5編　賃貸住宅管理業法に関する事項

第6編　管理業務その他の賃貸住宅の管理の実務に関する事項

管理受託契約に関する事項

第1章

管理受託契約の意義

 攻略ポイント
- ●管理受託契約は、一般に準委任
- ●受任者は善管注意、報告、受取物引渡しの義務を負う
- ●委任契約の終了事由

❶ 委 任

出た! H28・30・R3・4・5

コメント
賃貸住宅管理業法上、管理業務は、維持保全（点検、清掃その他の維持を行い、および必要な修繕を行うこと）などと定義づけられた。この定義のもとでは、賃貸住宅管理の管理受託契約は、請負の性格を併有する契約（混合契約）となる。

1 管理受託契約の特質

① 準委任であること

管理受託契約は、一般に、準委任とされています。

理由 おもに、受託の内容が、賃料の請求や収受、設備管理、清掃など、事実行為だから

ポイント整理
📁 委任と準委任

委 任＝委任者が法律行為をすることを受任者に委託し、受任者がこれを承諾することによって成立する契約

準委任＝委任と同様の委託関係となるが、委託する行為が事実行為（法律行為ではない事務）である場合

コメント
管理業者は、管理業務について、契約などを代理行為として行う場合と、維持管理などを事実行為として行う場合がある（R3問42）。

② 契約の成立

委任契約（準委任契約）は、意思表示の合致だけで成立します（諾成契約）。

書面の作成は、契約の成立のための要件ではありません。

③ 請負および雇用との比較

請負は、仕事の完成を目的とする契約です。

これに対し、委任（準委任）は、仕事の完成が目的では

なく、法律行為（事実行為）を委託する契約です。

　また、委任（準委任）と類似の契約として雇用がありますが、雇用は、被用者が使用者の労働に従事する契約です。被用者は使用者に従属する関係となります。委任（準委任）は、受任者が委任者に従属しない（したがって委任者の指揮命令を受けない）立場に立つという性格の契約である点において、雇用と異なっています。

💠コメント
管理業者・賃貸不動産経営管理士は、業務の受託・遂行において、取引の相手方と利益が相反することがないように注意が必要（R4問46）。

② 善管注意義務
（ぜんかんちゅういぎむ）

　受任者は、善管注意義務を負います。善管注意義務は、受任者の属する職業や立場に応じた平均的なレベルを想定する注意義務です。「自己のためにするのと同一の注意」と比較して、より厳格な内容の義務です。

> 理由 委任者は受任者を信頼して委任事務の処理を委託していて、自己のためにするのと同一の注意では不十分だから

　無償で委任事務の処理の委託を受けていても、善管注意義務があります。

出た！ H27・28・R4・5

💡発展
善管注意義務を加重する旨の特約は有効（H27問9）

💡発展
自己のためにするのと同一の注意という概念は、民法上は、親権者の注意義務を示す基準として用いられている（民法827条）。

> 管理業者の共用部分に対する管理懈怠（けたい）により、賃貸物件を訪問した第三者が共用廊下において転倒して怪我をしたとき、管理業者が第三者に対して責任を負う場合の根拠は、不法行為（あるいは、工作物責任）です。
> 理由 管理業者と訪問者との間には契約関係はなく、契約上の責任はないから
>
> Column

③ 報告義務

　民法上、受任者は、次の①と②の報告義務を負います（民法645条）。

① 受任者は、委任者の請求があれば、委任事務の処理の状況を報告しなければならない。

② 受任者は、委任者の請求があったときのほか、委任の終了後には、遅滞なく委任の経過および結果を報告しな

❗注意
賃貸住宅管理業法には、定期報告（賃貸住宅管理業法20条）の義務がある（民法上の義務の加重）。

ければならない。

※民法上は、受任者から委任者への定期的な報告は、義務とされてはいない。

出た! H28・R5

4 受取物の引渡義務

① 受任者は、委任事務を処理するにあたって、

受け取った金銭その他の物　例 集金した賃料

果実を収受した場合の果実　例 集金した賃料から生じた利息

を委任者に引き渡さなければなりません。

② 委任者に引き渡すべき金銭を自己のために消費したときは、その消費した日以降の利息を払うことを要し、なお損害があるときは損害も賠償しなければなりません。

例 管理業者が受け取った賃料を自己のために消費したときには、消費した日以降の利息を払うことを要し、さらに損害があるときは、その損害も賠償する義務を負う。

出た! H30・R5

5 委任事務処理を自ら行う原則

管理受託においては、受託者自ら委任事務の処理を行わなければならないのが原則です（自己執行義務）。委託者の許諾を得たとき、またはやむを得ない事由があるときでなければ、復受託者を選任することはできません（民法644条の2第1項）。

理由 委託者は受託者を信頼して委任事務の処理を委託しているから

ただし、委託者の承諾を得れば、第三者に再委託をすること（復委任）ができます。

賃貸住宅管理業法上、賃貸住宅管理業者は、委託者から委託を受けた管理業務の全部の再委託は禁じられています（同法15条）。

なお、管理受託契約に定めがあれば、管理業務の一部の再委託は可能です。

Column

6 報酬(ほうしゅう)

① 民法上の委任（準委任）は無償が原則

特約がないと、報酬請求権は生じません。特約があれば、報酬請求をすることができます。報酬の支払時期等については、**履行割合型**（＝事務処理の労務に対して報酬が支払われるタイプ）と**成果完成型**（委任事務処理の結果として達成された成果に対して報酬が支払われるタイプ）で、取扱いが異なります。

② 履行割合型

ア．支払時期

> ●後払いの原則（特約がなければ委任事務を履行した後）
> ●期間経過後の原則（報酬を期間で定めた場合は期間経過後）
> ●報酬が後払いなので、受託業務の履行と報酬の支払いは同時履行ではない

イ．履行の中途での終了

次のaまたはbの場合には、すでにした履行の割合に応じて報酬を請求できます。

a. 委任者に責任のない事由によって委任事務の履行をすることができなくなったとき

b. 委任が履行の中途で終了したとき

③ 成果完成型

ア．支払時期

成果の引渡しと同時（民法648条の2第1項）

イ．履行の中途での終了

次のaまたはbの場合で、受任者がすでにした仕事の結果のうち可分な部分の給付によって委任者が利益を受けるときは、その部分を仕事の完成とみなし、受任者は、委任者が受ける利益の割合に応じて報酬を請求することができます。

a. 委任者の責めに帰することができない事由によっ

出た! H30

発展

商法上は、商人の営業の範囲の行為なら、相当な報酬を請求できる。
会社は商人であり、当事者のどちらかが会社なら、特約がなくても、相当な報酬を請求できる。

コメント

履行の途中で事務の履行ができなくなった場合であっても、委任者に責任のある事由による場合には、報酬の全額を請求することができる（民法536条2項）。

て仕事を完成することができなくなったとき

　b. 委任が仕事の完成前に解除されたとき

⑦ 委任事務処理のための費用と債務負担など

① 委任事務処理について費用を要するとき

　➡費用の前払いを請求できます。

② 受任者が必要な費用を支出したとき

　➡費用および支出日以後の利息を請求できます。

　例 共用部分の補修工事を行うための工事費用

③ 受任者が委任事務処理に必要な債務を負担したとき

　➡委任者に対して、自己に代わってその弁済をする
　　ことを請求できます。債務が弁済期にないときは、
　　相当の担保を供させることができます。

④ 受任者が自己に過失なく損害を受けたとき

　➡委任者に賠償を請求することができます。

出た! H27・30・R1

参考
委任者または受任者について、民事再生手続または会社更生手続が開始したことは、いずれも管理受託契約の終了事由ではない。

コメント
委任終了の事由は、相手方に通知し、または相手方がこれを知ったときでなければ、相手方に対抗することができない。

⑧ 委任契約の当然終了

　委任契約では、次の事由が生じれば、契約は当然に終了します（解約申入れがなくても終了する）。

●委任者・受任者の死亡または破産手続開始の決定
●受任者が後見開始の審判を受けた場合（委任者の後見開始の審判では当然終了しない）

【管理受託契約の当然終了】

	委任者	受任者
死亡	当然終了する	当然終了する
破産手続開始の決定	当然終了する	当然終了する
後見開始の審判	当然終了しない	当然終了する

⑨ 委任契約の解除

① 各当事者は、いつでも委任契約を解除すること（一方的な契約終了の申入れ）ができます。ただし、特約に

よって、これと異なる約定を定めることもできます。

② 相手方の不利な時期に委任を解除したとき、または委任者が受任者の利益（専ら報酬を得ることによるものを除く）をも目的とする委任を解除したときは、損害を賠償しなければなりません（民法651条2項）。やむを得ない事情があれば、損害賠償は不要です。

③ 委任契約の解除の効果は、遡及（そきゅう）しません。解除の効果は、将来に向かってのみ生じます。委任契約が債務不履行により解除された場合にも解除の効果は遡及しません。

発展
受任者にとって専ら報酬を得ることが目的であった委任契約では、委任者が委任を解除したときにも、委任者は受任者の損害を賠償する必要はない。

> 一般には、契約の解除がなされると、契約当初にさかのぼり解除の効力（契約が存在しなかったのと同じ状態になること＝遡及効（そきゅうこう））を生じます。しかし、賃貸借や委任では、遡及効を認めると法律関係が錯綜するので、遡及効は認められません。

Column

⑩ 委任終了後の処分

委任が終了した場合において、急迫の事情があるときは、受任者（またはその相続人もしくは法定代理人）は、委任者（またはその相続人もしくは法定代理人）が委任事務を処理することができるようになるまでは、必要な処分をしなければなりません。

コメント
管理業者は、管理受託契約が終了した後にも、緊急の事態が発生したときには、次の管理業者などが管理事務を処理できるようになるまでは、これに対処する義務がある。

❷ 請　負

① 意　義

請負契約は、請負人が仕事を完成し、注文者が仕事の結果に対して報酬（請負代金）を支払う契約です。報酬は仕事の完成の対価です。民法上、有償契約、諾成契約になります。

ポイント　管理受託契約は請負の性格をあわせもつものとなっている（委任と請負の混合契約）。

コメント
委任は法律行為をするという事務処理の委託。仕事の結果が問題とされない点、および無償が原則（特約がなければ報酬請求できない）という点において、請負とは異なる。

出た！ R4

コメント
報酬支払と引渡しは同時履行（R4問5）。

② 報　酬（請負代金）

　請負では、報酬が支払われます。報酬は仕事の完成と対価の関係に立ちます。報酬は、仕事の完成に対して後払いになります（仕事の完成が先履行）。

【仕事が未完成のときの報酬請求】

注文者に責任がある場合	全額請求できる（民法536条２項）
注文者に責任がない場合（または完成前に解除された場合）	可分な給付により注文者が利益を受けるとき、利益に応じて部分的な報酬請求ができる

参考
可分な給付とは、複数の部分に分割することができる場合の債務のこと

　請負の報酬については、特約があれば特約に従います。建築の請負の場合は着工時$\frac{1}{3}$、上棟時$\frac{1}{3}$、完成引渡し時$\frac{1}{3}$などの取決めが多く行われています。

Column

出た！ R4

③ 請負人の契約不適合責任

① 売買の規定の準用による責任

　引き渡された物に契約不適合がある場合、請負人は契約不適合責任を負います。

22

【請負への売買の規定の準用による責任】

契約不適合とは	引き渡された物が、種類、品質または数量に関して契約の内容に適合しないこと
責任の内容	① 追完請求（履行請求） ② 報酬減額請求 ③ 損害賠償請求 ④ 契約の解除

② 契約不適合責任の内容

1. 追完請求（履行請求）

　修補、代替物の引渡し、または不足分の引渡しによる履行の追完を請求します。

> **ポイント**　注文者に不相当な負担を課さないなら、請負人は、注文者が請求した方法と異なる方法による追完ができる。

2. 報酬減額請求

　相当の期間を定めて追完を催告し、期間内に追完が行われなければ、報酬の減額を請求できます。減額の幅は、不履行の程度に応じます。

> **ポイント**　追完不能であるなどのときには、催告が不要となる。

> 　報酬減額請求は、契約の一部解除の性格を有します。そのために、契約解除（全部の解除）と同じく、請負人に責任があるかどうかは問われません。
>
> Column

3. 損害賠償請求

　請負人は、債務不履行による損害賠償責任を負います。契約不適合責任は、債務不履行責任のひとつだからです。

> **ポイント**　履行不能などの場合には、履行の請求に代わる損害賠償請求ができる。

4. 契約の解除

　相当の期間を定めて追完を催告し、期間内に追完が行われなければ、契約を解除することができます。不履行が軽微であるときは、解除はできません。

📝コメント
1、2、4については、注文者に責任があるときは請負人は損害賠償責任を負わない。3については、注文者に責任があっても請負人は損害賠償責任を負う。

③ 請負人の担保責任の制限

1. 材料や指示による場合

　仕事の目的物が種類または品質に関して契約不適合のときに、その不適合が、注文者の供した材料または注文者の指図による場合、請負人には責任はありません。

2. 1年以内に通知しない場合

　引渡しが行われ、注文者が不適合を知ってから、1年以内に通知しない場合、請負人の責任はなくなります。

ポイント　ただし、引渡し時に請負人に悪意・重過失があるときは、請負人に責任が生じる。

④ 注文者による契約の解除権

　仕事完成前なら、注文者は、いつでも契約を解除できます。解除によって請負人に損害が生じるときには、注文者は損害を賠償しなければなりません。

❗注意
数量不足などの契約不適合については、請負人が担保責任を負う。

コメント
注文者に破産手続開始が決定されれば、請負人または破産管財人は、契約を解除できる。請負人による解除は、仕事を完成した後はできない。

第2章 管理受託契約 重要事項説明

重要度ランク **A**

攻略ポイント
- ●説明事項、説明の方法
- ●書面の交付、電磁的方法による情報の提供

出た! R3・4・5

① 概　要

　賃貸住宅管理業者は、管理受託契約を締結する前に、委託者（賃貸住宅の賃貸人）に対し、管理受託契約の内容および履行に関する重要事項について、書面を交付して説明しなければなりません（法13条）。

説明を行う者	実際に説明を行う者の資格要件など、法律上の制限はない。 **ポイント**　業務管理者でなくてもよい（R5問1肢ア）。管理業者の従業員であることは必要
説明の相手方	管理受託契約締結の相手方本人（委託者） **ポイント**　説明受領の代理権を付与された者を相手方とする説明はできる（R5問1肢ウ）。
	相手方（委託者）が次の者の場合、説明は不要 ① 賃貸住宅管理業者 ② 特定転貸事業者 ③ 宅地建物取引業者 ④ 特定目的会社 ⑤ 組合（組合員の間で不動産特定共同事業契約が締結されている場合） ⑥ 賃貸住宅に係る信託の受託者 ⑦ 独立行政法人都市再生機構

! 注意
重要事項説明義務の違反には罰則の定めはない。必要があるときには、行政による監督処分（業務改善命令、1年以内の業務停止、登録取消し）が行われる。

コメント
相手方に対して働きかけて代理人を紹介して選任させ、代理人に対して説明を行うことは認められない

コメント
相続やオーナーチェンジで賃貸人が変更した場合、新しい賃貸人に書類を交付することが望ましい。

コメント
賃貸人が満18歳である場合、誰も立ち会わせずに説明することができる（R5問1肢エ）。

25

📝 コメント

契約期間中に報酬額を変更する場合も説明が必要

📝 コメント

賃貸人が変更するときは、地位承継の特約がなければ、委託者の地位は新賃貸人に承継されない。新賃貸人から管理受託を受ける場合には、新たな契約だから、管理受託契約重要事項説明と管理受託契約締結時書面の交付が必要

❗ 注意

法の施行前に締結された契約の更新であっても、従前と異なる契約内容によって更新をする場合には、重要事項説明が必要になる。

⬆️ 発展

⑥の「再委託」先について、契約後に変更になっても改めて説明することは不要。ただし、書面または電磁的方法により賃貸人に知らせる必要がある（R5問4肢1）。
⑦の「責任および免責に関する事項」としては、賃貸人の賠償責任保険等への加入、保険に対応する損害については賃貸住宅管理業者が責任を負わないこととする場合は、その旨等を説明する（R5問2肢4）。

	⑧ 地方住宅供給公社 🔖 ポイント　上記①〜⑧以外の場合は、たとえ相手方に専門的知識があったとしても説明が必要
説明の時期 （事前に行うこと）	変更契約をする場合にも説明が必要か？ ●変更契約前の説明は、変更される事項についてだけ、書面の交付等を行った上での説明をすれば足りる ●法施行前に締結された契約で、法施行後に説明を行っていないときは、全ての説明事項について、説明を行うことを要する ●契約の同一性を保ったままでの契約期間のみの延長や、組織運営に変更のない商号または名称等の変更等の形式的な変更については、説明は不要
説明の方法	書面を交付して説明を行う 🔖 ポイント　法律では業務管理者が書面に記名をすることは求められていない。

② 説明事項

説明事項（契約の内容および履行に関する事項）は、次の①〜⑪のとおりです。

① 賃貸住宅管理業者の商号、名称・氏名、登録年月日および登録番号
② 管理業務の対象となる賃貸住宅
③ 管理業務の内容および実施方法
④ 報酬の額ならびにその支払いの時期と方法
⑤ 報酬に含まれていない管理業務に関する費用であって、管理業者において通常必要とするもの
　🔖 水道光熱費、空室管理費など（R5 問 2 肢 3）
⑥ 管理業務の一部の再委託に関する事項
　🔖 再委託する業務の内容、再委託予定者等
⑦ 責任および免責に関する事項
⑧ 委託者への報告に関する事項
　🔖 報告内容やその頻度

⑨　契約期間に関する事項
　　例　契約の始期、終期および期間
⑩　入居者に対する管理業務の内容および実施方法の周知に関する事項
⑪　契約の更新および解除に関する事項

⑩の「入居者に対する周知に関する事項」としては、どのような方法（対面での説明、書類の郵送、メール送付等）で周知するか、を説明する（R5問2肢2）。

　前記の説明事項③の「管理業務の内容および実施方法」は、回数や頻度を明示して具体的に説明する必要があります（R5問2肢1）。入居者からの苦情や問い合わせへの対応を行う場合は、その内容も説明事項になります。
　また、説明事項⑤については、報酬に含まれていない管理業務に関する費用であって、賃貸住宅管理業者が通常必要とするものも重要事項説明の対象とされています。

Column

③ ITを活用する説明

　新規契約の重要事項説明については、電話やメールによる説明はできません。

　テレビ会議等のITを活用する説明は可能です。テレビ会議等の活用には、次の①〜③の3つの条件を満たす必要があります。

① 映像の視認、音声の聞取り

　説明者および重要事項の説明を受けようとする者が、図面等の書類および説明の内容について十分に理解できる程度に映像を視認でき、かつ、双方が発する音声を十分に聞き取ることができるとともに、双方向でやりとりできる環境において実施していること。

　映像および音声の状況について、説明者が説明を開始する前に確認していること。

② あらかじめの書面の送付（承諾がある場合を除く）

　重要事項の説明を受けようとする者が承諾した場合を除き、重要事項説明書および添付書類をあらかじめ送付していること。

コメント
変更契約の重要事項説明は、①〜③の要件を満たせば、電話で行える（R5問3肢ア〜エ）。
①説明書等の事前送付
②委託者（貸主）からの依頼
③説明書等を確認できることの説明開始前の確認
④事後の確認
なお後日対面で説明してほしいと依頼があったら対面での説明が必要

③ 書面を確認しながらの説明

重要事項の説明を受けようとする者が、重要事項説明書および添付書類を確認しながら説明を受けることができる状態にあること。

4 書面の交付、電磁的方法による情報の提供
① 書面の交付または電磁的方法による情報提供

説明は、書面（重要事項説明書）を交付して行うことが必要です。ただし、承諾を得て、書面に代えて電磁的方法で情報を提供することが認められます。

承諾を得て電磁的方法による情報提供をすれば、書面を交付したとみなされます。

重要事項説明書と契約締結時書面を兼ねて一体のものとすることはできません。重要事項説明は契約前に行い、契約締結時書面の交付は契約後に行われるためです。

② 電磁的方法による情報提供の方法

電磁的方法による情報提供には、以下の4つの方法があります。

- ●電子メール等
- ●ウェブサイトの閲覧等
- ●送信者側で備えた受信者ファイル閲覧
- ● CD-ROM、DVD、USBメモリなど、磁気ディスク等の交付

いずれの方法であっても、改変が行われていないか確認できることが必要です。また、受信者が受信者ファイルへの記録を出力することにより書面を作成できるものであることを要します。

③ 相手方の承諾

承諾を得るためには、まず、情報提供の方法（電子メー

コメント
電磁的方法による情報提供のためには、相手方の承諾が必要

コメント
ＩＴを利用する場合、書面の交付から一定期間経過後に説明を実施することが望ましい。交付と説明実施の間に置くべき期間については、決められていない。

ル、WEBからのダウンロード、CD-ROM等）、ファイルへの記録方法（使用ソフトウェアの形式やバージョン等）を示します。

　そのうえで、承諾は、記録に残る方法（書面、電子メール、WEBによる方法、磁気ディスクやCD-ROMの交付等）で得ることが必要です。

❗ 注意
委託者の承諾があっても、重要事項説明や契約締結時書面の交付を省略することはできない。

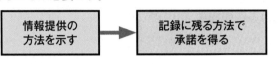

　相手方は、いったん承諾をしても、撤回することができます。ただし、再び承諾を得た場合は、電磁的方法による提供ができます。

第3章

管理受託契約の締結時書面

重要度ランク
A

●書面の記載事項
●電磁的方法による情報提供

出た! R4・5

コメント
賃貸住宅管理業法の施行前に締結された管理受託契約には、契約締結時書面の交付義務はない（契約締結時書面の交付義務の規定は適用にならない）。

注意
必要があるときには、行政による監督処分（業務改善命令、1年以内の業務停止、登録取消し）が行われる。

1 概 要

賃貸住宅管理業者は、管理受託契約を締結したときは、委託者（賃貸住宅の賃貸人）に対し、遅滞なく、所定の事項が記載された書面を交付しなければなりません（法14条）。

義務の内容	所定の事項が記載された書面を交付すること **ポイント** 管理受託契約書を締結時書面としてよい。ただし、所定の事項が記載されていることが必要
記名押印	法律上、業務管理者が書面に記名押印をすることは求められていない
除外される相手方	特に除外される相手方の規定は設けられていない **ポイント** 重要事項説明では、相手方が所定の専門的知識を有する者であれば、説明は不要
交付の時期	変更契約でも書面交付が必要か？ ●変更契約では、変更される事項についてだけ、書面を交付すれば足りる ●法施行前に締結された契約で、法施行後に書面を交付していないときは、全ての事項について書面交付が必要

●契約の同一性を保ったままでの契約期間のみの延長や、組織運営に変更のない商号または名称等の変更等の形式的な変更については、書面交付は不要

> 📝コメント
> 賃貸人が変更して特約によって委託者の地位を引き継ぐ場合、新賃貸人に書面を交付することが望ましい（R5問4肢3）。

😞 罰則

●書面を交付せず、または、必要事項を記載しない書面、虚偽の記載のある書面を交付したとき
➡ 30万円以下の罰金

② 書面の記載事項

契約締結時に交付する書面の記載事項は、次の①～⑪のとおりです。

① 賃貸住宅管理業者の商号、名称または氏名ならびに登録年月日および登録番号
② 管理業務の対象となる賃貸住宅
③ 管理業務の内容
④ 管理業務の実施方法
⑤ 賃貸住宅の入居者に対する管理業務の周知に関する事項
⑥ 管理業務の一部の再委託に関する定めがあるときは、その内容
⑦ 契約期間に関する事項
⑧ 報酬に関する事項
⑨ 契約の更新または解除に関する定めがあるときは、その内容
⑩ 責任および免責に関する定めがあるときは、その内容
⑪ 委託者への定期報告に関する事項

> 📝コメント
> 契約期間中に賃貸人が変更したときの取扱い
> ①相続があった場合、または売買で委託者の地位を承継する特約ある場合：従前と同一の内容で契約が承継されるが、新たな賃貸人に契約の内容が分かる書類を交付することが望ましい（R5問4肢2）。
> ②売買等で委託者の地位を承継する特約がない場合：新賃貸人との管理委託契約をするならば契約は新たな契約→重要事項説明と契約締結時書面の交付が必要（R5問4肢4）

③ 電磁的方法による情報提供

賃貸住宅管理業者は、契約締結時書面の交付に代えて、賃貸住宅の賃貸人の承諾を得て、書面に記載すべき事項を

> 📝コメント
> テレビ会議等のITを活用することも可能。その場合には、賃貸住宅の賃貸人が、図面等の書類および説明の内容について十分に理解できる程度に映像が視認でき、かつ、双方が発する音声を十分に聞き取れることが必要

電磁的方法により提供することができます。この場合においては、書面を交付したものとみなされます。

① **電磁的方法による情報提供の方法**

電磁的方法による情報提供には、以下の4つの方法があります。

- ●電子メール等
- ●ウェブサイトの閲覧等
- ●送信者側で備えた受信者ファイル閲覧
- ● CD-ROM、DVD、USB メモリなど、磁気ディスク等の交付

　いずれの方法であっても、情報の改変が行われていないか確認できることが必要です。受信者が受信者ファイルへの記録を出力することにより書面を作成できるものであることを要します。

② **相手方の承諾**

電磁的方法による情報提供には、相手方の承諾が必要です。承諾を得るためのポイントは、以下のとおりです。

- ●情報提供の方法（電子メール、WEB からのダウンロード、CD-ROM 等）、ファイルへの記録方法（使用ソフトウェアの形式やバージョン等）を示す
- ●承諾は、記録に残る方法（電子メール、WEB による方法、磁気ディスクや CD-ROM の交付等）で得ること
- ●いったん承諾を得ても、後に電磁的方法による提供を受けない旨の申出があったときは、電磁的方法による提供をすることはできない

第4章

標準管理受託契約書

重要度ランク **B**

攻略ポイント
- ●賃貸住宅標準管理受託契約書の性格
- ●賃貸住宅標準管理受託契約書のおもな規定

1 意 義

出た! R4

賃貸住宅標準管理受託契約書は、管理事務に関する標準的な契約内容を定めたものです。管理業者が交付すべき契約締結時書面（賃貸住宅管理業法14条）の記載事項が記載されているので、この契約書を賃貸人に交付すれば、賃貸住宅管理業法上の管理業者の義務が果たされることになります。

なお、この契約書は、賃貸住宅に共通する管理事務に関する標準的な契約内容を定めたもので、実際の契約書作成にあたっては、個々の状況や必要性に応じて内容の加除、修正を行い活用されるべきものです。

2 賃貸住宅標準管理受託契約書の各条文

出た! R4

① 更 新（3条）

委託者・管理業者は、期間満了後に更新をしようとするときは、満了の日までに、文書で申し出ます。

ポイント 申出は「満了の日まで」

② 管理報酬（4条）

管理報酬の決め方は、「賃料の○%」とされています。管理報酬以外に清掃・修繕等の報酬を別に設けていることも認められます（4条1項・4条関係コメント）。

委託者に責任のない事由により管理業務が行えなかったとき、または、管理業務が中途で終了したときには、すで

📝コメント

4条2項は委託者に責任のない場合の定めである。委託者に責任のある事由によって管理業務を行えなかったときには、委託者には管理報酬全額を支払う義務がある（民法536条2項）。

に行った履行の割合に応じて、報酬を支払わなければなりません（4条2項）。

③ 立替え費用の償還（6条）

費用がかかる業務を行うには、原則として委託者の承諾を得る必要があります（6条2項）。

ポイント 当初の金額を超えなければ、委託者の承諾は不要

④ 家賃及び敷金等の引渡し（7条）

入居者から代理受領した家賃及び敷金等は、速やかに委託者に引き渡します。引渡しの方法は、振込み等とされています（7条1項・2項）。

⑤ 鍵の管理（12条）

鍵の管理（保管・設置、交換及びその費用負担）に関する事項は、委託者（賃貸人）が行います。管理業者の業務とはされていません。

⑥ 協議事項（14条）

1. 委託者と協議することなく、行える事項

・敷金、その他一時金、家賃、共益費（管理費）の徴収

・未収金の督促

・入居者からの通知の受領

2. 委託者と事前に協議し、承諾を求めたうえで行う事項

・賃貸借契約の更新

・修繕の費用負担についての入居者との協議

・原状回復についての入居者との協議

⑦ 住戸への立入り（17条）

管理業者は住戸への立ち入りが可能です。ただし、あらかじめその旨を入居者に通知し、その承諾を得る必要があります。防災等の緊急を要するときは承諾不要です（17条）。

📝コメント

委託者は、委任状の交付などの委託を証明するための措置が必要（16条2項）。

委託者は、管理業者に損害保険の加入状況を通知しなければならない（16条4項）。

⑧ 入居者への通知（23条）

賃貸人との間で管理受託契約を
締結したとき

賃貸人との間で管理受託契約が
終了したとき

➡ 入居者への通知
（連絡先等）が必要

ポイント 契約締結時の通知は管理業者、終了時の通知は委託
者と管理業者が行う

ポイント整理
各種契約書の性格

契約書の種類	性　格
賃貸住宅標準管理受託契約書	賃貸人（オーナー）と賃貸住宅管理業者が締結する「管理受託契約」に関する契約書のひな型
特定賃貸借標準契約書	賃貸人（オーナー）と特定転貸事業者（サブリース業者）が締結する「特定賃貸借契約（マスターリース契約)」に関する契約書のひな型

管理業務として行う賃貸住宅の維持保全に関する事項

第1章

維持保全のための の管理業務

重要度ランク **S**

❶ 管理業者の業務

出た! H27

コメント
日常点検では、周期を決めて継続的に巡回点検を行う（H27問30）。巡回点検の結果を整理して保管し、時間経過と状態変化を把握できるようにすることが必要

出た! H29・R3・4

コメント
日常清掃には、清掃をしながら外観点検を行うという役割もある（R4問17）。

参考
ワックスには、美観、衛生に加え、細かい砂利から床面を保護するという目的がある。液体の床面への塗布では、転倒事故が起きないように注意すること

1 日常管理

① 日常点検の重要性

日常点検は、建物・設備の状況および外構や植栽の整備、清掃の状況を対象とします。管理業者は各建物の部位や現象に分けてリストを作り、誰が行っても点検項目を間違いなく点検できるようにしなければなりません。

② 清掃業務

1. 日常清掃

日常清掃は、管理員または清掃員が毎日あるいは週2〜3回と定めて行う共用部分の清掃です。共用部分の清掃は、年間計画と定期点検計画を事前に賃借人に知らせておきます。

2. 定期清掃

定期清掃は、1か月に1回または2か月に1回など、周期を定めて行う清掃です。おもに機械を使って行います。床のワックスがけやシミ抜きなど専門的な技術を要するものが該当します。

3. 各部位の清掃の留意事項

ア. 床清掃（玄関、廊下、階段等の床の清掃）

床清掃については、月に1回または2か月に1回などの周期を定め、ポリシャーで洗浄します。床材がPタイ

ル等の場合は、ポリシャー洗浄後にワックスを塗布します。出入りの激しい場所では、複数回のワックス塗りで層を厚くします。また、汚れがひどかったり、古いワックスが固まっていたりする場合などには、剝離剤で下仕上げをします。

イ．カーペット洗浄

カーペット洗浄では、カーペットの材質を見極め、材質による洗剤の使い分けに注意します。シミ抜きであれば、シミの原因を把握してシミ抜き剤を使用します。

ウ．ガラスクリーニング

ガラスのクリーニングに関しては、住戸に付属したガラスの清掃は入居者が行います。エントランスホールの扉や窓、高層マンションの窓の外側等は賃貸人の負担となります。

エ．樋やドレインの清掃

外壁や屋上に設けられている雨樋やドレイン（排水溝）は、落ち葉が入り込むと下階に雨水があふれてしまうので清掃が必要です。特に台風のシーズンの前には注意する必要があります。

4. 特別清掃

特別清掃は、高所や設備器具など特別な部分で行う清掃です。一般的には専門家に委託する次のものが特別清掃となります。

- 高所、埋込みの照明器具、ガラス、目隠し板、屋上の水洗い、掃き、拭き、除塵
- 消防設備、空調・換気設備、排水管清掃
- メーターボックスなどの拭き、除塵、フィルター清掃
- 害虫や小動物の駆除　など

コメント
脚立を使用する作業では、転倒防止に配慮しなければならない（H29問25）。

注意
マンションやアパートにおけるはめ殺し窓の外側の清掃は賃貸人の負担

コメント
木造建物では、シロアリがつくと柱などを侵食し、建物を破壊させる。シロアリは、放置された残材や木屑を餌とし、湿気のあるところを好むので、残材や木屑を放置しないようにして、また湿気がたまらないような注意をする必要がある。

発展
排水管高圧洗浄は、建築物衛生法施行規則第４条の３により、特定建築物（延べ床面積が3,000㎡以上）では、半年に１回、排水管の清掃が義務づけられている。

③ 植栽<ruby>しょくさい</ruby>

1. 植栽の役割

　植栽は、建物と建物周辺の美観を整備し、快適な環境を形成する目的で行われます。また、植栽には、防犯や防災等の緩衝スペースになるという重要な意味もあります。

2. 留意事項

　樹木や草花は、植栽後、地盤に根付くまで2～3年間かかります。その間、枯損したり、著しく樹形を損なうことがありますので、潅水や施肥が必要です。

　樹木や草花の倒壊、枯死、病害虫などは、環境を損ない、かつ、衛生面での問題を引き起こすことにもなるので、定期の整備を要します。整備する方法は、整枝・剪定・施肥・病害虫の駆除・支柱の取替え・防寒保護・除草・潅水などであり、定期的に行う必要があります。

④ 駐車、駐輪

1. 不法駐車を防止する対策

　不法駐車を防止するためには、区画ごとの利用者表示、カラーコーン、埋込み式ポールなどを設置します。

2. 車上ねらいを防止する対策

　車上ねらいを防止するために、人感センサーライト、防犯カメラなどを設置します。

3. 駐輪場

コメント
駐車場内の車やバイクにカバーをかける場合は、不燃性のものを使用すべきである。

注意
所有者に無断で自転車を処分、廃棄することは違法行為になる。

　駐輪場の自転車が整理されずに散乱していることがあります。不要自転車・放置自転車の整理をし、台数が収容能力を超える際には使用料を設定し、登録制とするなどの対策をとり、それで不十分である場合に増設を検討します。

② 防犯対策、火災対策、水害対策

① 防犯対策

　防犯は、音、光・明るさ、目、通報、侵入に時間のかかる装置などから検討し、対策を講じる必要があります。

1. 音

警報器や非常ベル等、ドアや窓から侵入すると警報を発する器具の設置を検討します。

2. 光、明るさ

玄関等入口に常夜灯を設置、人や物が通ると照明が点灯する照明器具や光センサーの設置を検討します。また、新築される共同住宅に防犯上必要とされる共用施設の明るさについて、「防犯に配慮した共同住宅に係る設計指針」では、以下の基準を示しています。

共用施設	照　度
共用玄関、エレベーターホール、エレベーターのかご内	50 ルクス以上
共用玄関以外の共用の出入口、共用廊下、階段	20 ルクス以上
自転車置場、駐車場、歩道・車道等の通路、児童遊園、広場、緑地等の外灯	3 ルクス以上

3. 目

防犯カメラの設置だけでなく、エレベーターの扉の閉鎖性や、ゴミ置き場、背の高い生垣など、人の目を遮断するものを改善します。共用メールコーナーには共用玄関付近からの見通しの確保が求められます。

出入口ホールや駐車場、ゴミ置き場などに防犯カメラを設置したうえで夜間センサーライトを点灯させたり、扉をガラス戸にして透明にするなどの対策が考えられます。

4. 通　報

警備会社への自動通報システムの設置を検討します。また、近隣の人々とコミュニケーションを図ることも大切です。人目があり、不審者に声をかけられる状態にすることも効果的です。

5. 侵入に時間がかかる装置

二重ロック、ＣＰ（Crime Prevention）錠、防犯用ガラスシールを扉や窓に貼り付けるなどの対策が考えられます。侵入犯は、侵入に5分以上かかると諦める傾向があります。

コメント
マンションのエントランスにオートロックを設けることは、不審者の侵入やピッキング被害を防ぐために有効だが、他方で、居住の利便性と相反することも考慮しなければならない。

参考
国土交通省住宅局および警察庁が、「共同住宅に係る防犯上の留意事項」「防犯に配慮した共同住宅に係る設計指針」を策定している。

コメント
新築される共同住宅のエレベーターのかご内には、防犯カメラを設置するものとされている（R3問11）。

注意
ガラスを網入りとするのは、ガラスが割れた場合の飛散防止のためであり、防犯のためではない。

発展
マンション、アパートでは、1階から侵入するほか、屋上からの侵入が多い。屋上への立入りを防ぐフェンスの設置や、非常階段など屋外階段に格子や忍び返しなどを取り付けることが有効（ただし、防災上避難場所、避難路になることがあり、確認、調整を要する）

コメント
近隣で発生した犯罪情報をいち早く掲示板などで知らせ、深夜の帰宅や部屋の施錠に注意を促すことが大切である。

6. 居住者の意識、コミュニティ形成

　居住者の帰属意識の向上、コミュニティ形成の促進も、防犯対策として有効です。

　万一、空き巣被害が発生した場合は、被害状況を確認し、保険内容を調べるなどして補償手続を支援し、侵入経路の遮断や非常警報の設置など早急に対策を講じるなどの対応を賃貸人と相談し、検討する必要があります。

　監視カメラで撮影される人の容貌は、プライバシーの権利として保護を受けます。撮影されたデータは防犯等の目的に必要な範囲で利用されなければならないのであって、第三者に提供することは許されません。もっとも、法令に基づく場合には、第三者に提供することができます。警察からの捜査関係事項照会書による照会（刑事訴訟法197条2項）があったような場合には、監視カメラのデータを提供することが認められます。

Column

出た! H29・30・R1・2

コメント
管理員が置かれていない建物では、通報があった場合には、まず消防署に通報し、その後できるだけ早く現場に駆けつけなければならない（H30問27）。

参考
火災における死亡原因の多くは、有毒ガスの吸入である。

参考
日常的な維持管理においては、防火区画のための防火設備の機能を阻害しないような維持管理を行う必要がある（R5問13肢2）。

② 火災対策

1. 火災発生時の管理員の対応

　ア．管理員が置かれている建物は、火災の発生を感知した場合には現場へ駆けつけ、避難誘導、建物全体へ火災の発生を知らせます。

　イ．消火器や消火栓で初期消火ができるようであれば、延焼防止に努め、消防署へ通報します。

　ウ．火が天井まで広がったら初期消火は困難なので、煙を吸い込まぬよう姿勢を低くして安全に避難します。

2. 類　焼 (るい しょう)

　マンションの場合、各住戸は、独立性、気密性が高いので、ドアや窓を開けない限り、類焼は多くありません。

3. 防火管理者による防火管理

　共同住宅は、消防法上の防火対象物（非特定防火対象物）です。対象物件の収容人員が50人以上の場合は、防火管理者を定め、防火管理を行う必要があります。

③ 水害対策

1. 洪水浸水想定区域と水害ハザードマップ

　洪水浸水想定区域は、想定最大規模降雨により河川が氾濫した場合に浸水が想定される区域について、国土交通大臣または都道府県知事が指定します。

　指定された場合、市町村地域防災計画において定められた事項を住民、滞在者その他の者に周知させるため、水害ハザードマップの配布などの措置が講じられます。

2. 宅地建物取引業者の説明

　市町村の長が提供する図面（水害ハザードマップ）に宅地または建物の位置が表示されているときは、この図面における宅地または建物の所在地について、宅建業法における重要事項説明の対象項目となります。

③ 空き家の管理

① 空き家の状況

　全国における空き家数は848万9千戸、住宅ストック全体に占める空き家の割合は13.6％、賃貸用の空き家が432万7千戸（空家全体に占める賃貸用空き家の割合は50.9％）となっています（平成30年住宅・土地統計調査）。

② 空き家放置の弊害

　防災性や防犯性の低下、衛生の悪化・悪臭の発生、ゴミの不法投棄や風景・景観の悪化、雑草の繁茂など、地域社会や周辺住民に重大な迷惑を及ぼします。また、犯罪に利用されるケースもあります。

④ 相隣関係

　相隣関係とは、互いに隣地の土地の利用を尊重するための利害調整のルールです。

　土地の賃借権にも準用または類推適用されます（最高裁昭和36年3月24日判決）。

出た！ R3

📝コメント
火災発生時に避難通路がふさがれていると、脱出が阻害されるため、ベランダの物置、廊下の自転車、階段や踊り場のダンボールなどを見つけたら、即座に撤去を求めるべきである（R1問26）。

❗注意
売買だけでなく貸借の取引においても説明対象になっている。

出た！ R1・2・3

📝コメント
令和5年には、空き家数900万戸、空き家の割合13.8％、賃貸用の空き家が443万戸（空家全体に占める賃貸用空き家の割合49.2％）となった（令和5年住宅・土地統計調査　住宅数概数集計（速報集計）結果）。

📝コメント
空室については、防犯上と設備の維持管理の面でも、立ち入って空室管理をすることが必要になる（R3問6）。

第2編　管理業務として行う賃貸住宅の維持保全に関する事項

① 隣地の使用

　土地や建物の管理のための隣地への立入りなどは、下記1〜3の場合可能です。

1．境界またはその付近における障壁、建物その他の工作物の築造、収去または修繕
2．境界標の調査または境界に関する測量
3．境界線を越える枝の切取りが許される場合の枝の切取り
　住家については、居住者の承諾がなければ、立ち入れません。

② 継続的給付を受けるための設備の設置権等

　ほかの土地に設備を設置し、または他人所有の設備を使用しなければ電気、ガスまたは水道水の供給その他これらに類する継続的給付を受けることができないとき、ほかの土地に設備を設置し、または他人が所有する設備を使用することができます。

③ 竹木の枝の切除及び根の切取り

　枝について：隣地の竹木の枝が境界線を越えるときは、竹木の所有者に切除させることができます。下記1〜3のときは、土地の所有者は自分で枝を切り取ることができます。

1．竹木の所有者に枝を切除するよう催告したにもかかわらず、竹木の所有者が相当の期間内に切除しないとき
2．竹木の所有者を知ることができず、またはその所在を知ることができないとき
3．急迫の事情があるとき

出た! H27・R3

📝 コメント
どのような品質をそなえれば安全を確保できているかは、時間の経過によって変動することがある。

⑤ 工作物責任

　土地の工作物の設置・保存の瑕疵によって他人に損害を生じたときは、次の責任が生じます。

> ア．占有者（賃借人）は、被害者に対してその損害を賠償する責任を負う

> イ．占有者（賃借人）が損害の発生を防止するのに必
> 要な注意をしたときには、占有者（賃借人）は責任
> を負わない。所有者（賃貸人）が損害を賠償しなけ
> ればならない（無過失責任）

　土地の工作物とは、人工的に土地に接着して設置された
物です。瑕疵とは欠陥（＝工作物が通常有すべき安全性を
欠いている状態）を指し示す言葉です。

> 例 工作物については、躯体・屋根・ガラス窓などの建物本体、エ
> レベーター・給水管・排水管など建物に付属する物、マンショ
> ンに備え付けられた消火器が工作物とされた裁判例がある。

> 例 瑕疵には、排水機能の欠陥、屋上防水工事の不十分さ、建物の
> 壁面に吹付け石綿が露出していることなどがある。

　共用部分の管理懈怠によって来訪者が共用
廊下でけがをした場合、管理業者は、被害者
に対して一般の不法行為ないし工作物責任を
負う可能性があります。来訪者とは契約関係
にないことから、契約違反の責任は負いませ
ん。

Column

　建物の管理を行う管理業者についてみると、建物の安全
確保について事実上の支配をなしうる場合には占有者とさ
れます。ビルの賃貸人に関して、管理上必要な場合は承諾
を得ないで賃借人の賃借室内に立ち入ることができるとい
う状況のもとでは、賃借室内の火災発生との関係において、
占有者とされたケースがあります（東京地裁昭和55年4月25
日判決）。

　また、所有者の責任は無過失責任です。阪神・淡路大震
災において、賃貸マンションの一階部分が倒壊し、一階部
分の賃借人が死亡した事故に関し、マンションの設置の瑕
疵が認められ、所有者の土地工作物責任が認められました
（神戸地裁平成11年9月20日判決）。

❷ 賃料回収

出た! H28・29・R1・2

📝コメント
保証が連帯保証であれば、保証人には自分よりも先に賃借人に請求するよう求める権利はない（補充性は認められない）。

🔎参照
第4編第7章③連帯保証

🔎参照
第4編第3章④コラム「内容証明郵便」

📝コメント
「賃借人が賃借料の支払いを怠ったときは、賃貸物件内にある動産を処分しても、異議の申立てをしない」などの特約には、効力はない。

🆙発展
違法行為は法的責任が生じるほか、マスコミ報道などによって、企業としての社会的評価を低下させる「レピュテーションリスク」も生じる。

① 賃料の請求（回収業務）

① 請求の相手方

賃料請求の相手方は賃借人です。賃借人が死亡すれば、相続人が賃借人になります。賃借人の同居配偶者にも、日常家事についての連帯債務者として請求が可能です。

保証人がいれば、保証人に対しても請求できます。

② 請求の方法

電話、電子メール、文書の郵送、訪問による面談の方法があります。文書による催告の方法は、次のア～ウの3つです。

ア 単純催告	単に支払いを求める
イ 契約解除予告付き催告	支払いを求めつつ、支払いがないときの解除を予告する
ウ 停止条件付き契約解除通知	支払いを求め、支払いがないときには契約を解除する旨を通知する

③ 請求の遵法性

請求は、適法に行わなければなりません。次のような行為は違法行為です。

例 違法行為

- ●ドアの鍵部分にカバーを掛ける行為
- ●賃借人に無断で行う鍵の交換
- ●賃借人に無断での室内への立入り、動産の処分廃棄
- ●居室以外の勤務先等に電話、訪問して督促する行為（連絡先が指定されている場合に、その連絡先に督促することはかまわない）

違法行為がなされると、刑事責任（住居侵入罪、器物損壊罪・建造物損壊罪など）を問われ、民事上の損害賠償義務（債務不履行、不法行為責任）を負います。

違法行為については、管理業者と賃貸人のいずれもが責

任を負います。

　賃貸人が、賃料を支払わない賃借人に対して、賃借人の勤務する会社の社長を通じ、明渡しを促すよう要求する行為は、不法行為に該当することがあります（横浜地裁平成2年5月29日判決）。

Column

④ 債務の承認

　賃借人が未払賃料を直ちに全額支払うことができない場合、支払いを約束する文書を差し入れることもあります。支払約束の文書を差し入れることは債務の承認となり、時効の更新の効力があるとともに、支払いの心理的圧力が加わることになります。

⑤ 公正証書 <ruby>公正証書<rt>こうせいしょうしょ</rt></ruby>

　公正証書は、公証人が作成する社会的な信頼性が高い文書です。債務者が承諾をしたうえで作成されるのであり、債務者の承諾なしには作成できません。

　公証人は、法務大臣によって任命され、法務局または地方法務局に所属しています。

　公正証書の原本は、原則として20年間、公証役場で保管されます。

　公正証書に強制執行に服する旨の陳述（強制執行認諾文言）が記載されている場合、債務名義（執行の根拠となる文書）となり、金銭の支払義務では強制執行ができます。心理的な圧迫を与え、任意の履行を促す効果も大きくなります。

② 法的手続

　賃料などが任意で支払われない場合には、法的手続をとらざるを得ません。賃料を回収するための法的手続としては、最終的には民事の通常訴訟を提起することになりますが、より簡易迅速で、柔軟性のある手続きとして、支払命令（支払督促）、少額訴訟、民事調停があります。

（右側欄外）

第2編

管理業務として行う賃貸住宅の維持保全に関する事項

コメント
公正証書により不動産の賃貸借契約書を作成できる。ただし、不動産の明渡しの強制執行はできない（H29問22）。不動産の明渡しの強制執行をするためには、訴えを提起し、判決を取得するなどが必要

出た！H27・29・30・R1・2・5

コメント

債務者が異議を申し立て、または仮執行宣言が付された支払命令に対して異議を申し立てた場合、支払督促の申立ての時に、支払命令を発した裁判所書記官の属する簡易裁判所またはその所在地を管轄する地方裁判所に訴えの提起があったものとみなされる（通常訴訟手続に移行する）。

コメント

債務者が支払命令の送達を受けた日から2週間以内に異議の申立てをしない場合、債権者は、支払命令に仮執行宣言を付すよう申立てをすることができる。債権者が仮執行宣言の申立てをすることができる時から30日以内にその申立てをしない場合、支払命令は効力を失う。

コメント

債務名義とは、強制執行によって実現されることが予定される請求権の存在、範囲、債権者、債務者を表示した公の文書。強制執行を行うには、債務名義が必要となる。

参照

本章❸③強制執行の実施

注意

不動産の明渡しを目的とする訴えは、金銭請求ではないので、少額訴訟を利用することはできない。

① 支払命令（支払督促）

1. 趣　旨

金銭請求につき、裁判所書記官により、簡易迅速に発令してもらう手続きです。支払命令（支払督促）は、訴訟手続ではありません。

2. 裁判所、発令者

債務者の普通裁判籍の所在地（個人は住所。会社は事務所・営業所）を管轄する簡易裁判所が手続きを行います（金額に限定はない）。発令するのは、簡易裁判所の書記官で、債務者に通知されます。

3. 対　象

金銭請求が対象です。請求の額にかかわらず利用できます（金額に関係なく利用できる）。

4. 手続き

手続きの中では主張の真偽について実質的な審査をしません。債務者の審尋も行いません。債務者が命令に異議があれば、異議申立てができます（仮執行宣言の申立ては不可）。異議により、通常訴訟の手続き（管轄は、訴額が140万円以下なら簡易裁判所、訴額が140万円超なら地方裁判所）に移行します。

5. 債務名義

支払命令（支払督促）においては、仮執行宣言の申立てがなされます。これに対して異議の申立てがなければ、仮執行宣言の付された支払命令が、確定判決と同一の効力を有し、債務名義となります（強制執行できる）。

② 少額訴訟

1. 趣　旨

少額訴訟は、少額の金銭請求につき、簡易裁判所により、簡易迅速に行われる訴訟手続です。

2. 管轄裁判所

管轄は、債務者の普通裁判籍の所在地（個人は住所。会社は事務所・営業所）を管轄する簡易裁判所です。少額訴

訟は訴訟であり、裁判所の下す判断は判決です。

3. 対　象

　60万円以下の金銭請求が対象です（建物の明渡し請求には少額訴訟を利用することはできない）。

4. 手続き

　原告が、少額訴訟の手続きを選択することを訴えの提起の際に申述します。

　1回の期日だけで審理され、反訴はできません。第1回口頭弁論期日に、すべての攻撃防御方法を提出しなければなりません。証拠調べは即時取り調べができるものに限られます（即時取り調べができるならば、証人尋問や当事者本人尋問が行われることもある）。電話会議方式も可能です。同一の簡易裁判所において、同一の年に10回までしか利用できません（異なる被告であっても同一年で合計10回まで）。

5. 判決、債務名義

　1回の期日で審理を終了し、直ちに判決がなされます（即日判決言渡し）。

　判決では、3年を超えない範囲内での支払いの猶予・分割払い、遅延損害金の免除ができます（分割払いとするときは、必ず期限の利益を喪失する旨を定める）。分割払いなどの判決に対しては、不服の申立てはできません。

　判決には仮執行宣言が必要的で、控訴はできません。不服申立ては、判決をした簡易裁判所に異議の申立てを行います。

③民事調停

1. 趣　旨

　民事調停は、民事の紛争について、調停委員会が双方の言い分を聞き、指針や調停案を示しつつ、合意を得るための仕組みです。法律だけにとらわれず、双方の境遇、心情などを考慮し、条理にかない、実情に即した、具体的に妥当な解決を図ることを目的としています。

📝 コメント

少額訴訟で手続きを行うことに異議が出されると、少額訴訟が申し立てられた簡易裁判所での通常訴訟となる（民事訴訟法373条1項・2項）。(R1問27)

⬆ 発展

少額訴訟の手続きを行うには、被告の異議がないことを要する（H30問21）。第1回口頭弁論期日での弁論までは、通常の手続きに移行させることができる。

 発展

宅地・建物の調停でも、相手方との合意があれば、合意で定めた地方裁判所・簡易裁判所にも申し立てることもできる。

2. 申立先の裁判所

申立先は、訴額にかかわらず、相手方の住所（個人の場合）、事務所（法人の場合）等の所在地にある簡易裁判所になります。宅地・建物の利用関係に関する調停は、宅地・建物の所在地の簡易裁判所です。

3. 調停委員会

裁判官と良識ある民間人の調停委員により構成されます。

4. 手続き

調停室で非公開で行われ、調停委員が当事者の双方あるいは一方から事情を聞き、調停委員が指針や調停案を示します。不成立の場合でも、自動的に訴訟には移行しません。あくまで法的解決を目指すならば、改めて訴訟を提起しなければなりません。

5. 調停調書（ちょうていちょうしょ）

調停が成立すると、調停調書に合意内容が記載されます。調停調書は、確定判決と同一の効力があり、債務名義となります。強制執行が可能です。

6. 賃料増減額請求の調停前置主義（ちょうていぜんちしゅぎ）

参照
第3編第1章❷賃料増減請求

賃料増減額請求は、民事訴訟を提起する前に、「調停」の手続きを経なければなりません（調停前置主義）。

❸ 明渡し

出た! R5

① 明渡しの意義

明渡しとは、室内の物品や設備を搬出・撤去し、鍵を返却することで賃借人から賃貸人に占有を移転することです。

管理業者は、明渡しにあたり、賃借人とともに現場に立ち会って建物や設備の状況を確認する必要があります。

① 退去後の鍵の取扱い

注意
現場での立会いをせずに、郵送、メール、電話、テレビ電話などで退去の手続きを行ったような場合には、後日管理業者が責任を問われる可能性もある。

新しい賃借人に賃貸するにあたっては、新しい錠に交換しなければなりません。鍵の交換費用は、賃貸人負担となります。

　鍵の交換費用を賃借人に負担させることができるのは、賃借人が鍵を紛失するなど、賃借人に責任がある場合のみです。

　鍵交換のタイミングは、リフォームが完了し、入居希望者に対する内覧を終え、実際に入居する賃借人が決定した後に行うのが望まれます。

② 使用損害金

　賃貸借契約が終了した後には、明渡しがされなくても、賃借人に賃料の支払義務はありません。しかし、契約が終了してから明渡し完了までに間があくことがあり、その場合の貸室の利用に関する賃借人の利益（賃貸人の損害）については、使用損害金として賃借人に支払いの義務が生じます。

　一般に使用損害金は、賃貸借契約における賃料の額となります。ただし、使用損害金についての特約が定められていれば、賃借人は、特約による使用損害金を支払わなければなりません。

② 自力救済の禁止

① 自力救済とは

　自力救済とは、任意に債務が履行されない場合に、私人が実力を行使して権利を実現することです。権利を実現するための制度が整備された現代の社会では、自力救済は許されず、違法です（自力救済の禁止）。自力救済に対しては、刑事責任、民事上の損害賠償責任が問われることになります。免許や登録などについて、行政処分が行われることもあります。

　賃貸借契約書に「賃料を滞納した場合、賃貸借契約は直ちに解除され、賃貸人は鍵を交換することができる」と定められていても、このような規定には効力がなく、賃借人に無断で鍵を交換すれば損害賠償責任を負います。

Up 発展

室内に物品を残置したままでも、当事者間で明渡しが完了したことを合意して事実上の支配が移転すれば、明渡しとなる（判例）。

コメント

多くの賃貸借契約では、使用損害金を賃料の倍額とする特約が定められている（R5問7肢エ）。

参照

本章❷①賃料の請求（回収業務）

出た！ H28・30・R2・3・5

コメント

長期不在者・行方不明者への対応

賃借人が長期不在であったり、行方不明になったりしたとしても、無断で室内に立ち入り、残置物処分、鍵交換などを行うことは違法。賃貸人が占有を回復するには、契約を解除し、明渡しの強制執行の手続きが必要。公示送達などを利用し、法にのっとった手続きをしなければならない。

第2編　管理業務として行う賃貸住宅の維持保全に関する事項

ワンポイント講座

賃借人が死亡し、相続人全員が相続放棄をしたとしても、室内の私物を廃棄することはできません。相続人がいない場合には、相続財産は法人となり（民法951条）、相続財産の清算人が選任されるのであり（同法952条1項）、室内の家具や備品類などが、無主物となるわけではないからです。

賃借人に無断で鍵を交換したり、室内に立ち入って物品を処分する行為は、

刑　事	➡	住居侵入罪、器物損壊罪、建造物損壊罪
民　事	➡	債務不履行、不法行為による損害賠償
行　政	➡	宅建業法などに基づく行政処分
社会的評価	➡	報道などによって、評価の下落を招く

ということになります。

次の行為が、自力救済などであるとして違法行為とされます。

ポイント整理
📁 違法となる行為

● 深夜早朝の督促行為（賃借人から時間に指定があったときを除く）

● 家賃滞納の事実が外部からわかるような方法で玄関ドアに文書を貼り付けて家賃等を督促すること

● 勤務先等賃借人の居宅等以外の場所に電話、訪問等をして督促すること（賃借人側の都合により連絡先を居宅等以外に指定している場合を除く）

● 督促のために賃借人の居宅等を訪問した場合、賃借人からその場所から退去するよう要請されたにもかかわらず退去しないこと

---

② 特約の効力

賃貸借契約書に、

- ●賃料を滞納した場合には、賃貸人、管理業者は鍵を交換することができる
- ●賃借人が契約終了後1か月以内に退去しない場合には、賃貸人、管理業者は鍵を交換することができる
- ●賃貸人に無断で賃借人が1か月以上不在になっているときは、契約は解除され、賃借人は室内の遺留品について所有権を放棄する

などの定めがあっても、このような定めは無効です（公序良俗違反。民法90条）。

　ゴミを処分することはできます。賃借人から退去前に取得した「賃借人は退去後の残置物については所有権を放棄する」という念書がある場合、賃貸人は、賃借人が粗大ゴミを残して退去したときは、これを処分することができます。

Column

③ 賃料請求の適法性

　賃貸人が、賃借人の勤務する会社の社長を通じ、明渡しを促すよう要求する行為が不法行為に該当するとされたケース（横浜地裁平成2年5月29日判決）がありました。賃借人が勤めている会社の社長が、社長という職制上の優越的地位を利用して、賃貸人との和解または明渡し要求に応じるよう執ように強要したことが、違法とされています。

3 強制執行の実施

　賃貸借契約が終了しても任意に明渡しが行われない場合の強制的な明渡しは、強制執行（国家の機関による強制的な権利実現手続）によって行います。強制執行には、債務名義とその送達、執行文の付与が必要です。

出た！H29・30・R1・2・3

債務名義の取得	+	送達	+	執行文付与

⬇

国家の機関（執行官）による
明渡しの強制執行の実施

① 債務名義の取得

　債務名義は、強制的な明渡しを法的に可能にする文書です。判決（確定判決、仮執行宣言付き判決）、和解調書（通常訴訟、即決和解）、調停調書などが債務名義となります。

> 　公正証書（強制執行認諾文言付き）、支払督促（仮執行宣言の付された支払督促）は、金銭債務を実現させる強制執行のためには債務名義となりますが、明渡しを実現させる強制執行では、債務名義になりません（執行力がなく、強制執行はできない）。

要点

発展
強制執行を実施するには、送達証明書が必要

② 送達

　判決は裁判所が職権で送達します。和解・調停調書は、当事者の申請によって裁判所書記官が行います。公正証書は公証人役場から送達します。

③ 執行文の付与

　強制執行を実際に行うには、債務名義に執行文の付与を受けることが必要です。執行文は、裁判所書記官または公証人が強制執行をしてもよいということを認める書類です。

執行文付与の主体	債務名義が公正証書以外の場合	事件の記録の存する裁判所の裁判所書記官
	債務名義が公正証書の場合	その原本を保存する公証人
執行文付与の方法		債務名義により強制執行をすることができる旨を債務名義の正本の末尾に付記する

④ 明渡しの強制執行

明渡しの強制執行を行うのは執行官です。執行官は、建物の明渡しの強制執行の申立てがあった場合において、期限を定めて、明渡しの催告をします（民事執行法168条の2第1項）。明渡し期限は、明渡しの催告があった日から1か月を経過する日となります（同条2項）。

債務者を強制的に立ち退かせる方法により行います。執行官は、建物の明渡しの強制執行をするに際し、債務者の占有する建物に立ち入り、必要があるときは、閉鎖した戸を開くため必要な処分をすることができます（民事執行法168条4項）。

4 即決和解

① 意　味

即決和解（起訴前の和解）は、訴訟外で当事者同士の話し合いにより、紛争についての和解が成立し、またはその見込みが立ったときに、裁判上の和解を申し立てる手続きです。不動産の明渡しのための債務名義を取得する方法として、比較的簡易な方法であることから、不動産の明渡しの実現を担保するために多く用いられています。

② 申立て

即決和解（起訴前の和解）の申立て先は、訴額にかかわらず簡易裁判所です（個人の住所、法人の事務所の所在地）。

③ 対　象

請求内容に制限がなく、明渡し請求にも利用できます。

④ 手続き

和解の期日に当事者双方が出頭して、合意に至れば、和解内容により裁判所書記官が和解調書を作成します。

和解の期日に当事者が出頭しない、または出頭しても合意に至らなかった場合には、和解の手続きは終了します。その場合、当事者の申立てにより訴訟手続に移行します（当事者が申立てをしなければ訴訟手続に移行しない）。

📝 コメント

明渡しの強制執行において、動産は債務者に引き取らせるか、執行官が保管して引取りを要求することになる。債務者が引き取らないときは、売却して代金を供託する。

🔍 参照

第3編第2章❶⑤敷金返還請求権の差押え

📝 コメント

即決和解は、成立見込みの和解調停案を申立書に添付して、申立てを行う。

⬆️ 発展

訴訟手続に移行した場合には、和解の申立ての時点で訴訟の提起がなされたものとみなされる。

⑤ 和解調書の効力

即決和解（起訴前の和解）は、確定判決と同一の効力を有します。和解調書が債務名義となり、強制執行ができます。簡易に債務名義を取得する手段として用いられます。

出た！ R4

5 残置物の処理等に関するモデル契約条項

① モデル契約条項の制定

賃借人の死亡後には、賃借権と居室内の残置物の所有権は相続人に承継（相続）されるため、相続人の有無や所在がわからない場合、賃貸借契約の解除や残置物の処理が困難になることがあり、特に単身高齢者に対して賃貸人が建物を貸すことを躊躇するという問題が生じています。この問題に対処するために、令和3年6月7日に国土交通省と法務省が、賃借人の死亡後に、賃貸借契約を解除する代理権および残置物処分の事務を受任者に委任する場合の委任契約のひな形を策定しました。

コメント
死後事務委任契約を入居の条件とすることも可能

② 委任契約の内容と受任者

ア．モデル契約条項の内容

賃借人死亡の場合に、以下の手続きを行います。

コメント
賃借人が委任者死亡時通知先を指定することが想定されている。

- ●合意解除の代理権、解除の意思表示を受ける代理権を受任者に授与する（解除関係事務委任契約）
- ●室内の残置物の廃棄や送付を委託する（残置物関係事務委託契約）

イ．受任者の選定

受任者の選定は、次の順序で行います。

注意
賃貸人を受任者とすることは避けるべきである。

1. 賃借人の推定相続人
2. 居住支援法人・居住支援を行う社会福祉法人
3. 賃貸住宅の管理業者

コメント
管理業者が受任者である場合には、契約関係の処理について、賃借人の相続人の意向を踏まえて、対応することが必要（R4問45）。

③ 賃借人死亡時の取扱い

賃借人が死亡した際には、次のように手続きを行います。

ア．賃貸人が、賃借人死亡の事実を受任者に通知

イ．解　除

　賃貸人と受任者は、合意により賃貸借契約を解除できます。賃料滞納があった場合などは、賃貸人が解除事務受任者に対して解除をすることもできます。

ウ．残置物の処理

　受任者は、室内に立ち入り、残置物の状況を確認し記録します。

保管に適したもの	●死亡後の所定期間（たとえば3か月）経過後に、委任者死亡時通知先に2週間前までに通知しておいて、廃棄する ●価値等に照らし廃棄が適切でないものについては、残置物事務受任者は、できるだけ換価する（お金に換える）。換価代金は相続人に返還する
保管に適さないもの	●ただちに廃棄する

④ 委託者への報告

出た！ H27・R1・4・5

1 概　要

　賃貸住宅管理業者は、管理業務の実施状況その他の事項について、定期的に、委託者に報告しなければなりません（法20条）。委託者はこの報告に基づいて賃貸経営に関する判断を行うため、管理業者が委託者との信頼関係を築き、管理受託契約を維持していくための重要な業務となります。

　報告は、管理受託契約を締結した日から、1年を超えない期間ごとに、定期的に行う義務があります。

　ポイント　管理受託契約の期間の満了後にも、遅滞なく報告をしなければなりません。

❗注意
必要があるときには、行政による監督処分（業務改善命令、1年以内の業務停止、登録取消し）が行われる。委託者への定期報告義務には罰則の定めはない。

コメント
新たに管理受託契約を締結した日から1年を超えない期間ごとに遅滞なく報告が行われている期間内において、管理受託契約の期間の満了に伴う更新を行う場合、更新時における契約の期間の満了に伴う報告は不要

📓 コメント

賃貸住宅管理業法の施行前に締結された管理受託契約については、定期報告は義務づけられていない。

📓 コメント

法施行前に締結された管理受託契約について、法施行後に管理受託契約について、形式的な変更とは認められない変更を行った場合は定期報告必要（R5問8肢1、2）。

📓 コメント

報告事項としての「管理業務の実施状況」では、家賃等の金銭の収受状況、維持保全の実施状況等の報告が義務となる。ただし、委託者に定期報告をするべき事項の項目としては「家賃等金銭の収受状況」は含まれていない（R5問8肢3）。

ポイント整理

📁 **法律施行前に締結された管理受託契約**

賃貸住宅管理業法の施行前に締結された管理受託契約について、管理業者に義務が課されるかどうかを整理すると、次のとおりです。

法律施行後に義務あり	●再委託の禁止（法15条） ●分別管理（法16条）
法律施行後に義務なし	●契約締結時書面の交付（法14条） ●定期報告（法20条）

2 報告事項

委託者への定期報告事項は、以下の3つです。

ア．報告の対象期間

イ．管理業務の実施状況

　🔷 **ポイント**　法2条2項による管理業務に限られない。管理受託契約における委託業務のすべてが報告の対象

ウ．賃貸住宅の入居者からの苦情の発生状況と対応状況

　🔷 **ポイント**　苦情を伴わない単純な問い合わせは、報告事項には含まれない。

入居者からの苦情の発生状況および対応状況については、苦情の発生した日時、苦情を申し出た者の属性、苦情内容、苦情への対応状況等について、把握可能な限り記録し、報告することが必要です。

Column

3 報告の方法

報告は、管理業務報告書を作成し、これを委託者に交付して説明します。

メール等の電磁的方法の利用も可能です。承諾を得て電磁的方法による報告をすれば、管理業務報告書を交付したものとみなされます。

ポイント整理
📁 電磁的方法（情報通信の技術）による報告

① 委託者の承諾が必要

② 電磁的方法による報告の種類（R4問6）

ア．電子メール等による方法

イ．ウェブサイトの閲覧等による方法

ウ．送信者側で備えた受信者ファイルを閲覧する方法

エ．磁気ディスク等を交付する方法

🔖ポイント　委託者が委託者ファイルへの記録を出力することにより書面を作成できるものでなければならない。

☕ 参考
委託者の承諾については、用いる方法（電子メール、WEBでのダウンロード、CD-ROM等）、ファイルへの記録方法（使用ソフトウェアの形式やバージョン等）を示したうえで、電子メール、WEBによる方法、CD-ROM等相手方が承諾したことが記録に残る方法で、承諾を得ることが必要

❗注意
承諾を得た場合であっても、委託者から電磁的方法による提供を受けない旨の申出があったときは、電磁的方法による提供は認められない。

　管理業者は、賃貸人が管理業務報告書の内容を理解したことを確認することが必要です（R5問8肢4）。

　また、管理業務報告書のデータを適切に保存するよう努めなければなりません。

❺ 秘密を守る義務

出た！R4・5

① 賃貸住宅管理業者の義務

　賃貸住宅管理業者は、正当な理由がある場合でなければ、業務上取り扱ったことについて知り得た秘密を他に漏らしてはなりません。

　賃貸住宅管理業を営まなくなった後においても、同様に秘密を守る義務を負います（法21条1項）。

② 従業者の義務

　賃貸住宅管理業者の代理人、使用人その他の従業者もまた、正当な理由がある場合でなければ、賃貸住宅管理業の業務を補助したことについて知り得た秘密を他に漏らしてはなりません。

　従業者でなくなった後においても、同様に秘密を守る義務を負います（法21条2項）。

❗注意
必要があるときには、行政による監督処分（業務改善命令、1年以内の業務停止、登録取消し）が行われる。

📝コメント
秘密保持義務が課される従業者には、管理業務の一部の再委託を受ける者等、賃貸住宅管理業者と直接の雇用関係にない者も含まれる（R4問8、R5問27）。

コメント
従業員が管理業者の命令
により秘密を漏らしたと
きは、従業員と会社の両
方に罰則が科される（R4
問8）。

☹罰則
●秘密を守る義務に違反したとき
➡30万円以下の罰金

調査報告・
修繕計画

攻略ポイント
●日常点検の内容と重要性
●計画的修繕と長期修繕計画の周期
●建物を管理するために必要な情報

① 基本事項

① 維持保全の義務

　建築物の所有者、管理者または占有者は、建築物の敷地、構造および建築設備を常時適法な状態に維持するように努めなければなりません。

② 用　語

1. 点　検

　点検は、建物・設備の性能・機能について、不具合や設備機器等の作動に異常がないかどうか、どの程度消耗しているのかを、決まった手順により定期的に検査する作業です。

　点検には、法定点検と自主点検があります。

法定点検	法令で定められるもの
自主点検	任意に行うもの

2. 保　守

　保守は、建物・設備の初期の性能・機能を維持するために、周期的または継続的に行う、消耗品交換、注油、作動調整、補修（軽微な修繕）等の作業です。

3. 修　繕

　修繕は、部材や設備が劣化しあるいは故障・機能不全が生じた場合に、不具合を補正したり取替えを行うことによって、劣化した建物・設備の性能・機能を実用上支障のない状態まで回復させる行為です。保守の範囲に含まれる

出た！ R3・5

📝コメント
維持保全の義務は建物管理者にも課される（R3問15）。

📝コメント
建物・設備の不具合や作動異常などの検査と、消耗品交換、注油、作動調整、補修（軽微な修繕）等の作業を含めて保守点検ということもある。

📝コメント
共有物の保存行為は、共有者それぞれが単独で行うことができる（民法252条5項）。たとえば、賃貸住宅の窓ガラスが台風により破損した場合の窓ガラスの交換は保存行為だから共有者はそれぞれが単独で行うことができる（R5問22肢ア）。

定期的な小部品の取替え等を修繕から除いた作業について、修理ということもあります。

補修（あるいは修補）は、一般的に部分的に行う修繕または修理を指します。

4. 修 復

修復は、劣化しあるいは故障・機能不全が生じた建物・設備を、初期と同じ状態に回復させることです。

5. 改 修

改修は、劣化しあるいは故障・機能不全が生じた建物・設備を、初期の水準以上の機能を有するものに改良することです。要求される水準まで改善または変更する場合には、改良という用語が使われます。

6. 模様替え

模様替えは、用途変更や仕上げの陳腐化などの解消のために、主要構造部を著しく変更しない範囲で、仕上げや間仕切壁などを変更することです。

7. 更 新

更新は、劣化した部材や機器を新しいものに取り替えることです。

出た! H27・28

③ 保全の分類

建物・設備について、初期に有する機能・性能を維持する行為の全体を、一般的に保全という言葉で表現します。保全（維持保全）には、予防保全と事後保全があります。

予防保全	事故や不具合が起きる前に、あらかじめ適切な処置を施すこと
事後保全	事故や不具合が起きてから、事後に処置を施すこと

事故や不具合の後、事後保全として部分的に応急措置を積み重ねることは、予防保全と比較して経済的とはいえません。

なお、保全という用語を維持保全（予防保全・事後保全）のほか、改良保全（初期に存する機能・性能を超えて、よ

📝 コメント
保全においては、法定の耐用年数にとらわれず、劣化の状況と収支を考え合わせ、適切に、予防的な、交換、保守、修繕を行う必要がある。

📝 コメント
応急措置の積み重ねは、全体的・根本的な修繕を先送りすることになる。

り高い機能・性能をもたせるための行為）を含む意味をもつ言葉として使用することもあります。

② 定期調査と定期検査

① 意　義

建築基準法上の特定建築物（デパート、ホテル、病院、共同住宅など）については、資格者による定期調査・検査と特定行政庁への報告が義務づけられます（建築基準法12条）。

共同住宅の場合、一定規模を超えると特定建築物になります（共同住宅の住戸内は、定期調査・検査から除かれる）。

共同住宅（賃貸住宅）は、一般に、下宿・共同住宅・寄宿舎として、地階あるいは地上３階以上の階にその用途に供する部分が200㎡を超えて存在する建物、または、その用途に供する部分の床面積の合計が300㎡以上の建物が、定期調査・検査報告の対象となります（ただし、地方自治体によって基準は異なっている）。調査の周期は３年ごとです。

🔲 東京都では、共同住宅に関しては、階が５以上、かつ、その用途に供する部分の床面積の合計が1,000㎡を超える場合、定期調査・検査報告の対象となる。

大阪市の場合には、３階もしくは４階で1,000㎡以上であるもの、または５階以上で500㎡以上であるものとなっている。

② 定期調査と検査報告の種類

建築基準法に基づく定期調査・検査報告には、４種類のものがあります。それぞれ、資格者が行わなければなりません。これらの報告は、新築・改築に係る建築物につき、検査済証の交付を受けた直後の時期には不要です。

⬆️ 発展
賃貸住宅管理業法では「維持保全」という言葉を、点検、清掃その他の維持を行うこと、および必要な修繕を行うこととして、「維持と修繕の両方を行う」という意味で使っている。

出た！ H27・28・30・R3・4

出た！ H28・30・R3・4

💬 コメント
報告が義務付けられている者は、原則として所有者であるが、所有者と管理者が異なる場合には管理者である（R4問9）。

種　類	対象物	回　数	資格者
特定建築物の定期調査	敷地、構造、防火、避難	用途・規模によって1年に1回または3年ごとに1回	1級・2級建築士、特定建築物調査員
防火設備の定期検査	防火設備	1回／年	1級・2級建築士、防火設備検査員
建築設備の定期検査	換気（火気使用室・無窓居室）、排煙、非常用の照明設備、給排水衛生（ビル管法・水道法で指定する設備を除く）の4項目	1回／年	1級・2級建築士、建築設備検査員
昇降機等の定期検査	エレベーター（ホームエレベーターは除く）、エスカレーター、小荷物専用昇降機（テーブルタイプは除く）、機械式駐車場設備、遊戯施設等	1回／年	1級・2級建築士、昇降機等検査員

📖 コメント
調査および報告の対象は、建築物たる賃貸住宅の敷地、構造および建築設備である（R4問9）。

📖 コメント
調査を行うことができる者は、一級建築士、二級建築士または建築物調査員資格者証の交付を受けている者である（R4問9）。

出た！ H29

📖 コメント
外壁開口部に設けられたものは、建築基準法上の定期調査・検査報告制度（同法12条）の対象外

建物の所有者または管理者は、特定行政庁が定める時期に、昇降機定期検査報告書を提出しなければなりません。

Column

③ 設備の法定点検等

1. 防火設備の定期検査と報告

　建築基準法上の定期調査・検査報告制度（建築基準法12条）の中に、防火設備の定期検査が定められています。

　防火設備の定期検査の対象、回数、検査を実施する者の資格は、次のとおりです。

対　象	特定建築物の防火設備 ● 常時閉鎖または作動するものに限る ● 検査の対象は、火災時に煙や熱を感知して閉鎖または作動する防火設備（防火扉、防火シャッター、耐火クロススクリーン、ドレンチャー等）
回　数	1年1回
資　格	1級建築士、2級建築士、防火設備検査員

2. 昇降機の定期検査と報告

　昇降機（エレベーター）については、建築基準法に基づき１年に１回、昇降機定期検査報告書を特定行政庁に提出しなければなりません（建築基準法12条３項、同法施行規則６条１項・３項）。

【定期調査・検査報告制度】

対　象	すべての建築物のエレベーター（ホームエレベーターは除く）、エスカレーター、小荷物専用昇降機（テーブルタイプは除く）（労働安全衛生法に基づく性能検査を受検しているものは除外）
回　数	１年に１回
資　格	１級建築士、２級建築士、昇降機等検査員

　また、建築物の所有者等は、昇降機の維持・運行の安全のためにおおむね１か月以内ごとに専門技術者に保守点検させ、その記録を３年以上保存しなければなりません。

③ 法定点検等

① 水道の管理

1. 水道法

ア．水道法の適用対象

　水道法が適用されるのは、都道府県の水道局等の水道事業者の水道、専用水道、簡易専用水道です。これらに該当しない小規模のもの（貯水槽水道）には水道法は適用されません。ただし、地方自治体の条例により水質検査などが必要な場合があります。

水道法の対象	●水道事業者（都道府県の水道局等） ●専用水道 　100人を超える居住者に供給する場合など ●簡易専用水道 　水道局からの水だけを水源とする水道のうち、受水槽の有効容量が10㎥を超えるもので、専用水道以外の水道

📝コメント
ホームエレベーターとは、一戸建て、共同住宅等の住戸内に設けられたエレベーターのこと

☕参考
工場等の専ら生産過程のエレベーターで積載荷重１トンを超すものは、労働安全衛生法によって１年に１回の性能検査が義務づけられている（同法41条２項）。

出た! H29・R3・5

水道法の対象外	●小規模貯水槽水道（東京都の呼称） ●タンク式給水方式の施設のうち、水道法の対象外で、受水槽の有効容量が 10㎥以下のもの

イ．施設基準

　水道法が適用される水道の施設については、水道法に定められた施設基準を満たさなければなりません。専用水道や簡易専用水道については、知事の確認等の手続きが必要です。

ウ．供給規程

　水道事業者には、料金、給水装置工事の費用の負担区分その他の供給条件などの供給規程を定めることが義務づけられています。

エ．水質基準

　具体的な基準は厚生労働省令で規定されます。事業者は、基準に従った管理を実施し、定期報告等を行わなければなりません。

2．専用水道

　専用水道は、水道事業者の水道以外の水道で、100人を超える者に水を供給する水道です。次のア～ウの適用基準があります。

> ア．口径 25mm 以上、導管全長 1,500m 超
> イ．水槽の有効容量が 100㎥超
> ウ．1 日最大給水量 20㎥超

　残留塩素の測定が義務づけられ、管理基準と検査の実施が法律で定められています。

残留塩素測定	毎日行う。遊離残留塩素の基準は 0.1mg/ℓ。水道法上、報告は義務ではない
管理基準	水道技術管理者を設置
検査の実施	定期および臨時で実施。5 年間保存。検査施設がないときには、地方公共団体または厚生労働大臣の指定機関に委任

3. 簡易専用水道

　水道事業者の水道と専用水道以外の水道で、水道事業から供給を受ける水のみを水源とし、水槽の有効容量の合計が10㎥超の水道です。管理基準と検査の実施等が法律で定められています。

残留塩素測定	水道法の規制はない。建築物衛生管理基準では7日に1回の残留塩素濃度の検査が必要
管理基準	水槽の掃除を1年に1回実施。水槽の点検を行う
検査の実施	1年に1回実施。地方公共団体または厚生労働大臣の指定機関に委任。検査結果は保健所に報告する（R5問6肢3）
非常時の対応	供給する水が人の健康を害するおそれがあることを知ったときは、直ちに給水を停止し、かつ、その水を使用することが危険である旨を関係者に周知させる措置を講ずる

コメント
建築物衛生管理基準では、6か月・1年・3年以内に一度の水質検査、1年に1回の貯水槽の清掃が義務づけられている。

4. 貯水槽水道（小規模貯水槽水道）

　水道事業者から受ける水のみを水源とし、水をいったん水槽に溜めた後、建物に飲み水として供給する施設であって、水槽の有効容量が10㎥以下のものです。

　貯水槽水道は、水道法による規制を受けません。各自治体独自の条例による規制となります。

注意
受水槽の有効容量が10㎥を超えるものは、貯水槽水道ではなく、簡易専用水道になる。

5. 給水設備等の管理

ア．水槽の管理

a．水槽の清掃

　　清掃中は断水になります。断水の時間は、一般的には、受水槽だけなら2〜3時間程度です。入居者への通知などの準備が必要です。断水後には赤水が出ることが多く注意を要しますが、通常は、3〜4分の流水で透明に戻ります。

b．蓋の鍵の施錠

　　水槽の蓋の鍵は施錠しておかなければなりません。特に、清掃作業の後の施錠忘れや道具の置き忘れには

コメント
高層建物の断水については、多くの場合、揚水ポンプの故障が原因となっている。

注意を要します。

c．水槽内のボールタップや電極棒

受水槽の水面が常に適量であるように調節することを液面制御(えきめんせいぎょ)といいます。液面制御(吐出水量を制御)は、小規模受水槽では、ボールタップ（浮子、フロート）の浮力で弁の開閉を行います。

大容量の受水槽では、定水位弁という装置（主弁と副弁（パイロット弁）からなり、副弁の開閉により主弁を動作させる仕組み）で、コントロールしています。

なお、ボールタップに替え、液面制御リレーと電極棒で定水位弁を制御する方式もあります。

d．オーバーフロー管や通気管

大気に開放しています。開口部に虫や小動物の侵入を防ぐため端部に防虫網がついているので、腐食による破損や外れの有無などの確認を要します。

ボールタップや定水位弁が故障すると水槽内の水がオーバーフロー管から溢れる現象や、減水した状態でポンプを空転させる不具合事象が発生します。不具合事象の防止のため、液面制御リレーと電極棒により受水槽や高置水槽の液面レベルを常時監視し、異常時には満水・減水警報が発報し、故障を知らせる装置が設置されています。

Column

イ．受水槽と高置水槽の設置に関する規定

受水槽や高置水槽は、完全に密閉されていません。そのため、水槽内の水が汚染されないように、設置の方法が次のとおり定められています。

【受水槽の6面点検】

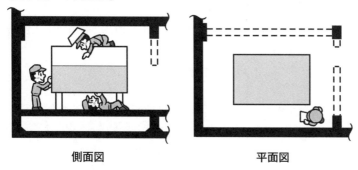

側面図　　　　　　　　平面図

● 受水槽を設置する場合においては、外部から受水槽（給水タンク等）の天井、底または周壁の保守点検が容易かつ安全に行うことができるように設置する（6面点検といわれる）

● 給水タンク等の天井、底または周壁は、建物の躯体と兼用しない

● 内部には、飲料水の配管以外の配管設備を設けない

● 内部の保守点検を容易かつ安全に行うことができる位置に直径60cm以上の円が内接することができるマンホールを設ける（圧力タンク等は除く）

ウ．揚水ポンプ
（ようすい）

　揚水ポンプには、給水用渦巻きポンプが使われるのが一般的です。ポンプは2台で1セットになっており、自動交互運転されます。

　減水警報が出た場合には、放置すると断水を起こすだけでなく、ポンプが空転して焼きつき、壊れることがありますので、速やかな対応を要します。

　ポンプの多くは、電動モーターを動力源とする多段（何枚もの羽根車を持つ）タービンポンプが用いられます。加圧給水方式や直結増圧給水方式では、インバーター制御で回転数を変え、給水量をコントロールします。

📖 参考
給水用渦巻きポンプのほか、加圧給水方式（ポンプ直送方式）に用いられる定圧給水装置、制御機構と一括された増圧給水ポンプユニットなどがある。

📝 コメント
ポンプの運転を制御する方法には、回転数を制御する変速方式と、ポンプの運転台数を制御する定速方式がある。

② 電気工作物の点検

1. 電気工作物の全体

　電気工作物には、事業用電気工作物と一般用電気工作物があります。

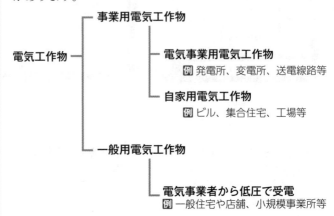

2. 自家用電気工作物の管理、維持、点検

　自家用電気工作物では、保安規程を定め、使用開始前に経済産業大臣に届け出る義務があります（R5問6肢2）。また、技術基準に適合するように維持しなければなりません。電気技術主任者の設置が義務づけられます。

　自家用電気工作物は、日常の巡視・点検を行い、また、定期的に1年に1回の点検を行い、経済産業大臣に報告します（一定の事業所は、電気保安法人などに外部委託できる）。2～5年に1回の精密点検と、電気設備の故障や電気事故が発生したときなどの臨時点検も必要です。点検内容は次のア～エのとおりです。

ア．日常の巡視と点検

日常巡視	目的は、異常の有無の確認。視覚（目視）、聴覚、嗅覚、触覚等。1日～1週間に1回
日常点検 月次点検	目的は、異常の有無の確認。視覚等に加え、携帯用測定器などを利用し、異常の有無を判定

イ．定期点検（年次点検）

　目的は、性能の確認・維持です。1年に1回、電気設備を停止させて行います。測定器具などを使用した接地抵抗、絶縁抵抗、保護装置の動作試験などです。充電部のゆるみ、たわみの調整、注油、清掃なども実施します。

ウ．精密点検

　目的は、機能の確認・回復です。2～5年に1回、電気設備を停止させて行います。変圧器や油入機器の絶縁油の点検・試験、主要機器の分解点検、保護装置の動作特性試験、計器の較正など必要に応じてより精密な点検を行い、部品交換などを行います。

エ．臨時点検

　電気設備の故障や電気事故が発生し、または発生のおそれがある場合、台風や地震による異常の有無を確認するために行われます。原因究明と点検・測定・試験、応急措置を行います。

③ 浄化槽の検査と保守点検

出た！R5

1. 法定検査

　浄化槽には、浄化槽法によって、設置後等の水質検査、定期検査、報告が義務づけられています。

設置後等の水質検査	使用開始後3か月を経過した日から5か月の間に行う
定期検査	毎年1回行う。都道府県知事の指定する指定検査機関による
報　告	検査結果等は、都道府県知事へ報告する（R5問6肢1）

2. 一般的な保守点検

　4か月に1回以上実施します（処理方法や処理対象人員によって回数は異なる）。浄化槽管理士または浄化槽管理士のいる専門の登録業者に委託します。

3. 清　掃

　バキューム車での汚泥の引き抜きを年に1回以上行いま

④ 建築物衛生法

1. 建築物衛生法（ビル管法）

　建築物における衛生的環境の確保に関する法律（以下、建築物衛生法）は、特定建築物につき、衛生的な環境の確保を図る法律です。

2. 特定建築物の所有者等への義務づけ

　特定建築物の所有者等は、建築物環境衛生管理技術者を選任します。建築物環境衛生管理技術者には、基準に従った衛生管理や環境衛生に関する帳簿書類の整備などが義務づけられます。

3. 衛生管理

　特定建築物では、害虫や小動物の駆除その他の防除が義務づけられています（建築物衛生法4条）。また、排水管の高圧洗浄を半年に1回行うことが義務づけられています（同法施行規則4条の3）。

コメント
特定建築物
興行場、百貨店、集会場、図書館、美術館、店舗、事務所、学校、旅館などの用途、かつ、延べ床面積が3,000㎡以上（学校は8,000㎡以上）。なお、共同住宅は特定建築物には含まれない（建築物衛生法施行令1条）。

コメント
都道府県知事は、特定建築物の所有者等に、報告を求め、または検査を行うことができ、その結果を受けて改善命令等を行うことができる。

④ 計画修繕と長期修繕計画等

出た！ H30・R2・4・5

① 計画修繕と長期修繕計画

1. 建築関連の各修繕周期

　建物は、長期修繕計画（30年程度の将来を想定する計画）を立案し、計画的に修繕を行わなければなりません。一般的に、建物の各部位の計画修繕の周期としては、次の期間が想定されています。

コメント
分譲マンションに比べ、賃貸マンションは修繕状況が劣り、また、修繕のための積立金が不足している（または準備されていない）傾向がある。

屋根防水改修	露出部分：12年〜、押さえ部分：18年〜
外壁塗装／バルコニー等防水	12年〜18年
シーリング	8年〜16年
鉄部改修・塗装	4年〜6年、雨掛かり部分：4年
金物類	使用頻度や損耗次第
アルミ部／舗装改修／外構工作物／屋外排水設備	24年〜36年

2. 設備関連の各修繕周期

　設備の更生・更新や取替えについては、次の周期を想定して、計画的に行う必要があります。なお、これに加えて、実際に行われた工事の状況や類似の建物の例を参考にして、数年ごとに見直しを行うべきです。

給水設備の更生・更新	18 年〜24 年
消火設備取替え	18 年〜24 年
雑排水設備取替え	18 年〜24 年
汚水設備取替え	24 年〜36 年
ガス設備取替え	12 年〜36 年

② 計画修繕の実施

　計画修繕を実施するにあたっては、長期修繕計画で設定した修繕周期を 1 つの目安としながら、日常的な点検や専門家による定期点検を行って不具合箇所の早期発見に務め、計画を見直しつつ、当初設定した実施時期にこだわらず、適切な時期に修繕を実施することが必要です。

③ 修繕履歴情報の蓄積管理

1. 目　的

　建物や設備の修繕を行った場合には、履歴情報を残さなければなりません。修繕履歴情報の蓄積管理には、次のア〜カの目的があります。

　ア．適切な維持管理の実現

　イ．合理的なリフォームの実現

　ウ．透明性の確保された適切な賃貸借関係の実現（賃貸借契約締結等の判断材料となり、入居後のトラブル防止にもつながる）

　エ．既存建物の適切な評価

　オ．災害時の正確で迅速な復旧や補修の実施

　カ．事故の際の対応支援

🔼 発展

電気設備の修繕周期の目安

●電灯、電力幹線・盤取替え、避雷針、エレベーター設備：24年〜32年

●照明器具、配線盤、テレビ共聴設備、自動火災報知設備：12年〜32年

📝 コメント

賃貸住宅を建築するにあたっての図面には、設計図と竣工図がある。管理業務を実施するにあたって重要なのは竣工図である。

出た! R2・3・4

📝 コメント

賃貸住宅が長期にわたり必要な機能と収益性を保持するためには、建物の劣化状況等の現状を知ることが必要であり、新築時とその後の維持管理の履歴情報の蓄積と利用は、必要なメンテナンスを無駄なく行うことにつながる（R4問7）。

2. 情報の保管者

建物の履歴情報は、建物所有者に帰属します。これを管理業者が保管し、適切な管理を行うために必要に応じて利用するということになります。

所有者が建物を売却したり、管理受託契約が終了するなどの場合には、管理業者は建物の履歴情報について返却するなど、適切に取り扱わなければなりません。

③ 建物を管理するために必要な情報

建物を管理するためには、建物に関する情報を整理しておく必要があります。建物に関する情報としては、1．建築確認、完了検査の関連書類、2．その他新築工事の関連書類、3．住宅性能評価のための関連書類、4．長期優良住宅認定のための書類などがあります。

1. 建築確認、完了検査の関連書類

新築住宅の完成までに、建築確認や完了検査のために作成された書類や図面です。

開発行為	開発行為許可申請書（写）、開発行為許可通知書、現況図、土地利用計画図、造成計画平面図、排水施設計画平面図、給水施設計画平面図、がけの断面図、擁壁の断面図等
地盤調査	地盤調査報告書（敷地図、スクリューウェイト貫入試験結果表、ボーリング柱状図等）
建築確認	確認申請書、建築計画概要書、確認済証、各階平面図、立面図、断面図、基礎伏図、各階床伏図、小屋伏図、構造詳細図、その他申請に要した図書一式
工事監理	工事監理報告書、工事監理報告書に添付される図書一式
完了検査	完了検査申請書（写）、検査済証、申請に必要な図書一式

2. その他新築工事の関連書類

竣工段階の設計図書は、建物の現況が記録された各種図面や書類（工事期間中の記録写真や打合せ記録・図面等も含む）です。完成までの様々な変更が反映されたものです。

意匠関係	付近見取図、配置図、仕様書（仕上げ表を含む）、平面図、立面図、断面図、矩計図、詳細図等
仕様関係	仕様書、仕上げ表等
構造関係	柱・梁、接合金物リスト、基礎伏図、床伏図、小屋伏図、軸組図、構造計算書等
設備関係	電気設備図、給排水衛生設備図、空調換気設備図、消火設備図等
設備機器関係	設備機器の取扱説明書、設備機器リスト等
その他竣工段階までに作成された書類・図面類	各工事の記録写真、施主打合せ記録、建材情報、見積書、領収書等

　設計図は、建物を建設するために工事実施前に作成した図面です。
　竣工図は、施工者が建築工事中に生じた設計変更等を取り入れて、竣工時に作成した図面です。建物の管理のためにより重要性が高いのは、竣工図です。

Column

第2編　管理業務として行う賃貸住宅の維持保全に関する事項

第3章 原状回復

重要度ランク **A**

攻略ポイント
- ●原状回復をめぐるトラブルとガイドライン
- ●通常損耗と賃借人の負担
- ●経過年数による減価割合

① 原状回復とはどのような問題か

建物は、賃借人が使用すれば、汚損や損傷が生じます。賃借人が建物を返還するにあたって、

> ●契約が終了したときのそのままの状態で返還するか（＝汚損、損傷の修理、交換の費用負担は賃貸人）
> ●それとも、賃借人が、汚損、損傷の修理、交換をしたうえで返還するか（＝汚損、損傷の修理、交換の費用負担は賃借人）

というのが、原状回復の問題です。

② 原状回復をめぐるトラブルとガイドライン

 出た！ H28・29

国土交通省が、「原状回復をめぐるトラブルとガイドライン」（以下「原状回復ガイドライン」）を取りまとめています。

① 目 的

原状回復ガイドラインは、原状回復のルールを明確にして、トラブルの未然防止と円滑な解決を図るものです。

② 作成時期

平成10年3月に作成され、その後、平成16年に第1回目、平成23年に第2回目の改訂（再改訂）が行われました。

③ 原状回復ガイドラインの考え方

原状回復ガイドラインは、近時の裁判例や取引等の実務を考慮のうえ、一般的な基準を取りまとめたもの（指針）

📝コメント
民間賃貸住宅の契約における合意は、契約自由の原則により、民法、借地借家法等の法令の強行法規に抵触しない限り有効

です。民間賃貸住宅の賃貸借契約の内容について行政が規制することは適当ではなく、原状回復ガイドラインでは、その使用を強制するものではなく、原状回復の内容、方法等については、最終的には契約内容、物件の使用の状況等によって、個別に判断、決定されるべきものであるという考え方が明記されています。

④ 原状回復ガイドラインのポイント

《ポイント１》原状回復の定義

　原状回復を「賃借人の居住、使用により発生した建物価値の減少のうち、賃借人の故意・過失、善管注意義務違反、その他通常の使用を超えるような使用による損耗・毀損を復旧すること」と定義しました。その費用は賃借人負担となります。

　※ 経年変化、通常の使用による損耗等の修繕費用は賃料に含まれるので、賃貸人負担と考えられる。

《ポイント２》賃貸人と賃借人の負担区分

　原状回復ガイドラインは、損耗、毀損についての賃貸人と賃借人の負担区分を、次の図のようにまとめています。

【損耗・毀損事例の区分】

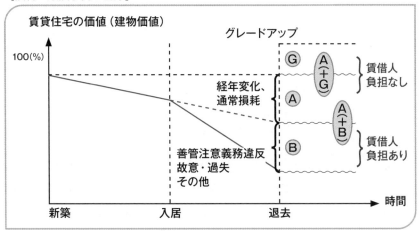

A	賃借人が通常の住まい方、使い方をしていても、発生すると考えられるもの
B	賃借人の住まい方、使い方次第で発生したり、しなかったりすると考えられるもの（明らかに通常の使用等による結果とはいえないもの）
A（+B）	基本的にはAであるが、その後の手入れ等賃借人の管理が悪く、損耗等が発生または拡大したと考えられるもの
A（+G）	基本的にはAであるが、建物価値を増大させる要素が含まれているもの

➡ このうち、

「B」と「A（+B）」	賃借人に原状回復義務がある
「A」と「A（+G）」	賃借人に原状回復義務はない

と整理しました。

《ポイント3》施工単位

賃借人負担の原状回復は、可能な限り毀損部分に限定します。

補修工事の範囲を、できるだけ最低限度の施工単位とします。

色合わせ、模様合わせなどが必要な場合の取扱いにつき、実際上の調整を加えます。

《ポイント4》 経過年数の考慮

「B」や「A（+B）」でも、そのうちの経年変化や通常損耗分は、賃借人は、賃料として支払い済みなので、賃借人が修繕費用のすべてを負担することは、不合理で不公平です。そこで、建物や設備の経過年数を考慮し、年数が多いほど賃借人の負担割合を減少させていくことにしました。

③ 原状回復の基本原則

原状回復には3つの基本原則があり、次の図表のルールによって、処理されます。

❗ 注意
原状回復については、以前は民法に規定はなかったが、2020年4月に施行された改正によって、条文が設けられた（民法621条）。ただし、この条文は、いままで行われていたルールを明文化したものであって、ルールが変わったわけではない。

基本原則1	通常損耗は、賃借人負担ではない
基本原則2	通常損耗を超える汚損、損傷は、賃借人負担
基本原則3	賃借人負担となる修理、交換の範囲と負担割合には合理性が必要 基本原則3の1：修理、交換の範囲 　　　　　　　（施工単位）の合理性 基本原則3の2：負担割合の合理性

【原状回復のルール】

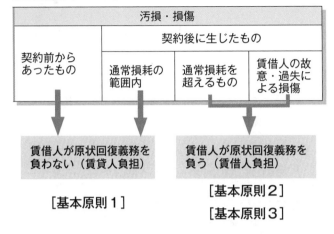

④ 通常損耗は賃借人負担ではない（基本原則1）

出た！ H27・28・29・30・R1・2・5

　賃借人は、通常の使い方で生ずる汚損・損傷（通常損耗。建物・設備の構造上発生するものが含まれる）は、汚損・損傷したままで貸室を賃貸人に返せば足ります。

　通常損耗として、賃借人負担にはならないもの（賃貸人負担となるもの）は、次の①②のとおりです。

① 通常の住まい方で発生するもの（通常の生活で避けられないもの）

- ●家具の設置による床・カーペットのへこみ、設置跡
- ●テレビ・冷蔵庫等の後部壁面の黒ずみ（電気ヤケ）
- ●壁に貼ったポスター・絵画の跡等によるクロスの変色、日照など自然現象によるクロス・畳の変色、フローリングの色落ち
- ●ポスターやカレンダー等の掲示のために使用した画鋲、ピン等の穴（下地ボードの張替えが不要である程度のもの）
- ●エアコン（賃借人所有）設置による壁のビス穴、跡
- ●設備・機器の故障、使用不能（機器の寿命によるもの）

震災等の不可抗力や上階の居住者などの第三者に起因する汚損、損傷は、賃借人負担ではなく、賃貸人負担です。

Column

② 建物・設備の構造上発生するもの（その発生について賃借人に責任がないもの）

📝コメント
修繕が必要なもののうち、賃借人が通知義務を怠ったために発生したもの
➡賃借人負担

- 畳の変色、フローリングの色落ち、網入りガラスの亀裂（日照、建物の構造欠陥による雨漏りなどで発生したもの）
- エアコンの内部洗浄（喫煙等による臭い等が付着していない場合）

📝コメント
台所、トイレの消毒費用は賃貸人負担（R5問9肢エ）

　入居者確保のため行う設備の交換、化粧直しなどのリフォームは、賃貸人負担です。例としては、次のものが挙げられます。

例 次の入居者確保のために行うもの

- 特に破損等していないものの、次の入居者を確保するために行う畳の裏返し・表替え、網戸の交換、浴槽・風呂釜等の取替え、破損・紛失していない鍵の取替え
- フローリングのワックスがけ、台所・トイレの消毒、賃借人が通常の清掃を行っている場合の専門業者による全体のハウスクリーニング

出た！ H28・29・30・R1・2・3・4・5

⑤ 通常損耗を超える汚損・損傷は賃借人負担（基本原則２）

　賃借人が、故意・過失、善管注意義務違反その他通常の使用を超えるような使用を行い、そのために通常損耗を超える汚損・損傷が生じた場合、賃借人は、これを補修、交換して返さなければなりません（原状回復義務を負う）。

【通常損耗を超える汚損・損傷】

通常の住まい方、使い方をしていても発生する汚損・損傷

↓

賃貸人負担（賃借人は負担しない）

手入れを怠ったもの、用法違反、不注意によるもの（住まい方、使い方次第で発生したり、発生しなかったりすると考えられるもの）

↓

通常損耗を超える汚損・損傷

↓

賃借人負担

「通常損耗を超える汚損・損傷」に該当するとされるのは、次のものです。

- ●飲みこぼし等の手入れ不足によるカーペットのシミ
- ●冷蔵庫下のサビを放置した床の汚損
- ●引越し作業等で生じた引っかきキズ
- ●賃借人の不注意（雨風が吹き込むなど）による畳やフローリングの色落ち
- ●日常の清掃を怠ったため付着した台所のスス、油の汚れ
- ●結露（けつろ）を放置して拡大したカビ・シミ
- ●ガスコンロ置き場、換気扇等の油汚れ、スス
- ●クーラー（賃借人所有）からの水漏れを放置して発生した壁等の腐食（ふしょく）
- ●喫煙に起因するヤニ等によるクロス変色、室内への臭いの付着、エアコンの汚れ
- ●重量物をかけるためにあけた壁等の釘穴（くぎあな）・ビスで、下地ボードの張替えが必要なもの
- ●天井に直接付けた照明器具の跡
- ●落書き等故意による毀損（きそん）
- ●ペットにより柱等に生じたキズ、付着した臭い

🗨 コメント

賃借人の同居者は賃貸借契約上の義務の履行という観点からは、賃借人の履行補助者であり、その故意・過失は、賃借人の故意・過失と同視される。汚損・損傷について、賃借人の同居者に故意・過失があれば、賃借人に故意・過失があったものとされ、賃借人の負担となる。

🗨 コメント

契約書に原状回復の取扱いについての定めがない場合でも、通常損耗を超える汚損・損傷は賃借人負担となる（H29問19）。

●風呂・トイレ等の水垢、カビ等、日常の不適切な手入れもしくは用法違反による設備の毀損
●鍵の紛失または破損による取替え(シリンダーの交換を含む)
●戸建て住宅の庭に生い茂った雑草の除去

出た! H27・29・R2・3・4

6 修理、交換の範囲（施工単位）の合理性（基本原則3の1）

　損耗の修理や交換などについて賃借人負担になる場合でも、原状回復工事を行う範囲は、可能な限り、毀損、損傷部分の最低限度に限定されます。ただ、模様合わせ、色合わせをしないと毀損、損傷した価値が復元しない場合には、価値を復元するために必要な範囲での工事は、原状回復すべき範囲に含まれる（賃借人負担とすることに合理性がある）と理解されています。

【修理、交換の範囲（施工単位）】

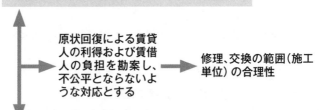

原状回復工事は、可能な限り、毀損部分に限定（最低限度の施工単位）

原状回復による賃貸人の利得および賃借人の負担を勘案し、不公平とならないような対応とする → 修理、交換の範囲（施工単位）の合理性

原状回復とは、価値を復元すること（模様合わせ、色合わせをしないと価値を維持できないものについては、ある程度の広さの施工範囲で工事を行うことが必要）

コメント
賃借人負担の原状回復工事についても、損耗の程度を考慮し、賃借人の負担割合をより詳細に決定することも考えられる（H29問26）。

　各部位の施工単位に関し、次の工事は賃借人が原状回復をするべき範囲に含まれるものと考えられています。

畳	●原則1枚単位 ●毀損等が複数枚の場合は、その枚数(裏返しか表替えかは毀損の程度による)
カーペット、クッションフロア	●洗浄等で落ちない汚れ、キズの場合:1部屋単位 ●毀損等が複数箇所の場合:居室全体
フローリング	●原則㎡単位 ●毀損等が複数箇所の場合は居室全体
壁・天井(クロスなど)	●㎡単位が望ましいが、毀損箇所を含む1面分までは賃借人負担としてもやむをえない ●面ごとに色や模様が合っていなくても価値の減少は小 　➡室内の複数面の色や模様を合わせることまでは不要 ※タバコ等のヤニや臭い 　変色したり、臭いが付着している場合は、居室全体のクリーニングまたは張替費用を賃借人が負担
建具(襖、柱など)	襖:1枚単位、柱:1本単位(襖の色合わせを行う場合は当該面または居室全体の枚数) 　※襖紙、障子紙は消耗品
設備その他(鍵、クリーニングなど)	●設備の補修(部分) ●鍵の紛失の場合はシリンダー交換を含む ●クリーニングは、通常の清掃 ●通常の清掃でなければ部位ごともしくは住戸全体のハウスクリーニング

コメント

クロス張替えの場合、毀損箇所を含む1面分の張替費用を、毀損等を発生させた賃借人の負担とすることが妥当

7 経過年数(耐用年数)による減価割合 (基本原則3の2)

出た！ H27・28・29・R1・2・3・4・5

　汚損・損傷の補修、交換を賃借人負担とする場合にも、補修、交換の費用を全額賃借人に負担させることにすれば、賃貸人が新品を取得することになってしまいます。本来賃貸人は、賃借人が通常の使用により発生させた損耗があって、その状態で返還を受けていたはずであり、賃貸人が新品を取得するというのは公平ではありません。

そこで、明渡し時の現実状態と本来あるべき状態の差が、賃借人の負担であり、耐用年数を考慮して、賃借人の使用する年数が多いほど負担割合を減少させることになります。

① 経過年数（耐用年数）による減価割合

補修、交換の費用を賃借人に全額負担させるのは不公平

↓

（その理由）
経年変化・通常損耗分は、すでに賃料として支払済み。新品にするまでの費用を賃借人に全部負担させると、その分の二重支払いになってしまう。

減価グラフ

設備等の経過年数と賃借人負担割合（耐用年数6年および8年・定額法の場合）

賃借人負担割合（原状回復義務がある場合）（新築での入居）

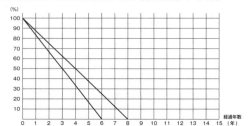

入居時の状態と賃借人負担割合（耐用年数6年・定額法の場合）

賃借人負担割合（原状回復義務がある場合）
（中古で入居した場合には、入居時の残存年数まで左側にシフト）

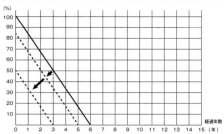

＊入居時の設備等の状態により、左方にシフトさせる。新築や交換、張替えの直後であれば、始点は（入居年数、割合）＝（0年、100％）となる。

　建物や設備の各部位の耐用年数の考え方をまとめると、次のとおりです。

畳	● 畳 表 は経過年数を考慮しない（消耗品に近い） ● 畳 床は、6年で残存価値1円となる直線・曲線
カーペット、クッションフロア	6年で残存価値1円となる直線・曲線
フローリング	部分的な張り替えの場合には、経過年数は考慮しない。床全体を張り替えたときは耐用年数で残存価値1円となる直線
壁・天井（クロスなど）	6年で残存価値1円となる直線・曲線
建具（襖、柱など）	● 襖紙、障子紙は経過年数を考慮しない（消耗品） ● 襖、障子等の建具部分、柱は経過年数は考慮しない。考慮する場合は残存価値1円となる直線
その他設備	● 設備の補修（部分）は、耐用年数経過時点で残存価値1円となる直線・曲線

※かつての税制では、償却年数経過後の残存価値は10％。平成19年の税制改正によって残存価値が廃止され、耐用年数経過時に残存簿価1円まで償却できるようになった。

　設備の耐用年数は、次のとおりです。

5年	流し台
6年	● 冷房用、暖房用機器（エアコン、ルームクーラー、ストーブ等） ● 電気冷蔵庫、ガス機器（ガスレンジ） ● インターホン
8年	主として金属製以外の家具（書棚、たんす、戸棚、茶だんす等）

第2編

管理業務として行う賃貸住宅の維持保全に関する事項

15年	●便器、洗面台等の給排水・衛生設備 ●主として金属製の器具・備品
建物の耐用年数が適用されるもの	ユニットバス、浴槽、下駄箱（建物に固着して一体不可分なもの）

② 経過年数（入居年数）の考慮にはなじまないもの

　すべての設備等につき、経過年数（入居年数）が考慮されるのではありません。次のア〜ウは、経過年数を考慮せず、賃借人の負担とします。

ア．長期に使用され、部分補修が可能なもの

　建物本体と同様に長期間の使用に耐えられる部位であって、部分補修が可能な部位、たとえば、フローリング等の部分補修については、経過年数を考慮しません（補修費用全額について賃借人負担とする）。

イ．消耗品としての性格が強いもの

　襖紙や障子紙、畳表は、消耗品としての性格が強く、毀損の軽重にかかわらず価値の減少が大きく、減価償却資産の考え方を取り入れることにはなじみません（張替え等の費用について全額賃借人の負担とする）。

ウ．鍵の紛失とクリーニング

　鍵の紛失とクリーニングに関しては、経過年数（入居年数）は考慮しません。

鍵の紛失	・経過年数は考慮しない。交換費用相当分を全額賃借人負担とする ・紛失の場合はシリンダーの交換
クリーニング	・経過年数は考慮しない ※ゴミ撤去、掃き掃除、拭き掃除、水回り清掃、換気扇やレンジ回りの油汚れの除去などは、賃借人が行うべき通常の清掃

コメント

フローリング等を部分補修としたうえに形式的に経過年数を考慮することは、賃貸人にとって不当な不利益となる。

③ 耐用年数を超えた設備

　賃借人負担の額の決定では、耐用年数経過後には物の価値がなくなる（残存価値1円）という考え方が適用されないこともあります。

　すなわち、耐用年数を超えても、使用可能な物件を賃借人が毀損、損傷させた場合には、補修工事が必要になります。耐用年数を超えていることから、残存価値は観念できませんが、補修工事には費用がかかります。その補修の費用は、賃借人負担となります。なぜなら、耐用年数を超えても使用可能なものには、賃借人は善管注意義務があるからです。補修費用（本来機能していた状態まで戻す費用）は、賃借人が負担するべきです。

　原状回復ガイドラインでは、「例えば、賃借人がクロスに故意に行った落書きを消すための費用（工事費や人件費等）などについては、賃借人の負担となることがある」とされています。

> 📖コメント
> 耐用年数を超えた設備等であっても、継続して賃貸住宅の設備等として使用可能な場合があり、このような場合に賃借人が故意・過失により設備等を破損し、使用不能にしてしまった場合には、従来機能していた状態まで回復させるための費用は賃借人負担となる。

例題

H27問28肢4より

　新築から3年経過後に入居し、グラフの始点を50％と決定していた場合で、入居2年後の退去の際、壁のクロス（耐用年数6年）に賃借人が修理費用を負担すべき損傷があった。その張替え費用が6万円である場合、このグラフによれば賃借人が負担すべき金額はいくらになるか。

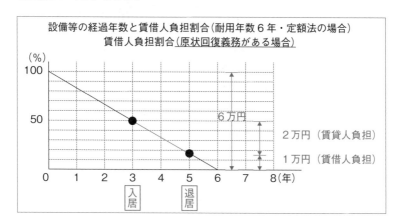

設備等の経過年数と賃借人負担割合（耐用年数6年・定額法の場合）
賃借人負担割合（原状回復義務がある場合）

この場合に、賃借人が負担すべき修理費用としては、
「張替え費用の6万円　×　賃借人の負担割合」という計算式によって算出されます。
ここで、賃借人の負担割合は、
「賃借人が通常の使用を超える使用によって生じた損耗・毀損の割合」
＝「入居2年後（新築から5年後）に価値が残存していたはずの割合」
＝「50%×$\frac{1}{3}$」
となります。これを計算すると、
6万円×50%×$\frac{1}{3}$＝1万円
賃借人が負担すべき金額は、1万円となります。

出た！ H27・28・29・R3

発展
最高裁平成17年12月16日判決は、通常損耗補修特約が有効となる要件について、「少なくとも、賃借人が補修費用を負担することになる通常損耗および経年変化の範囲が賃貸借契約書の条項自体に具体的に明記されているか、仮に賃貸借契約書では明らかでない場合には、賃貸人が口頭により説明し、賃借人がその旨を明確に認識し、それを合意の内容としたものと認められるなど、その旨の通常損耗補修特約が明確に合意されていることが必要である」と、厳格な要件を示したうえで、特約の有効性を肯定している。

8 通常損耗補修特約

① 通常損耗補修特約の効力

　通常損耗補修は、本来的に賃借人負担ではなく、賃貸人負担です。これに対して、経年変化や通常損耗に対する修繕義務を賃借人に負担させる特約の効力が問題となりますが、最高裁は、次のア～ウを満たせば、有効であると判断しています（最高裁平成17年12月16日判決）。

【通常損耗補修特約の条件】

ア	特約の必要性があり、かつ、暴利的でないなどの客観的、合理的理由が存在すること
イ	賃借人が特約によって通常の原状回復義務を超えた修繕等の義務を負うことについて認識していること
ウ	賃借人が特約による義務負担の意思表示をしていること

② 原状回復ガイドラインのコメント

　原状回復ガイドラインでは、最高裁平成17年12月16日判決を前提として仮に原状回復についての特約を設ける場合は、その旨を明確に契約書面に定めたうえで、賃借人の十分な認識と了解をもって契約することが必要であること、また、客観性や必要性については、たとえば、家賃を周辺相場に比較して明らかに安価に設定する代わりに、こうした義務を賃借人に課すような場合等が考えられるが、限定的なものと解すべきであるとの考え方を示しています。

③ 原状回復ガイドラインの負担区分に関する特約

　原状回復ガイドラインの負担区分は、あくまでも一般的な基準です。当事者間に特約がある場合には、当事者間の合意によって負担区分が決められます。原状回復ガイドラインの内容と異なる特約が、必ずしも無効ということはありません。

④ 通常損耗補修特約と敷引特約

　最高裁平成23年3月24日判決は、通常損耗補修特約と敷引特約とを関連づけたうえで、「通常損耗補修費用に充てるために賃貸人が取得する金員を具体的な一定の額とすることは、通常損耗等の補修の要否やその費用の額をめぐる紛争を防止するといった観点から、あながち不合理なものとはいえず、敷引特約が信義則に反して賃借人の利益を一方的に害するものであるということは直ちにいうことはできない」としています。

9 契約締結時と精算時（費用精算時）の取扱い

① 契約締結、入居時（原状回復ガイドラインの考え方）

　原状回復のトラブル未然防止のためには、契約段階（入り口）において、原状回復条件を契約書に添付することにより、賃貸人・賃借人の双方が原状回復に関する条件を合意しておくことが有用です。

　また、入居時には、物件状況を確認し、具体的な損耗の箇所や程度といった物件の状況を平面図に記入したり、写真を撮ったりするなどのビジュアル的な手段を併せて活用することにも効果があります。

　貸室の引渡しは、鍵を渡すことによって行います。賃借人が入居する際には賃貸住宅管理業者が立ち会い、室内の状況を確かめておかなければなりません。

② 精算時（原状回復ガイドラインの考え方）

　原状回復のトラブル未然防止のためには、契約段階（入り口）とともに、費用精算（出口）の段階における取扱い

発展
原状回復ガイドラインでは、金銭の支出を伴う義務負担の特約である以上、賃借人が義務負担の意思表示をしているとの事実を支えるものとして、特約事項となっていて、将来賃借人が負担することになるであろう原状回復等の費用がどの程度のものになるか、単価等を明示しておくことも、紛争防止のうえで欠かせないとも述べられている。

参照
第3編第2章6敷引特約

出た！ H29・R4・5

コメント
貸室の引渡しにあたっては、鍵の引渡しの際に、管理業者と賃借人が立会い等により貸室の客観的な情報を残しておくことで、後日の修繕や原状回復に関するトラブルの防止にもつながる(R4問7)。

コメント
入居時の状況の確認によって、退去時の原状回復の範囲を決めることができる。

民法には「賃借人は、賃借物を受け取った後にこれに生じた損傷（通常の使用及び収益によって生じた賃借物の損耗並びに賃借物の経年変化を除く）がある場合において、賃貸借が終了したときは、その損傷を原状に復する義務を負う」と定められている（民法621条本文）。損傷が賃借人の責めに帰することができない事由によるものであるときは、賃借人は原状回復を負わない（民法621条ただし書）(R5問11肢4)。

の透明化も重要です。原状回復ガイドラインでは、特約がない場合を念頭に、「原状回復の費用算定の手順（イメージ）」を図によって示しています。

契約時に記載した原状回復工事の施工単価はあくまでも目安であり、実際に退去時に原状回復工事を施工するにあたっては、合意によりこの単価を変更することが可能です。

第4章

建物および地震・火災

重要度ランク

S

① 建物の基礎知識

1 構 造

① 基 礎

　基礎は、建築物に作用する荷重および外力を安全に地盤に伝える部位であり、地盤の沈下または変形に対して構造耐力上、建築物の安全性が確保できるものでなければなりません。基礎には、次の種類があります。

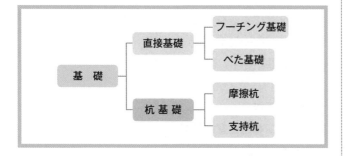

1. 直接基礎

　直接基礎とは、比較的浅い部分に良好な地盤があるとき、荷重を良好な支持地盤で直接支持する形式の基礎です。建築物の重量が軽い場合や地盤が良好で地耐力（地盤が荷重を支える力）が高い場合に用いられます。さらに「フーチング基礎」と「べた基礎」に分けられます。

　フーチング基礎とは、T字を逆にした形状の鉄筋コンク

出た! H27

📝コメント
設計用の荷重および外力としては、固定荷重、積載荷重、積雪荷重、風圧力、地震力の5つの荷重および外力と、建物の状況に応じて、土圧、水圧、震動および衝撃による外力を採用しなければならない（建築基準法施行令83条）。

リートによる基礎です。

　べた基礎とは、建物の底面全体にすき間なく鉄筋コンクリートを敷きつめたものをいいます。

参考
フーチング
基礎の根元の広がりの部分のこと（図中の「＊」部分）

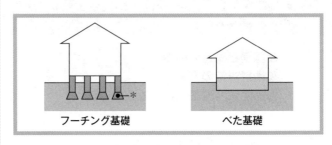

フーチング基礎　　　　べた基礎

コメント
基礎には、直接基礎と杭基礎のほかに、併用基礎がある。併用基礎は、直接基礎と杭基礎を併用する基礎である（直接基礎と摩擦杭を併用する方式を、パイルド・ラフト基礎という）。

2. 杭基礎（くいぎそ）

　杭基礎は、基礎を支持する地盤の支持力が不足する場合などに用いられます。杭の周面摩擦力と先端支持力で荷重を地盤に伝える基礎です。摩擦杭（おもに周面摩擦力で構造物を支持する杭）と支持杭（おもに先端支持力で構造物を支持する杭）があります。

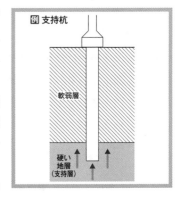

例 支持杭

軟弱層

硬い地層（支持層）

出た！ H27・28・R1・3・4・5

② 構造・工法

1. ラーメン構造と壁式構造

　ラーメン構造は、柱と梁（はり）を組み立て、その接合部をつなぎ（剛接合して）、一体化して骨組みとする構造です。伝統的な日本家屋はこの構造から成り立っており、中高層の建物でも利用されます。柱や梁が室内に張り出すことが特徴です。

　壁式構造は、柱や梁がなく、壁（壁板）だけの構造です。一般に非常に剛な構造とすることが可能であり、おもに共同住宅や低層の住宅で採用されています。

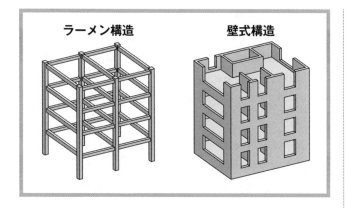

ラーメン構造　　　壁式構造

参考
壁式鉄筋コンクリート造は、軒高20m、階数5、階高3.5m以下に制限されている。

2. 木造、軽量鉄骨造

ア．木造在来工法

　在来工法は、日本の伝統的な木造住宅の工法であり、太い断面の部材を使用した土台、柱、梁などの骨組みで主要構造部を構成するものです（木造軸組工法）。かつては施工に際して高度な技術・技能が要求されていました。現在では補強金物を使用することも多くなりました。

コメント
木造は、建物の重量が軽く施工もしやすいが、防火、耐火性能において他の建築構造と比べて劣っている（H28問38）。

イ．枠組壁工法（ツーバイフォー工法）

　枠組壁工法（ツーバイフォー工法）は、材料として2インチ×4インチ等の木材と構造用合板をおもに用い、釘と接合金物で組み立てる工法です。

　荷重に対して壁全体で抵抗する工法であり、壁は、立て枠材に合板等のボード類を釘で密に打ちつけた耐力壁となります。

コメント
枠組壁工法は、構造安定耐力が高く、気密性や断熱性・保温性において優れるが、建物の内部に湿気がたまりやすくなる。

ウ．プレハブ工法

　構成部材を事前に工場製作し、現場では部材の組立てだけを行う工法です。狭い意味では、軽量鉄骨プレハブ構造、軽量コンクリート組立工法の2種類をいい、広い意味では、ツーバイフォー工法を含みます。

　長所は、コストが安定していること、工期短縮、省力化、品質向上に優れていること、短所は、規格化された部材を組み合わせるため設計の自由度が低いことです。

エ．ＣＬＴ工法

ヨーロッパで開発された木質系工法です。ＣＬＴは「Cross Laminated Timber」の略で、繊維方向で直交するように板を交互に張り合わせたパネルを用いて床、壁、天井（屋根）を構成する工法です。2016年4月に建築基準法告示が公布・施行され、採用されています。

長所は、耐震性・断熱性・遮炎性に優れており、材料寸法の安定性が高く、自由なプランが可能なことです。短所は、価格が高く、雨水浸入を妨ぐことができないので、外部に面して別途仕上げが必要となることです。

3. 鉄筋コンクリート造・鉄骨鉄筋コンクリート造

ア．鉄骨造（S造）

鉄骨による骨組みをつくる構造です。ブレースによって強度を高めることもあります。

比較的軽量なので、高層建物や超高層建物に多く採用されています。また、大きな空間を作り、あるいはスパンが大きくとれるので、工場や倉庫、店舗や事務所で使われています。

長所としては、主要な構造部材が工場で製作されるので品質が安定していること、鋼材の加工性が良く、施工工期が短く、省力化が可能であることです。また、耐震性にも優れています。

短所としては、耐火被覆、防錆対策が必要であること、風・地震等による揺れの影響を受けやすいこと、歩行振動など常時の揺れ対策に配慮が必要であること、外壁の目地のメンテナンスが必要であること、工事費が木造より高くなることが挙げられます。

参考
ブレース（筋かい）
鉄骨造の建物の強度を高めるため、たすき掛けに設ける斜材のこと

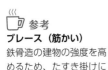

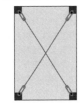

鉄骨造は、鋼材の加工性が良く、工期は比較的短く、省力化が可能です。

Column

イ．鉄筋コンクリート造（RC造）

鉄筋とコンクリートにより主要構造部を形成する構造です。鉄筋コンクリートは、次の性質を有しています。

a．鉄筋コンクリート構造の材料の性質

1）コンクリート

コンクリートは、砂利や砂が硬化したセメントによって接合されることでできています。

- 圧縮力に強い
- 引張力に弱い
- 熱に強い
- アルカリ性なので錆から鉄筋を守れる

2）鉄　筋

鉄筋は、「ふし」のついた形のもの（異形鉄筋）が多く用いられ、次のような性質があります。

- 引張力に強い
- 熱に弱い（500℃で強度が半分に低下する）
- 錆びやすい

b．鉄筋コンクリート部材と構造

鉄筋コンクリートは、コンクリートと鉄筋を組み合わせることで、それぞれの欠点を補っています。

1）鉄筋がコンクリートの引張強度不足を補う

鉄筋は引張力に強く、コンクリートは圧縮力に強い性質があるので、鉄筋がコンクリートの引張強度不足を補う効果があります。

2）コンクリートが鉄筋の錆を防ぐ

鉄筋は錆びますが、コンクリートはアルカリ性なので、鉄筋を錆から守ります。

3）コンクリートが鉄筋を火災から守る

コンクリートは熱に強く、鉄筋は熱に弱いので、適切なかぶり厚さを確保することで、鉄筋を火災か

📝コメント

主要構造部は壁、柱、床、はり、屋根、階段（建築基準法2条5号）(R5問13肢4)。

📝コメント

多くの鉄筋コンクリート造でラーメン構造が用いられている。壁式構造による場合もあるが、壁式構造の鉄筋コンクリート造については、階数、高さ、単位面積当たりの必要壁量や厚さについて制約がある。

ら守ることができます。

4）コンクリートが鉄筋の座屈を防ぐ

コンクリートの強度が、鉄筋が折れるのを防ぎます。

c．鉄筋コンクリート構造の特徴

鉄筋コンクリート構造の長所と短所をまとめると、以下のとおりです。

1）鉄筋コンクリート構造の長所

- 耐火、耐久性が大きい
- 適切な設計施工により、耐震性を高くすることができる
- 型枠の造り方でいろいろな形ができるので、設計の自由度が高い
- 遮音性、断熱性が高い

2）鉄筋コンクリート構造の短所

- 部材断面が大きくなるので、自重が大きい
- 地盤改良や杭基礎が必要になることが多い
- 施工の良否が強度に影響し、工期が長い
- 乾燥収縮によるひび割れが発生しやすい
- 解体・移築が困難である
- 工事費が木造より高い

ウ．鉄骨鉄筋コンクリート造（SRC造）

鉄筋コンクリートによる構造とおおよそ同様の構造ですが、鉄骨を用い、鉄骨を取り巻くように鉄筋を配置して型枠で囲み、コンクリートを流し込んで構造体を形成するものです。

📝 コメント
コンクリートは、劣化して二酸化炭素が侵入すると中性化する。中性化すると、ひび割れや剥離を引き起こし、また、鉄筋を錆から守る機能が低下してしまう。

📝 コメント
鉄骨鉄筋コンクリート造は、比較的小さな断面で丈夫な骨組みを作ることができ、粘り強さもある。そのために高層建築において利用されている。

鉄筋コンクリート造は、耐火、耐久性に優れていますが、部材断面が大きくなるので建物の重量が重くなります（適切な設計施工により、耐震性を高めることができる）。また、工期が長いという特徴があります。

Column

　鉄骨鉄筋コンクリート造は、鉄筋コンクリート造の長所にさらに強度と靭性が加わります。鉄筋コンクリート造よりさらに工期が長くなり、また、工事費も高くなり、解体・移築が困難になります。

エ．プレハブ工法

　構成部材を事前に工場で製作し、現場では部材の組立てだけを行う工法です。規格化された部材を組み合わせることから、自由度は低くなります。

　なお、プレハブ住宅は構造部材の種類などによって次のように分類されます。

木質系プレハブ住宅	木材によるパネルなどを主要構造部材とするもの
鉄骨系プレハブ住宅	鉄骨の柱、梁に壁パネルを用いるなど、鉄骨を主要構造部材とするもの
ユニット系プレハブ住宅	鉄骨または木材をフレームとした箱（ユニット）を建築現場で連結して完成させるもの
コンクリート系プレハブ住宅	ＰＣ板（工場生産コンクリートパネル）などを主要構造部材とするもの

　ツーバイフォー工法もプレハブ工法のひとつですが、狭い意味で用いる場合には、プレハブ工法からツーバイフォー工法は除外されます。

② 採光（開口部の確保）

　住宅等の一定の建築物の居室については、「採光のため」窓その他の開口部を設け、その採光に有効な部分の面積は、その居室の床面積に対して、住宅にあっては原則として$\frac{1}{7}$以上としなければなりません。

📝 コメント

襖など常に開放できるもので間仕切られた2つの居室は、採光規定上1室とみなすことができる。

⬆️ 発展

住宅の居室に必要な採光のために有効な開口部の面積は照明器具の設置等の措置により、$\frac{1}{10}$までの範囲内で緩和することが認められる（令和5年4月1日施行）。

出た! H27・28・29・30・R1・4

コメント

2023（令和5）年10月
1日着工の工事から、建
築物の解体等の作業（リ
フォーム工事のための作
業を含む）を行うときは、
資格者による事前調査が
必要になった。石綿等の
使用の有無が明らかとな
らなかったときは、石綿
等の使用の有無について、
分析調査を行わなければ
ならない。

出た! R2・4

③ 石　綿（アスベスト）

石綿（アスベスト）は、天然の鉱石に含まれる繊維です。人体に有害な物質で、アスベスト粉じんは、肺がんや中皮腫、肺繊維症（じん肺）の原因となり、長期間吸引すると死に至ることもあります。そのために、建築物は、石綿による衛生上の支障がないように、建築材料に石綿を添加してはならず、また、石綿をあらかじめ添加した建築材料を原則として使用してはならないものとされています。

④ 天井高等

① 2.1m以上必要

居室には、2.1m以上の天井高が必要です。1室の中で天井の高さが場所によって異なる場合（傾斜天井など）は、平均天井高が2.1m以上でなければなりません（最も低い部分の天井高ではない）。

② 小屋裏物置（ロフト）の床面積不算入

天井の高さが1.4m以下、階の床面積の $\frac{1}{2}$ 未満などの基準を満たした小屋裏物置（ロフト）は、容積率の算定にあたり延べ床面積に算入されず、また、建築物の階数の算入の対象とはなりません。

ただし、このような小屋裏物置（ロフト）を居室として使用することはできません（余剰空間を利用して設置された物置としてのみ使用可能）。

コメント

共同住宅では、隣接する
住戸からの日常生活に伴
い生ずる音を衛生上支障
がないように低減するた
め、小屋裏または天井裏
まで達する構造とした界
壁を設けなければならな
い（R4問14）。

出た! H28・R3

⑤ 錠、鍵

① 構　造

建物の室内やその居住スペースは、外部から不法に侵入されないようにする必要があります。そのための設備が錠、鍵などです。

錠 （錠前、LOCK）	扉に固定されている部分
鍵（KEY）	利用者が解錠に利用するために携帯する物
シリンダー	鍵を差し込んで錠（錠前）を操作する鍵穴部分。特定の鍵と対応する関係となる
サムターン	ドアの室内側に取り付けられ、錠の開け閉めを行うために使う金具

※ ピッキング：錠（錠前）を破壊することなく開錠すること

② シリンダーの種類

シリンダーには、次のア～カの種類があります。

ア．ディスクシリンダー

かつては広く利用されていましたが、ピッキング被害が増加したため、現在では製造されていません。

イ．ロータリー（U9）シリンダー

現在最も普及しているシリンダーです。ピッキングに対する防犯性能を備えています。

ウ．ディンプルキー対応シリンダー（ピンシリンダー）

表面にディンプル（くぼみ）のある鍵に対応するシリンダーです。防犯性に優れ、高級物件などで使用されます。

エ．カードキー対応シリンダー

カードキーに対応するものです。プラスティック製やペーパーカード、テレホンカードタイプなどがあります。

オ．暗証番号設定式シリンダー

暗証番号が変更可能で、シリンダー交換が不要です。

カ．その他のハイテク機器

指紋照合や顔認証など、防犯意識の高まりから、様々なタイプのハイテク錠システムが製品化されています。

③ 鍵の取扱い

通常は、鍵を渡すことが住戸の引渡しになります。賃貸住宅の管理業務において、鍵には重要な意味があります。鍵交換の必要性、時機、費用負担は、いずれも賃貸住宅の

発展

サムターン回しによるピッキング

扉の覗き穴を壊して針金を差し込んだり、ポストなど扉の一部を破壊して扉の内側に手を入れたりして、扉の外からサムターンを回して室内に侵入する盗難の手口が、平成15年頃に多発した。防犯対策が講じられ、現在ではピッキングの発生件数は減少している。

第2編　管理業務として行う賃貸住宅の維持保全に関する事項

出た！ H27・28・30

ア．賃借人に引き渡す住戸の鍵

住戸の引渡し	鍵を引き渡すことによって行われる
鍵交換の必要性	新賃借人に鍵を引き渡す前には、鍵の交換が必要 従来の鍵をそのまま引き渡して盗難事件が発生した場合、賃貸人が損害賠償責任を負うことも考えられる
鍵交換の時機	前の賃借人の退出後にリフォームが終了し、入居希望者に対する案内を終えて実際に入居する賃借人が決定した後がよい
鍵の交換費用	賃貸人負担が原則。賃借人に費用負担を求めることができるのは、鍵を紛失して鍵交換を行う場合や、特別な依頼に基づく場合に限られる

イ．マスターキー

マスターキーは、複数の錠を解錠することができる鍵です。管理上の必要性から、管理業者が保管する場合があり、その場合は、

- ●取扱い規則を定めておくこと
- ●管理・保管を担当する責任者を明確にしておくこと
- ●ほかの鍵とは区別したうえ、施錠できる場所に保管しておくこと

が必要です。

❷ 地震対策

出た！ H29・R5

1 耐震診断

① 意　味

耐震診断とは、地震に対する建物の安全性を評価することです（耐震改修促進法2条1項）。建物に必要とされている耐力と現に保持している耐力を比較し、地震に対して建物

コメント

管理業者が、賃借人への住戸引渡し後も自ら鍵を保管する場合には、その旨を賃借人に説明しておくべきである（H30問26）。賃借人への住戸引渡し後は管理業者が鍵を保管しないという管理の方法もあり、その場合、万一のときには専門の解錠業者に解錠させることになる（H28問26）。

参考

火災や水漏れ、ガス漏れなど緊急を要する事態が生じたために管理業者が、賃貸物件の住戸内に立ち入るためにマスターキーを使用するときにも、複数の人間が立ち会う配慮が必要である。マスターキーを使用して住戸内に立ち入った場合には必ず後日、賃貸人と賃借人に報告すること

コメント

建物の構造部材の強度や断面寸法などに加え、建物の形状も耐震性に影響を及ぼす要因となる。

が現に保持する耐力が不足しているかどうか、不足しているなら、地震の際にどの程度の被害を受けるかを評価する作業となります。

耐震診断において中心となる検討項目は、構造部材の強度、変形能力（粘り強さ）、建物の老朽度、形状の確認です。

> 1981（昭和56）年6月に建築基準法施行令が改正され、耐震基準（新耐震基準）が定められました（新耐震設計法）（R5問12肢1）。
> 新耐震基準は、中地震（震度5程度、数十年に一度）と大地震（震度6強程度、数百年に一度）を想定し、
> 　中地震：1次設計（許容応力度設計）、ほとんど損傷しない
> 　大地震：2次設計（保有水平耐力の確認等）、建物が倒壊しない
> という基準です。
> 　耐震診断は、耐震設計法を前提にして行われ、耐震診断基準の判定基準を満足する場合、新耐震設計法と同等の耐震性があるとされます。

Column

【耐震診断】

予備調査 （予備診断）	図面と目視などにより、本調査・本診断が必要かどうか調査		
調査・診断 （本調査・ 本診断）	簡易診断 （第1次診断）		図面、目視、軽微な機器による限定した範囲、非破壊
	精密診断 （詳細診断）	第2次 診断	強度計算を行う。非破壊・微破壊
		第3次 診断	局部破壊試験を伴う詳細な診断

② 木造住宅の耐震診断

ア．誰でもできるわが家の診断法（住宅）

　一般の人に向けた簡単な診断

📖 **参考**
木造住宅の耐震診断は、日本建築防災協会「木造住宅の耐震診断と補強方法」（建防協診断方法）が基準資料

第2編

管理業務として行う賃貸住宅の維持保全に関する事項

101

イ．一般診断法（住宅）

- 建築士・建築関係者に向けた耐震補強等の必要性の判定を目的とする診断
- 非破壊、土地は地形・地盤の調査、上部構造は、壁の使用、壁周辺の柱頭・柱脚の仕様および劣化度の調査

ウ．精密診断法（住宅および非住宅）

- 建築士向け。補強の必要性が高いものについて、詳細、正確な調査
- ある程度の引きはがしを実施する

  a．保有耐力診断法、b．保有水平耐力計算による方法、c．限界耐力計算による方法、d．時刻歴応答解析による方法

③ 鉄筋コンクリート造（RC造）建物の耐震診断

耐震診断の流れ：ア．建物調査 ➡ イ．耐震指標の算定 ➡ ウ．耐震性の判定

ア．建物調査

現地調査、実測、コア採取などにより、建物の履歴、現状を把握します。

イ．耐震指標の算定

強度指標・靱性指標（粘り強さ）を計算し、各階・各方向の構造耐震指標（Ｉｓ値）を算出します。以下のような計算方法があります。

第1次診断	柱と壁のコンクリートの断面積とその階が支える建物重量から計算
第2次診断	柱と壁のコンクリートの断面と鉄筋配置から、各部材の強度と粘り強さにより終局耐力を計算
第3次診断	柱と壁に加え、梁（水平部材）を考慮する。現行建築基準法の保有水平耐力計算と同レベルの計算を行う

📖 参考

鉄筋コンクリート造建物の耐震診断は、日本建築防災協会「既存鉄筋コンクリート造建築物の耐震診断基準・同解説」が基準資料

ウ．耐震性の判定

　構造耐震指標（Ｉｓ値）と構造耐震判定指標（Ｉｓｏ値）とを比較し、耐震性を判定します。

　Ｉｓ ≧ Ｉｓｏ であれば安全（想定する地震動に対して所用の耐震性を有している）とされます。

② 耐震改修

出た! H27・R3・5

　耐震性確保のための方策には、耐震、制振、免震の３つの工法があります。

① 耐震工法

ア．意　味

　耐震工法は、壁や柱に補強材を入れて建物自体を堅くして、震動に対抗させる工法です。木造の場合は、金物で柱・梁・基礎を固め、耐震壁や筋かいを設けます。

　コンクリート造の場合は、コンクリートの強度を上げ、鉄筋量を増やし、耐震壁を設けます。

イ．特　徴

　建物の揺れを減少させるものではなく、建物の損傷は避けられません。採用するにあたっては、スペースや部材が必要です。他の工法と比較すると安価です。

② 制振（制震）工法

ア．意　味

　制振工法は、建物内部に振動軽減装置（ダンパー）を設置し、地震のエネルギーを吸収させ、建物に粘りをもたせて震動を抑える（建物に入った地震力を吸収する）工法です。

イ．特　徴

　大地震であっても震動を中地震程度（70 〜 80％に低減）に抑えることができます。

　軽くて柔らかい建物に有効です。塔状の建物では風揺れ対策にも効果があります。一般的に点検は不要です。免震工法と比較すれば安価です。

☕ **参考**
建築基準法上の耐震性能は、
●中地震に対して ➡ 構造体は軽微なひび割れ程度、建物はそのまま使用可能
●大地震に対して ➡ 構造体は損壊するが、倒壊せず人命を守る
という考え方に基づいている。

第2編　管理業務として行う賃貸住宅の維持保全に関する事項

③ 免震工法

ア. 意 味

免震工法は、基礎と建物本体との間に積層ゴムやダンパーなどの免震装置（クッション）を設け、建物に地震力が伝わりにくくする（ゆったりとした揺れに変える）工法です。

イ. 特 徴

大地震であっても、震動を小地震程度（30 〜 50％に低減）に抑えることができます。工事期間や敷地に余裕のある場合には非常に有効です。

建物と基礎との間に免震装置を設置するスペースが必要となるため、床下の有効利用が難しくなります。

また、免震装置部分は機械装置なので、定期的な点検（竣工後5年、10年、以後10年ごと）が必要になります。工事費が多額になります。

【地震対策の方策】

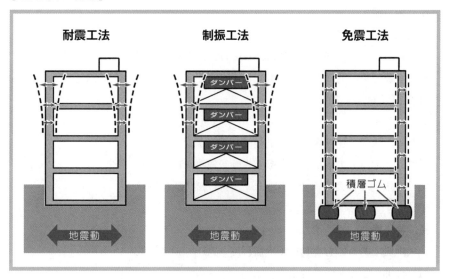

耐震改修は、木造・軽量鉄骨造、コンクリート造、鉄骨造（重量鉄骨造）のそれぞれについて、次の方法で行われます。

構　造	方　法
木造・ 軽量鉄骨造	●壁や開口部を構造パネルや筋かいなどで補強 ●基礎、土台・柱、梁を金物で緊結 ●制振装置（ダンパー）を取付け ●既存基礎に鉄筋コンクリートの基礎を抱き合わせて補強 ●吹き抜けが大きい場合には、既存床材の補強や火打ちばりの増設
コンクリート造	●耐震壁、袖付柱を付加 ●鋼板を取り付け、あるいは筋かいを増設 ●ピロティ柱への炭素繊維シート巻き付け ●制振装置（ダンパー）を取付け（ピロティや妻壁、屋外階段など） ●垂れ壁、腰壁の存在で短柱となっている部分の壁に耐震スリットを取り付けて粘り強さを増設
鉄骨造 （重量鉄骨造）	ピロティや妻壁あるいは屋外階段に制振装置（ダンパー）を組込み

③ 耐震改修促進法

出た! H29・R1・5

① 制　定

　平成7年1月に発生した阪神・淡路大震災では、大破・倒壊などの地震被害が、旧耐震基準で設計された建物に集中していました。そこで、旧耐震基準の建物の耐震性能を向上させるために、耐震改修促進法が制定され、同年12月に施行されました。

② 平成25年改正法の内容

ア．耐震診断・耐震改修の努力義務の対象建物の範囲拡大

　平成25年11月に耐震改修促進法が改正され、3階以上かつ床面積1,000㎡以上の賃貸住宅（共同住宅）で、耐震規定に適合しない建築物については、耐震診断を行い耐震改修する努力をすべきことが規定されました（耐震改修は必要に応じて行う）（R5問12肢4）。

イ．耐震改修計画の認定基準の緩和

　耐震改修促進法では、認定を受けた耐震改修工事を行

■コメント
耐震改修促進法によって、耐震診断・耐震改修の努力義務、耐震改修への補助金など、様々な建物の耐震性能向上のための施策が講じられている。

う際には、耐震基準以外は既存不適格でも差し支えない
ものとされます（耐震改修計画。耐震改修促進法制定時
に設けられた仕組み）。平成25年改正はこの認定基準を
緩和し、既存不適格建築物の耐震改修を容易にしました。

既存不適格建築物
　建築基準法の規定の施行または改正の際、
すでに建っている建築物または工事中の建築
物で、現行の規定に全面的または一部が適合
していないもののことです。

Column

③ ブロック塀の耐震診断・診断結果の報告

　道路（指定された災害時の避難路）に面する通行障害建
築物であり、かつ、既存耐震不適格建築物であるもの（耐
震不明建築に限る）について、所有者には、耐震診断およ
び行政庁への耐震診断結果の報告義務があります。通行障
害建築物に、2019（平成31）年1月から、建物に附属す
る一定の高さと長さ（前面道路に接する長さ25m超。都
道府県知事または市町村が規則で8m以上25m未満の範
囲にすることができる。高さは80cm超が目安）を有する
ブロック塀等が追加されました。そのため、ブロック塀に
ついても、一定の場合には耐震診断と耐震診断結果の報告
義務が課されます。

参考
耐震診断等を義務づける
ブロック塀の長さの下限
を8mとしているのは、
それより短くすると一戸
建て住宅の多くが該当し、
住民負担が重くなりすぎ
ると判断されたため

コメント
都道府県または市町村は、
耐震改修促進計画におい
て、沿道建築物の道路等
に関する事項を記載でき
ることとなっている（耐
震改修促進法5条3項2
号および6条3項1号）。

ポイント整理
📁 ブロック塀の安全性
　2018（平成30）年6月の大阪府北部地震でブロッ
ク塀が倒壊する事故が発生し、安全性確保の重要性が
注目されています。ブロック塀の安全性のチェックポ
イントは、次のとおりです。

●塀の高さは 2.2 m以下とし、厚さは 15cm 以上（塀の高さが２m以下の場合は厚さ 10cm 以上※）とする
　※ 日本建築学会の設計規準では 12cm 以上
●塀の高さが 1.2 m超の場合、塀の長さ 3.4 m以下ごとに塀の高さの 1/5 以上突出した控え壁があること
●コンクリートの基礎があること、塀に鉄筋が入っていること
●塀の傾き、ひび割れがないこと

④ 被災直後の対応の仕組み

ア．応急危険度判定

　地震により被災した建物およびその周辺について、余震等による倒壊の危険性、部分等の落下、転倒の危険性を速やかに調査し、使用制限の要否を判定する仕組みです。外観調査に重点をおき、応急的な危険度が判定されます。

　一般に、地方自治体が依頼し、都道府県知事などが認定した建築技術者（防災ボランティアなど）により行われます。

　人命に及ぼす危険の度合い（危険度）は、「危険」「要注意」「調査済」の３ランクに区分され、「危険」(赤色)、「要注意」(黄色)、「調査済」(緑色)のステッカーで表示されます。

イ．被災度区分判定

　被災建物の被災度を区分するとともに、継続使用のための復旧の要否を判定することです。建物の内部に立ち入り、建物の沈下、傾斜および構造躯体の被害状況を調査します。建物所有者の依頼によって、建築技術者が被災建物の耐震性能を調査し、継続使用の可能性や補修・補強方法などの復旧の検討を行います。

　被災度の区分の方法は構造種別（木造、ＲＣ造、Ｓ造）に応じて決められています。

参考
地震保険は、政府と保険会社（一般社団法人日本損害保険協会）が一体となって運営している。

ウ．り災証明

　市町村長による「家屋の財産的被害程度」（全壊、半壊など）の証明です。保険の請求や税の減免など、被災者が各種支援を受ける際などに必要となります。

❸ 火災対策

出た! R5

① 消防法による火災対策

① 消防関係の法定点検

　消防関係の法定点検には、消防法に基づくものと、建築基準法に基づくものがあります。消防法に基づくものは、消防用設備等の点検報告（消防法17条の3の3）および防火対象物定期点検報告（消防法8条の2の2、報告先は消防署長等）であり、建築基準法に基づくものは、定期調査・検査報告（建築基準法12条、報告先は特定行政庁）です。

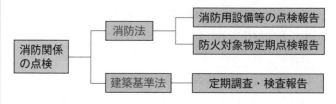

出た! H27・28・29

② 消防用設備等

1．消防用設備等の意味

　次の3つが、消防用設備（消防の用に供する設備）等です。

コメント
建物の規模や用途に応じて、設置が必要な消防用設備等が定められている（消防法17条）。

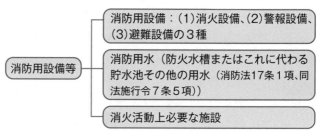

> 　共同住宅における消防用設備は、建物に火災が発生したとき、火災の感知、報知、連絡、通報、消火、避難および誘導が安全かつ迅速にできること、ならびに消防隊の活動を支援することを目的として設置されます。
>
> Column

第2編　管理業務として行う賃貸住宅の維持保全に関する事項

📝コメント

防火対象物の消防用設備等には、定期の点検報告の義務がある。その結果を消防長・消防署長に報告しなければならない（消防法17条の3の3）。

2. 消火設備

ア．消火設備の種類

消防法では、次のa～jが、消火設備とされています。

a．消火器および簡易消火用具（水バケツ、水槽、乾燥砂、膨張ひる石または膨張真珠岩）

b．屋内消火栓設備

c．スプリンクラー設備

d．水噴霧消火設備

e．泡消火設備

f．不活性ガス消火設備

g．ハロゲン化物消火設備

h．粉末消火設備

i．屋外消火栓設備

j．動力消防ポンプ設備

イ．消火器

　消火器の中には消火用の粉末が充填されていて、一度の噴射時間は15秒程度です。火は1分半～2分で天井まで燃え上がり、消火が困難になります。初期の消火活動で効果があるのは発火から2分程度です。

　火災の種類は、燃焼する物質によってA火災・B火災・C火災の3つに分類され、それぞれ消火器の種類が異なります。

📝コメント

一般の家庭や事務所、店舗は通常、いずれにも対応できるＡＢＣ粉末消火器を設置している。その他、駐車場の規模や場所によって設置されている泡消火器やハロゲン化物消火器等がある。

火災の種類	消火器のマーク	燃焼する物質
A 火災（普通火災）	白マーク	木材、紙、繊維など
B 火災（油火災）	黄マーク	石油類その他の可燃性液体、油脂類など
C 火災（電気火災）	青マーク	電気設備、電気機器など

消火器の管理

　消火器には使用期限があります。業務用消火器では、設計標準使用期限が表示され、おおむね10年です。住宅用消火器はおおむね5年です。住宅用消火器は、詰め替えができない構造となっています。商品の欠陥による負傷や火災の発生をもたらした場合の損害賠償責務を定めた製造物責任法の関係では、8年サイクルの交換が指導されています。

　消火器のリサイクルについては、2011（平成23）年1月以降、製造品すべてにリサイクルシールが貼られ、リサイクルの有料化が始まりました。

Column

ウ．スプリンクラー

　病院、診療所や社会福祉施設等においては、面積の大小を問わず、スプリンクラー設備を設置することが義務づけられています。

　建物の一部が住宅である場合でも、病院、診療所や社会福祉施設等の床面積が住宅の床面積よりも大きいときには、スプリンクラーの設置義務があります（特例措置がある）。

3. 警報設備

ア．警報設備の種類

　消防法では、次のa～eが、警報設備とされています。

a．自動火災報知設備

b．ガス漏れ火災警報設備

c．漏電火災警報器

d．消防機関へ通報する火災報知設備

e．警鐘、携帯用拡声器、手動式サイレンその他の非常警報器具および非常警報設備（非常ベル、自動式サイレン、放送設備）

イ．自動火災報知設備

　自動火災報知設備は、感知器と受信機（報知器）で構成されます。感知器は自動的に火災を感知し、信号を発生させて受信機に伝える装置です。感知の方法は熱または煙です（煙のほうが熱よりも反応が早い）。炎による方法もありますが一般的ではありません。受信機は、信号をキャッチすると鳴動するなど、伝えられた信号によって発報する装置です。

a．熱感知器（定温式スポット型、差動式スポット型）

定温式スポット型	一定の温度以上になると作動する。作動温度は65℃または75℃など
差動式スポット型	温度の上昇率が一定の率以上になったときに作動する（急激な温度の上昇を感知）。食堂や駐車場等、煙や排気ガスが多量に流入する場所など

b．煙感知器（イオン式スポット型、光電式スポット型）

イオン式スポット型	機器の中のイオン電流が煙によって遮断されると作動する
光電式スポット型	煙の微粒子による光の反射を利用して作動させる

4. 避難設備

ア．避難器具

　避難器具は、すべり台、避難はしご、救助袋、緩降機、避難橋、避難ハッチ、避難ロープなどです。

📝コメント

感知器の誤作動（火災が発生していないときの発報）には、台所での火気の大量使用、焼き物による煙、エアコンやストーブの使用による急激な温度変化、タバコの煙、感知器に虫や雨水が入るなどの原因が考えられる。

📝コメント

バルコニーの隣室との境にある隔壁（建築基準法施行令第114条第1項では「界壁」）や非常階段等も器具ではないが、非常時には避難設備となる。

イ．誘導灯および誘導標識

　11階以上のマンションでは、避難口誘導灯・通路誘導灯の設置が義務づけられています（省令第40号の適用を受けた場合、免除されることがある）。

> 　避難設備には、避難器具、誘導灯および誘導標識があります。

③ 住宅用火災警報器

1. 設置義務

　住宅用火災警報器は、既存住宅を含み、原則としてすべての住宅に設置が義務づけられています。

　なお、住宅内に自動火災報知設備やスプリンクラー設備などが設置されている共同住宅などは除外されています。

　住宅用火災警報器の設置については、火災による死者の約90％が住宅火災で、そのうち高齢者（65歳以上）が半数以上を占めていることなどから、定められた義務です。

2. 設置場所

　住宅用火災警報器が義務づけられる設置場所は、全国共通で寝室および寝室がある階の階段です。このほか、条例によって付加的に設置が義務づけられる場所があります。

全国共通	寝室および寝室がある階の階段
条　例	付加して義務づけできる。 東京都の場合、すべての部屋、台所、階段（浴室、トイレ、洗面所、納戸などは除く）

3. 住宅用火災警報器の設置義務と消防法第17条による自動火災報知設備の設置義務との違い

　消防法第17条にも火災報知器設置を義務づける定めがありますが、住宅用火災警報器の設置義務（消防法9条の2）は、次の点で異なっています。

発展
防火戸は、建築基準法に定められた防火設備であって（建築基準法2条9号の2ロ）、消防法上の消防用設備等ではない。

出た！ H27・28・29

コメント
複合用途建物では住宅部分に設置しなければならない（消防法9条の2）（H28問31）。

- ●設置工事を消防設備士の資格者が行わなくてもよい（電気工事などが必要な場合は、電気工事のための資格が必要）
- ●消防用設備等の点検報告制度の対象外
- ●無線式の感知器の設置が可能（一定の要件のコンセントから電源を取れる）

④ 特定防火対象物と非特定防火対象物

出た! H27

消防法には、特定防火対象物、非特定防火対象物という概念があります。

特定防火対象物	不特定多数の人が出入りする建物 囲 店舗や集会施設等
非特定防火対象物	不特定多数の人が出入りしない建物 囲 住居、事務所等 ※共同住宅は、非特定防火対象物

コメント
複合建物（特定と非特定の両方が入っている建物）は、特定防火対象物として扱われる。

⑤ 消防用設備等の点検報告

1. 点検報告義務

防火対象物においては、消防用設備等について、定期の点検を行い、その結果を消防長・消防署長に報告する義務があります。この点検報告は非特定防火対象物でも必要です（点検報告が義務づけられる防火対象物には、1,000㎡以上の共同住宅も含まれる）。消防設備士免状の交付を受けている者または総務省令で定める資格を有する者に点検させることを要します。所轄の消防署長宛に届け出ます。

コメント
居住用賃貸マンション等の共同住宅にも消防用設備等の点検報告が義務づけられる。

2. 機器点検と総合点検

消防用設備等の点検には、機器点検と総合点検があります。

機器点検	機器の外観、機能および作動状況の点検。 点検の期間は6か月に1回（年2回のうち1回は、総合点検に重ねてよい）
総合点検	設備全体の作動状況の点検。 点検の期間は1年に1回

コメント
賃貸住宅におけるおもな消防用設備は、消火器、自動火災報知器、非常ベル、避難器具等である。

3. 報　告

　点検結果は、特定防火対象物（店舗など不特定多数の人が出入りする建物）については1年に1回、非特定防火対象物（その他の共同住宅等）は3年に1回以上、それぞれ報告します。

⑥ 防火対象物定期点検報告制度

　不特定多数の人が出入り等する一定の防火対象物（特定防火対象物）については、資格者による定期点検を行い、その結果を消防署長等へ報告する義務があります。一方、非特定防火対象物では、消防用設備等の点検報告は必要ですが、防火対象物定期点検は不要です（消防法8条の2の2）。

【非特定防火対象物では】

消防用設備等の点検報告	必要
防火対象物定期点検	不要

⑦ 防火管理者の制度

　消防法は、防火管理者の制度を設け、人的な面から防火のための仕組みを組み立てています。管理権原者が防火管理者を選任します。

1. 管理権原者とその責任

　管理権原者とは、建物の管理について権原を有する者です。権原は、「権限」とは異なる概念です。賃貸住宅の場合、賃貸人（所有者）等が管理権原者です。防火管理者を選任し、防火管理業務を行わせる義務があります（消防法8条）。

2. 防火管理者制度

ア. 選任の義務

　一定規模以上の建物では、管理権原者は、防火管理者を定め、防火管理を行わなければなりません（選任しないと、消防法違反による処分・罰則の対象となる）。

　防火管理者の選任を要する一定規模以上の建物は、収容人員でみると次のとおりです。

特定防火対象物	原則として収容人員30人以上
非特定防火対象物	収容人員50人以上

コメント
防火管理者は一定の資格を有する者の中から選任。甲種と乙種がある。

※共同住宅等は非特定防火対象物に該当し、収容人員50人以上の場合に防火管理者の選任を要する。

第2編　管理業務として行う賃貸住宅の維持保全に関する事項

【防火対象物と防火管理者の資格区分】

用　途	特定防火対象物		非特定防火対象物	特定防火対象物（避難困難施設が入っている建物を除く）	非特定防火対象物
	避難困難施設が入っている建物※	左記以外			
建物全体の延べ面積	すべて	300㎡以上	500㎡以上	300㎡未満	500㎡未満
建物全体の収容人員	10人以上	30人以上	50人以上	30人以上	50人以上
資格区分	甲種防火管理者			甲種または乙種防火管理者	
区　分	甲種防火対象物			乙種防火対象物	

※避難困難施設が入っている建物であっても、該当しない場合がある。
出典：「防火対象物と防火管理者の資格区分」東京消防庁ホームページ

イ．統括防火管理者

　高さ31mを超える高層建築物、5階建以上で収容人数50人以上の事務所・共同住宅などが混在する複合用途の建築物など（雑居ビル等）については、統括防火管理者の選任等が義務づけられます。

　統括防火管理者は、建築物全体の防火管理業務として、建物全体の消防計画の作成、避難訓練の実施、廊下等の共用部分の管理等を行います。

3. 防火管理者の業務

防火管理者の業務は、次のア～キのとおりです。

ア．消防計画の作成

イ．消火、通報および避難訓練の実施

ウ．消防用設備等の点検・整備

エ．火気の使用または取扱いに関する監督

オ．避難または防火上必要な構造および設備の維持管理

カ．収容人員の管理

キ．その他防火管理上必要な業務

② 建築基準法による火災対策

① 避難設備

1. 直通階段

　共同住宅では、その階における居室の床面積の合計が100㎡（耐火構造・準耐火構造の場合は200㎡）を超える場合、避難のための直通階段が2つ以上必要です。

　また、6階以上の階では、床面積にかかわらず、避難のための直通階段が2つ以上必要です。

　ただし、居室の面積の合計が100㎡（耐火構造・準耐火構造の場合は200㎡）以下で避難上有効なバルコニーを設ける場合は、屋外避難階段か特別避難階段である直通階段を1つ設置すればよいことになっています。

2. 避難通路の幅

　共同住宅では、住戸の床面積の合計が100㎡を超える階では、片側居室の場合で120cm以上、両側に居室のある場合は160cm以上の廊下の幅が必要です。

　階段の幅は、直上階の居室の床面積の合計が200㎡を超える階のものについては120cm以上、それ以外のものは75cm以上、屋外階段については90cm以上必要です。

　また、屋外への出口または屋外避難階段から道路までは、幅150cm以上の通路が必要です。

3. 非常用照明

　地上へ至る避難通路となる廊下や階段（外気に開放された部分は除く）には、非常用照明の設置義務があります。

出た! H29・R4・5

発展

直通階段
その階から避難できる階または地上に直通している階段をいう。直通階段に関しては、居室の各部分から直通階段までの距離の制限や、2つの直通階段までの歩行経路が一定程度以上重複しないような位置に設置するという制限もある。

コメント
共同住宅では、居室の各部分から直通階段までの距離の制限がある（R4問13）。

参考
非常用照明とは、バッテリーを内蔵した照明器具で、停電時に自動的に点灯するもの

4. 非常用進入口

　3階以上の階で高さ31m以下の階には、建築物で火災時に消防隊が外部から進入できるようにするための非常用の進入口が必要です。

　ただし、非常用の昇降機を設置している場合、非常用進入口に代わる窓として、各階の外壁面の長さ10m以内ごとに、直径1m以上の円が内接できる大きさ、または幅75cm以上、高さ120cm以上の大きさの窓を設ける方法がとられている場合には、設置しなくてもよいことになっています。

② 内装制限

　建物内部の延焼を防ぐため、建物の用途や規模に応じて、内装材料などが制限されています。この制限は、新築時だけではなく、既存建物の内部造作を設置する工事や原状回復を行う場合にも課されます（R4問14肢1）。

③ 界壁

　共同住宅では、防災および音を遮断するために、隣接する住戸との間に、界壁を設けなければなりません。界壁の構造は、小屋裏または天井裏まで達していることが必要です（R4問14肢4）。

発展

防火区画は火災の拡大を防ぐために建築物に設ける区画（建築基準法施行令112条）。防火区画には、面積、高層、竪穴、異種用途の4つ（種類）がある
（R5問13肢3）
防火区画となる壁・床は、耐火構造としなければならず、区画を構成する部分に開口部を設ける場合には、防火扉や防火シャッターなどの防火設備としなければならない
（R4問14肢3）。

出た! R5

コメント

消防法によってカーテンやじゅうたんなどの内装が制限される場合もある。

第５章

屋根・外壁およ び防水

攻略ポイント
●屋根の種類とメンテナンス
●外壁の種類とメンテナンス
●防水の種類

出た！ R3・5

📝コメント

傾斜屋根（カラーベスト等）では、屋根表面の塗膜の劣化による、色あせ、錆、表面温度の上昇などにより、屋根材の割れや漏水などが発生する場合がある（R5問16肢1）。陸屋根では、落ち葉やゴミが樋や排水口（ルーフドレイン）をふさいだりすると防水面を破損しかねず、漏水の原因になる（R5問16肢2）。

１ 屋 根

① 屋 根

建物の屋根には、傾斜屋根と陸_{ろく}屋根があります。

ア．傾斜屋根

傾きをもつ屋根です。傾斜により、雨水等を排水させます。

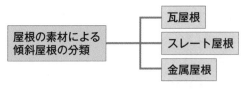

屋根の素材による 傾斜屋根の分類 ― 瓦屋根 / スレート屋根 / 金属屋根

イ．陸_{ろく}屋根

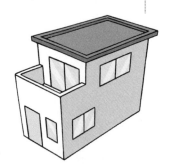

水平または水平に近い傾き（$\frac{1}{50}$程度の勾配）の屋根です。躯体（スラブ）に防水を施し、排水溝、排水管を設けます。

② 屋根のメンテナンス

ア．傾斜屋根（カラーベスト等）

　傾斜屋根（カラーベスト等）は、素地が変形、ゆがみなどを起こすことがあります。表面は風雨にさらされ、温度は上昇・低下を繰り返しているからです。日常的には、コケ・カビ等、塗膜の劣化による色あせ・錆などを点検します。

イ．陸屋根

　陸屋根は、土砂の堆積、落ち葉やゴミを点検します。雨樋や排水口がふさがれると屋上防水面に影響します。

ウ．ルーフバルコニー

　ルーフバルコニーは、防水面の膨れや亀裂、立上りのシーリング劣化などを点検します（R5問16肢4）。

エ．折板などの金属屋根

　折板などの金属屋根は、錆の発生やボルトキャップの劣化などを点検します。錆をそのまま放置すると腐食し、穴があき、雨漏りの原因になります。

② 外 壁

① 外 壁

　建物の外壁には、ア．サイディング、イ．タイル、ウ．モルタル塗り、エ．コンクリート打ち放しがあります。

ア．サイディング

　壁材（木・コンクリート）に板状の外装材（パネル）を貼り付けた外壁です。サイディングの素材には、アルミ、スチール、セメントなどがあります。

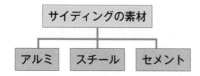

イ．タイル

　壁材（木・コンクリート）の表面にタイルを張り付け

出た！ H29

🖊 **コメント**
屋根は、おおむね10年前後で表面塗装の塗替えを実施する（R5問16肢1）。

👆 **発展**
雨樋のメンテナンス
日常的には、ジョイント部の外れや、樋自体のゆがみなどを点検する。落ち葉やほこりが蓄積して詰まりが生じ、オーバーフローすると、軒天や破風部に水が回り、建物全体の劣化を早める。樋も清掃が必要。雨樋も表面塗装を要する。
台風シーズン前には特にドレイン回りの掃除を行うべきである（H29問25）。

出た！ H29・R2・3・4・5

🖊 **コメント**
外壁がタイル張りやモルタル塗りの場合、下地のコンクリートや下地モルタルとの付着力が低下すれば、剥落事故につながる。

🖊 **コメント**
コンクリート打ち放しの場合、コンクリート自体の塩害、中性化、凍害、鉄筋発錆に伴う爆裂が生じると、剥離の危険や漏水の原因となり、また美観上も問題を生じる。点検の際にはコンクリートの状態を確認する必要がある。

た外壁です。アルミ下地に乾式タイルを張り付ける工法
もあります。

ウ．モルタル塗り

壁材の表面にモルタルを塗り、表面に吹付け材等の塗装を施した外壁です。

エ．コンクリート打ち放し

コンクリートの外壁の上にモルタルを塗らずに仕上げを行います。耐水性等の向上のために撥水剤を塗装するのが一般的です。

② 外壁のメンテナンス

ア．建築基準法に基づく定期調査・検査

タイル張りの外壁については、建築基準法に基づく定期調査・検査においては、新築後10年を経た最初の年、あるいは、外壁の全面改修・全面調査の後10年を経た最初の年に、全面打診等による点検調査が義務づけられています。なお、外壁タイルのうち、有機系接着剤張り工法によるものについては、所定の条件を満たせば、全面打診等によるのではなく、引張接着試験によって確認する方法によることもできるとされています。

また、タイルの浮きやひび割れを抑制し、剥落を防止するピンネット工法によって改修した外装についても、10年ごとの定期報告が必要です。

イ．日常的なメンテナンス

外壁について、下地のコンクリートやモルタルとの付着力低下は、タイルやモルタルの剥離、剥落の事故につながります。日常点検において、外壁の欠損や、それらが付近の地面などに落ちていないか、ひび割れ、錆汚れ、水漏れ痕跡の有無なども、目視とヒアリングで確認する必要があります。また、浮きなどの打診点検も必要です。

外壁に発生する現象で留意すべきものとして、白華現象（エフロレッセンス）、白亜化（チョーキング）、ポップアウト、剥落・欠損、鉄の錆汁の流出があります。

参考
コンクリート打ち放しの外壁には、外壁表面に雨水の汚れやコケ・カビが発生したり、塩害が生じたり、またコンクリートが中性化する（強アルカリ性であるコンクリートに大気中の二酸化炭素（CO_2）が侵入し, 水酸化カルシウム等のセメント水和物と炭酸化反応を起こす現象）。これらは、コンクリートを劣化させ、漏水の原因になったり、建物の寿命を縮めたりするから、定期的な点検と補修が必要である（R5問16肢3）。

コメント
最上階では屋上、屋根、庇から、中間階では外壁、出窓、ベランダから漏水する。また、外壁がタイル張りだとタイルのはがれやコーキングの劣化は漏水を引き起こす。漏水は、いったん発生するとその発生源の特定が困難である（H29問39）。

a．白華現象（エフロレッセンス）

　素材中のセメントの石灰等が水に溶けてコンクリート表面に染み出し、空気中の炭酸ガスと化合して白色を呈する現象です。外壁面の浮きやひび割れ部に雨水などが浸入したことなどにより発生します。

b．白亜化（チョーキング）

　塗装やシーリング材などの表面で、顔料などが白墨（チョーク）のような粉状になってあらわれる状態です。紫外線・熱・水分・風等によって劣化することから生じます。

c．ポップアウト

　コンクリート表面（塗装膜など）の小さい一部分が円錐形のくぼみ状に破壊された現象です。コンクリートの骨材が内部で部分的に膨張し、一部が劣化して生じます。

d．剥落・欠損

　目視で確かめるとともに、外壁近辺にタイルなどが落ちていたことがあるかどうかをヒアリングすることも必要です。

e．鉄の錆汁の流出

　特に換気口付近や水槽架台などの付近に注意を要します。

外壁の調査や診断は、次のレベルによって行います。

日常点検	目視、不具合を早期に発見する
１次診断	目視・指触・軽微な機器。現状を把握し、劣化の危険性を判断する
２次診断	非破壊・微破壊。劣化の危険性と改修が必要かどうかを判断する
３次診断	局部破壊を伴う。劣化の危険性と改修の必要性の詳細な判断を行う

要点

③ 防 水

① 防水の種類

建物においては、雨水などの水から守られていることが、そこで生活をするうえでの基本的な機能となります。建物を防水するための方策としては、メンブレン防水とシーリング防水があります。

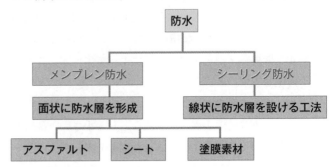

ア．メンブレン防水

メンブレン防水とは、薄い皮膜（ひまく）（membrane）を面状に形成する工法の総称です。皮膜としては、アスファルト、シート、塗膜素材が用いられます。

a．アスファルトによる防水

●熱アスファルト防水

アスファルトを加熱溶融して下地に張り付けることによって防水の効果を得る方法で、押さえ層を設ける方法（アスファルト防水層の上に、コンクリート、ブロック、砂利などを設けて押さえる）と、押さえ層を設けない方法（アスファルト防水層の上に、簡易な保護材を設置する）があります（防水層としては３層、４層が必要）。

●改質アスファルト防水

合成高分子系材料を混入して防水性能を高める方法で、防水層は１層、２層で形成可能です。屋上に溶融釜を上げる必要がなく、また、火気を使用しない工法もあります。

b．シートによる防水

　合成高分子を主原料としたルーフィングシート（最初から膜状となっている防水材）を接着剤で張り付けるか、ビスなどで固定して敷設し、防水層を形成します。

c．塗膜素材による方法

　防水層の膜に液状の樹脂類などを塗布（数回に分けて塗布）し、防水層を形成する方法で、ウレタンゴム系などの防水材が用いられます。

イ．シーリング防水

　シーリング防水とは、コンクリートの打ち継ぎ部・目地部、接合部等に線状に防水を行う工法の総称です。シーリング材を充填することによって、防水の効果を得るものです。

　防水には、室内を水漏れから防ぐことに加え、建物構造の劣化を防ぐ目的もあります。

② 漏水

　漏水は、雨水の漏水とそれ以外の水（上水（給水・給湯の温水）・雑排水・汚水）の漏水があります。

ア．雨水の漏水

　雨水の漏水は、多くが、最上階の場合、屋上や屋根・庇からの漏水、中間階では、外壁や出窓やベランダですが、雨水漏水の発生源を特定することは容易ではありません。

a．屋上や屋根からの漏水

　防水部材の劣化や破損、コンクリート等構造部材のクラックや破損、雨水排水設備の不良等によって生じますが、いずれも部分補修で漏水を止めるのは難しく、防水の全面修理や排水設備のやり直しを要することもあります。

b．タイル張りの外壁からの漏水

　タイルのはがれやクラック、目地やコーキングの劣

📝コメント

漏水している水が、雨水なのか、給排水管からの漏水かを特定することは、原因調査において重要なことである。

📝コメント

漏水事故に対し、工事費用や入居者等への損害金の支払いについて、損害保険により補填することは可能であるが、設備や配管の劣化が原因の場合は保険の対象外

化によって漏水が生じます。

c．出窓、ベランダ・バルコニーからの漏水

　出窓については、出窓の屋根と外壁との取り合い箇所やサッシ周りが主な原因です。ベランダ・バルコニーは、屋上のような完全防水でなく、ウレタンの塗膜等の比較的簡易な防水の場合が多いので、床表面を傷つけたり、破損することによって漏水が発生します。

d．その他

　換気扇の排気口、レンジフード、浴室の窓などからの雨水の浸入によって漏水することもあります。

イ．雨水以外の漏水

a．配管からの漏水

　入居者の過失や不注意による水漏れを除けば、一般的には給水・排水配管からの漏水が発生源です。給水管からの漏水か否かを調べる場合は、水栓をすべて閉め、給水メーターの動きをみて判断をします。マンション等の場合、上階部屋や横系統バルブ（仕切弁）を閉めて給水を遮断して、発生源を特定します。

　給水管の保温不足による結露を原因とする水漏れも少なくありません。

　なお、配管は一般に室内に露出していないので、床下やスラブの埋設配管、壁の内側に隠れた配管、また、床や壁まで壊すことが必要となることもあります。

b．室内の防水

　トイレやキッチンは、多くの場合防水が施されていません。洗濯機の水をあふれさせたり、流し台や洗面台の排水ホースが外れたり、トイレの詰まりを放置するなどに起因し、下の階へ水漏れを起こす場合があります。ベランダと部屋との境（壁の立ち上がり部分）は低いので、大雨のときにベランダから浸水することもあります。

重要度ランク
S

① 自然換気と機械換気

自然換気	室内と室外の温度差による対流や風圧等、自然の条件を利用した換気方式。 換気扇の騒音がなく経済的だが、安定した換気量や換気圧力は期待できない。
機械換気	換気扇や送風機等の機械で強制的に換気する方式。必要なときに安定した換気ができるが、騒音が発生し費用がかかる。

出た! H27・28・29・R1・3・5

📖 コメント
換気設備には、給気ファン、排気ファン、給排気ダクト、ルーフファン、排気塔、設備用換気扇等がある（H28問39）。

② 機械換気の方式

　機械換気には、第1種換気方式、第2種換気方式、第3種換気方式の3つの方式があります。「正圧を生じさせる」とは室内の気圧が外部より高い状態のことで、「負圧を生じさせる」とは室内の気圧が外部より低い状態のことです。

出た! H27・28・R1・3・5

第1種換気方式	機械給気＋機械排気（気圧任意）	セントラル空調方式の住宅、機械室、電気室等
第2種換気方式	機械給気＋自然排気（室内正圧）	製造工場
第3種換気方式	自然給気＋機械排気（室内負圧）	台所・厨房、便所、浴室

第3種換気における給気の重要性

　台所・厨房や便所、浴室など、燃焼ガス、水蒸気、臭気等が発生する部屋には第3種換気が用いられます（多くの住宅で採用。R5問14肢3）。この場合、給気は自然給気ですが、給気が十分でないのに排気だけ機械で行うと、室内が負圧になることからドアや窓の開閉が困難になったり、風切り音の発生という障害が生じることがあります。第3種換気では給気の確保が重要になります（R5問14肢4）。

Column

出た! R3

🚫 注意
事務所や店舗用の建築物の居室には、採光のための開口部の確保は不要

📝コメント
シックハウスの原因となる揮発性有機化合物の除去対策として、建築基準法により、新築建物は、ごく一部の例外を除いて、24時間稼働する機械換気設備の設置が義務づけられている。

③ 居室の換気

　居室には、換気のため窓その他の開口部を設け、その換気に有効な部分の面積を、その居室の床面積に対して$\frac{1}{20}$以上としなければなりません。

① 開口部

　居室には、換気設備または床面積の$\frac{1}{20}$以上の換気に有効な開口部が必要です。常に開放できるもの（横開きの戸、襖など）で間仕切られた2つの居室は、1室とみなすことができます。

② 換気設備

　新築住宅の居室には機械換気（24時間常時換気）の設置が義務づけられます。

　既存住宅の居室については、増築等の場合には機械換気が必要ですが、増築等の場合以外には義務づけられるわけではありません。

　機械換気の設置が義務づけられる居室は、居住、執務、作業、集会、娯楽などの目的で継続的に使用する部屋です。便所などは局所換気となるので、常時換気設備の必要はありません。

要点

③ 換気の量

　居室、廊下や便所には次の換気量が必要です。

- ●一般の居室　$\dfrac{0.5回}{h}$以上

- ●廊下や便所　$\dfrac{0.3回}{h}$以上

換気量の $\dfrac{0.5回（または0.3回）}{h}$ とは、
1時間にその部屋の空気が0.5回（または0.3回）以上、新しい空気と入れ替わるという意味です。

④ シックハウス

① 意　味

シックハウスとは、住宅内で目がチカチカする、のどが痛い、めまいや吐き気がする、頭痛がするなどと感じる現象です。新築やリフォームされた住宅では、このような現象が生じることがあります。

② 原　因

建材や家具、日用品等から発散するホルムアルデヒドやクロルピリホス、ＶＯＣ（トルエン、キシレン等の揮発性の有機化合物）等がその原因と考えられています。

③ 対　策

居室を有する建築物は、その居室内において政令で定める化学物質の発散による衛生上の支障がないよう、建築材料および換気設備について政令で定める技術基準に適合するものとしなければなりません。

シックハウス対策として、新築建物には原則として24時間稼働する機械換気設備の設置が義務づけられています。

木質建材（合板、フローリング等）、壁紙、ホルムアルデヒド等を含む断熱材、接着剤、塗料、仕上げ塗材等が規制の対象となっています。

📝コメント
建築材料だけではなく、持ち込まれた家具からホルムアルデヒド等の化学物質が発散される可能性がある（H27問29）。

📝コメント
シックハウス対策は、新築の際だけではなく、中古住宅の増改築・大規模な修繕・大規模な模様替えを行う場合も、適用される（H27問29）。

第2編　管理業務として行う賃貸住宅の維持保全に関する事項

5 結露

　結露は、建物の内外や建物内の左右・上下で隣接する部屋どうしの温度差・湿度差によって壁・床・天井・窓などの表面に水滴がつく現象である。風通しが悪いと季節を問わず発生する。

　断熱性能が高く、空調設備が設置されていると、温湿度差が生じることから、結露が生じやすくなる。最近の共同住宅では結露しやすい環境にある。

　窓ガラスや壁・床の表面に結露することを表面結露という。過度に室内が加湿されたり、適切な換気がなされないと、表面結露が生じる。複層ガラスを用い、過度の加湿を避け、適度な換気を行うなどすることで抑制することができる。

　壁の中などに結露（内部結露）が発生することもある。内部結露が発生し、カビが増殖すると、建材の劣化が促進し、入居者の健康を害する可能性もある。防湿シートを壁の中に張り詰めて、通気層を設けた正しい位置に断熱材を取り付けることが内部結露への対策となる。

重要度ランク
A

●給水方式の種類（水道直結方式、受水槽方式）
●給水配管の種類（亜鉛メッキ鋼管、ライニング鋼管、硬質塩ビ管）
●給湯方式の特徴（局所給湯方式、中央（セントラル）給湯方式）

① 給　水

出た！ H29・R1・2・3・5

① 居住者への給水

1. 住戸への給水方式

　賃貸住宅の各住戸に水を供給する方式には、水道事業者から直接に各住戸に給水する方式と、建物所有者が水道事業者から敷地内（第一止水栓）で水を受け取り、各住戸に給水する方式があります。

【水道事業者から直接に各住戸に給水する方式】

【建物所有者が、水道事業者から敷地内で水を受け取り、各住戸に給水する方式】

2. 安全で良質な水を供給する責任

　建物所有者（および管理業者）は、各住戸に安全で良質な水を供給しなければなりません。水道法では、給水栓における水が遊離残留塩素を0.1mg/ℓ（結合残留塩素の場合は0.4mg/ℓ）以上に保持するように塩素消毒を行うことと定められています。建物所有者は、第一止水栓以後の

水質管理について責任を負います。

3. 住戸の居住者への水道水供給に対する水道法の規制

住戸の居住者に水道水を供給する方式には、水道法の規制対象になるものと、水道法の規制対象にならないものがあります。

水道法の対象	水道事業者（都道府県の水道局等）からの直接の給水
	専用水道 100人を超える居住者に供給する場合など
	簡易専用水道 水道局からの水だけを水源とする受水槽給水方式による水道のうち、受水槽の有効容量が10㎥を超えるもので、専用水道以外の水道
水道法の対象外	小規模受水槽水道（小規模貯水槽水道）
	受水槽給水方式の施設のうち、受水槽の有効容量が10㎥以下のもの（簡易給水水道）

東京都では、小規模受水槽水道、および水道水以外の水（井戸水等）を飲み水として給水している施設で、貯水槽を持っており水道法の対象となっていない施設（飲用井戸等）を合わせて、小規模貯水槽水道等としています。

Column

4. 水圧の保持

各住戸に給水するには、適切な水圧が保たれるようにしなければなりません。

使用中に水圧が低下すると、給湯器のガスの燃焼不全などの支障を生じます。また、水圧が高すぎると、機器や配管に過剰な負担がかかり、ウォーターハンマー現象が起きたり、蛇口周りに跳ね回り等が発生し、さらにメーターの故障やバルブの破損等にもつながります。

状　況	弊　害
使用中の水圧の低下	給湯器のガスの燃焼不全
過度に高い水圧	・ウォーターハンマー現象 ・蛇口周りの跳ね回り ・メーターの故障やバルブの破損等

② 給水方式

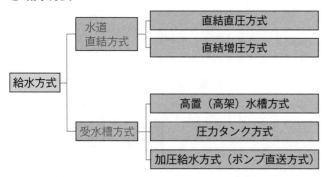

1. 水道直結方式

水道本管から分岐した給水管により、途中で水槽に水を貯めることなく、各住戸へ直接給水する方式です。直結直圧方式と直結増圧方式があります。

ア．直結直圧方式

水槽やポンプを介さず、住戸に直接、水道事業者からの直圧で給水します。

小規模で低層の建物で使われます（条件によっては3階以上の階にも直結給水可）。

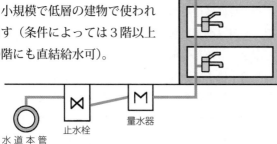

長　所	衛生的。水槽、ポンプが不要なので、省スペース化や設備コストの低減ができる
短　所	水道本管の圧力変化を受ける。水の使用量が大きい建物には不適。断水の際には水が使用できない

イ．直結増圧方式

　増圧ポンプを使い、住戸へ直接給水する方式です。中規模以下のマンションやビルが対象です。毎年ポンプの検査が必要です。

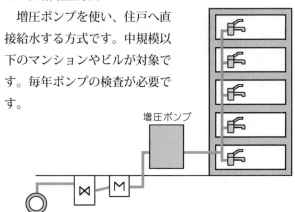

増圧ポンプ

長　所	衛生的。水槽が不要なので、省スペース化や設備コストの低減ができる
短　所	断水の際には水が使用できない（Ｒ５問47肢4）。受水槽方式からの切替えには、給水管の口径や1日当たりの水道使用量、階数等の制限がある

2. 受水槽方式（貯水槽方式）

　水道本管から分岐した給水管からいったん水槽に水を受け、その後に各住戸へ給水する方式です。

ア．高置（高架）水槽方式

　水をいったん受水槽に蓄え、揚水ポンプで屋上・塔屋の高置水槽まで汲み上げ、その後自然落下の重力により各住戸へ給水する方式です。高置水槽の水は、各住戸の水栓が開栓されると自然流下で給水されます。圧力はほとんど変動しませんが、重力に頼るので、上階は下階に比べ、水圧が弱いことがあり、とくに最上階では、ポンプによる圧力アップが必要なケースもあります。

また、2つの水槽に水を蓄えるので、水道本管が断水しても短時間なら給水できます。停電した場合も高置水槽に水があるので、すぐには断水しません。

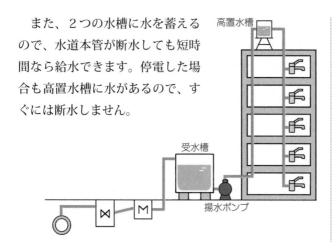

イ．圧力タンク方式

水をいったん受水槽に蓄え、加圧給水ポンプで密閉圧力タンクに給水し、密閉圧力タンク内の空気を圧縮し、加圧させて各住戸へ給水する方式です。各住居で水が使用されると水位が低下し、圧力タンク内の圧力が低下します。その状況を圧力スイッチが検知すると、加圧ポンプが稼働し、圧力タンクの必要給水圧力を保持します。高置水槽が不要のため、多くの小規模マンションがこの方式を採用しています。

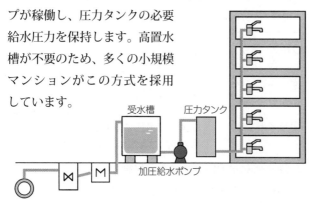

ウ．加圧給水方式（ポンプ直送方式）

水をいったん受水槽に蓄え、加圧ポンプ（揚水ポンプ）を連続運転して、加圧した水を直接、各住戸へ給水する方式です。ポンプは2台あって、通常1台が常時運転し、給水量が増えて給水圧力が低下すると、2台目のポンプ

が稼働して圧力を維持します。この方式は高置水槽が不要であり、高層マンションにも採用されています。

なお、この方式は、ポンプ直送方式、タンクレスブースター方式などともいわれています。

③ 飲料水の汚染の原因

1. 飲料配管への逆流

一度吐水(とすい)した水や飲料水以外の水が飲料水配管に戻ることで汚染されます。クロスコネクション、逆圧、逆サイホン現象などが原因になります。

クロスコネクション	飲料水の配管系統にその他の系統の配管が接続されること（R5問47肢3）
逆　圧	配管接続先の圧力が飲料水の圧力よりも高い場合に圧力がかかること
逆サイホン現象	飲料水配管内が断水、清掃その他の原因によって負圧になり、吐水した容器内の水が飲料水配管に吸い込まれる現象

2. 受水槽などの開放水槽への異物の混入

3. 器機材料の接水面からの有害物質の溶出

飲料水は、飲用、調理、洗面、入浴などで使用されるまでの間にこのような原因による汚染がないようにしなければなりません。

出た! R3

④ 室内の配管方式

1. 配管の2方式

室内の給水・給湯の配管の方式には、先分岐方式とヘッ

ダー方式があります。

先分岐方式	室内に引き込んだ給水管を分岐して、キッチンやトイレ等、各室に給水する伝統的な配管方式。給水管から配管を各室に分岐するため、配管のつなぎ目が多い。2室以上で同時に水を使った際、水圧が落ちる可能性がある
ヘッダー方式	ヘッダーから各末端の水栓に直接配管される方式。さや管を利用したヘッダー方式を「さや管ヘッダー方式」という

参考
さや管
給排水や配線が通る管が交換できるように給排水・配線の管の外側に設ける、一回り径の大きなさやとなる管。スリーブといわれる。

2. さや管ヘッダー方式

　給水設備や給湯器等の水回り部に設置されたヘッダーから管をタコ足状に分配し、各水栓等の器具に単独接続する方式です。樹脂管を利用し、ガイドとなるさや管内に内管（架橋ポリエチレン管またはポリブテン管）を挿入するものです。給水と給湯の両方に使われ、給水・給湯配管方式として広く普及しています。

【さや管ヘッダー方式】

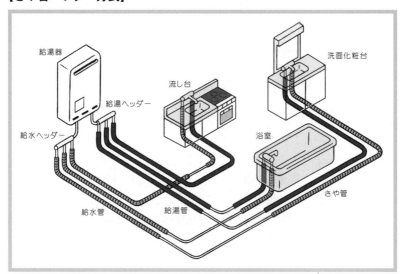

さや管ヘッダー方式の特長

- さや管に樹脂管を使うため、腐食がない。軽量で柔軟性がある。
- 施工が容易。更新や改修においても、床・壁等の内装材をはがさず実施できる。
- 同時に2か所以上で使用しても、水量や水圧の変動が少ない。

Column

📝 コメント

赤水や腐食障害を防止するため、給水配管には、樹脂ライニング鋼管、ステンレス鋼鋼管、銅管、合成樹脂管などが使用されている（R5問47肢2）。

📝 コメント

鋼管にライニング加工をしても、エルボ（曲がるところ）、チーズ（分岐）、ニップル（延長）等の継手類にライニングされないと、錆が発生したり、腐食の原因になったりする。そのため、管端防食継手や、管端の継手部分にも加工が施され、端部から錆が生じないタイプも使用されている。

📝 コメント

塩ビ管は専用部分内の配管や排水管などに用いられている（H29問30）。

出た！ H29・R2・R3

⑤ 給水配管の種類

1. 水道用亜鉛メッキ鋼管（白ガス管）

　亜鉛メッキを施した鋼管です。1960年代後半まで使われていました。錆が生じ、赤水や漏水の原因になります。そのため、鋼管の内面に合成樹脂（硬質塩化ビニル）でライニング加工を施すことが義務づけられました。

2. ライニング鋼管（ライニング加工した鋼管）

　硬質塩化ビニルやポリエチレンをライニング加工した鋼管です。耐久性・耐食性に優れ、一般的に用いられます。

3. 硬質塩ビ管（VP）

　硬質塩化ビニルを用いる配管です。素材が塩化ビニルなので強靭性、耐衝撃性、耐火性で鋼管に劣りますが、軽量で耐食性に優れます。

4. 合成樹脂管

　合成樹脂管は、耐食性があり、軽量なため施工性もよいが、反面、温度の変化によって伸縮する、衝撃に弱いという弱点があります。

② 給　湯

① 給湯方式

　飲用給湯方式、局所給湯方式、中央（セントラル）給湯方式があります。

飲用給湯方式	ガスや電気を熱源とする貯湯式給湯器を必要箇所に個別に設置する方式。給湯器に直接湯栓を付けた貯湯式給湯器、台所流しや洗面所の混合栓などに配管で給湯するものなど。開放型と密閉型があり、密閉型は流しの下部に給湯器を設置している
局所給湯方式	給湯系統ごとに加熱装置を設けて給湯する方式。各住戸や各室ごとに給湯器を設置し、台所流し、風呂場、洗面所などに配管で給湯する。最近の住宅では、ヒートポンプ式給湯器や家庭用燃料電池を設置する例などが多くなっている 例 マンションの壁掛け式ガス給湯器や、深夜電力利用の電気給湯器など
中央（セントラル）給湯方式	建物の屋上や地下の機械室に熱源機器（ボイラーなど）と貯湯タンクを設け、建物各所へ配管して給湯する方式 例 ホテルや商業ビルなど大きな建物で採用

【給湯方式のイメージ】

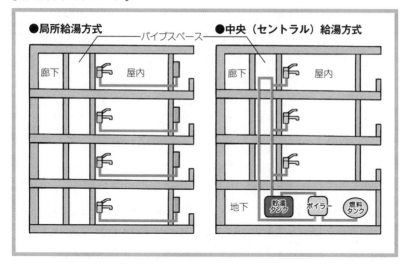

② ガス給湯器

ア．用　途

　おもに飲用給湯方式や、局所給湯方式などの小規模な給湯設備として使用されています。

イ．種　類

　瞬間式と貯湯式があります。

参考
ガス給湯器には、複数台を連結して多量の湯を供給する機種もある。ホテルや福祉施設、スポーツ施設や温浴施設など、中央給湯方式の熱源として使用されている。

第2編　管理業務として行う賃貸住宅の維持保全に関する事項

瞬間式	ガスバーナで給湯器内の熱交換器に通水した水を加熱し、直ちに湯として供給するもの。大量の湯の使用には適さない 【長所】 ①湯切れしない、②湯の圧力が高い、③コンパクト、④省エネ効果が高いなど
貯湯式	貯湯部分をバーナで加熱して湯を蓄えておき供給するもの。貯湯タンク内の温度を温度センサー（サーモスタット）により検出し、ガスバーナを作動させ、湯温を制御している 【長所】 ①温度変化が少ない、②低水圧でも使用できるなど

ウ．ガス給湯器の表示

　供給出湯能力は号数で表され、32号、24号、20号、16号、10号以下となります。号数は、現状の水温を25℃温かくした湯を1分間に何リットル出せるのか、その能力を示します。

> 例 24号なら水温15℃のとき、40℃の湯を1分間に24リットル供給できることを意味する。目安として、20号なら2か所、24号なら3か所まで同時に給湯できる能力となる（16号の給湯器の場合、キッチンで湯を使っていれば、風呂などで同時には使えない）。

③ バランス釜（がま）

　給排気口が室外に出ているＢＦ（Balanced-Flue）式、給気が浴室内で排気が室外に出ているＣＦ（Conventional-Flue）式、給排気ともに浴室内の方式があります。

　風呂釜は、浴槽と2本のパイプでつながっています。浴槽と風呂釜が接しているため、エネルギーの損失が少なく経済的です。自然対流により浴槽内の水が加熱し、追い焚（だ）きが可能です。

 参考
バランス釜は昭和40年代に建てられた公団住宅などで普及していたが、現在ではあまり使用されていない。

④ 電気給湯器

ア．長所と短所（ガス給湯器との比較）

長　所	・火気を使用しないため安全性が高く、空気を汚染しない。換気設備が不要 ・燃焼音がなく静か ・不完全燃焼による事故の心配が少ない ・燃料配管が不要で、燃料漏れなどの危険がない
短　所	熱量に対する単価が割高となる

イ．種　類

ａ．電気温水器

　貯湯タンク内の電気ヒーターにより湯を沸かし、貯めた湯を使用する構造です。小型のものは、湯沸室や洗面所などの局所的に少量の湯の利用に使用されています。

　満水時の重量が15kg以上の給湯設備について、給湯器の転倒防止に対する構造基準が定められています（平成24年国土交通省告示第1447号）。

ｂ．ヒートポンプ給湯器（エコキュート）

　大気から集めた熱を利用して湯を沸かす機器です。エネルギー効率の高いヒートポンプを利用することにより、これまでの電気給湯器と比べ大幅に少ない電力量で湯を沸かすことができます（省エネルギー）。

　家庭用では、単身者向けから世帯向けまで様々な種類があり、浴槽の追い焚き機能を備えたものや、床暖房用の熱源を兼ねる機種もあります。

　業務用では、出湯温度（貯湯温度）が65 ～ 70℃のフロン系冷媒によるものと、80 ～ 90℃の自然冷媒（CO_2冷媒）を使用したものがあります。

　使用上注意すべき点として、湯切れ、過剰運転、放熱によるエネルギーロス、設置場所による運転効率低下、夜間運転における騒音、設置場所の確保などがあります。

ウ．家庭用燃料電池（エネファーム）

電気と同時に発生する熱を回収し、給湯に利用する仕組みです。従来の電気は、石油や天然ガスなどを燃やして電気をつくっていましたが、燃料電池は化学反応を利用するものであって、発電効率が高く、また、環境を悪化させません。家庭用燃料電池は、水素と酸素を化学反応させて発電する機器で、水の電気分解の逆の作用を利用しています。

⑤ 給湯管の材質

給湯管の材質としては、以前は被覆銅管の使用が一般的でしたが、近年は、耐熱性に優れた架橋ポリエチレン管やポリブテン管等の樹脂管が使われています。弁類には、鋳物製_{もの}が多く用いられています。

出た！ R4・5

③ 排水と通気

① 目的と設備の概要

1. 目 的

排水・通気の目的は、汚水、雑排水等の汚れた水を敷地の外へ速やかに排出し、同時に排水管内の臭気を室内に拡散させないことです。

2. 設備の概要

排水の分類	汚水	トイレの排水
	雑排水	台所、浴室、洗面所、洗濯機等の排水
	雨水	降雨による水
排水の方式	重力式流下により排水	地盤面より高い部分および横引き管の部分
	機械による汲み上げ式（ポンプアップ）により排水	地盤面より低い部分（定期的な点検や清掃が必要

発展

公共下水道への経路には、建物外部の下水道管の設置方法により、汚水・雑排水と雨水を同じ下水道管に合流して排水する合流式と、雨水用の下水道管を別に設けて排水する分流式がある（R4問18）。

140

排水設備	配管とポンプ類	排水を速やかに排出させる
	排水枡や浄化槽	排水を一時的に溜める
	通気管	排水管から発生する臭気を建物外部へ排出し、排水を流れやすくする
管材等	硬質塩ビ管、耐火二層管、配管用炭素鋼鋼管、タールエポキシ塗装鋼管、鋳鉄管など	

　最下階床下に排水ピットを有する建物、地盤面より低い部分が利用される建物は、下水管や浄化槽に排水を押し上げる排水ポンプが必要になります。

Column

　排水ポンプは、点検や試運転を十分に行って保守管理に努める必要があります（R5問17肢3）。

② 排水トラップ

出た! R1・4・5

1. 意　味

　排水トラップ（防臭（ぼうしゅう）・封水（ふうすい）トラップ）とは、排水管の途中に、少量の排水（封水）を一時的に残留させる部位です。排水管は下水道に接続されているので、排水管を伝わって、臭気や虫、小動物が室内に侵入するのを防ぐ目的で設置されます。

　封水深とは、排水トラップの封水の深さのことで、一般的に5～10cmが必要です。封水深が浅いと破封しやすく、深いと自浄作用がなくなります。

2. 破　封（はふう）

　破封とは、トラップ内の封水がなくなることです。破封の状態になると、悪臭が発生したり、排水に支障を生ずることになります（R15問17肢2）。

　破封の原因としては、蒸発、毛細管現象（髪の毛や糸くずによる）、サイホン作用（自己サイホン作用、誘導サイホン作用）、はね出し作用があります。

📝 コメント

封水
排水管からの臭気を封じるために排水トラップ内に残留させる水のこと

📝 コメント
住戸の長期間不使用などで排水管から悪臭が生じている場合、破封が考えられる。対策としては、長期間使用していなかった住戸を再び使用する場合には、最初にしばらくのあいだ水栓を開けておいてトラップに水をため、破封の状態を解消する。

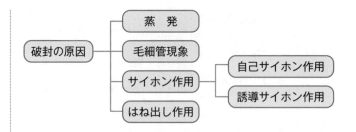

サイホン作用

　水を隙間なく満たした管を利用して、液体をある地点（高い地点）から別の地点（低い地点）まで移動させることをサイホン作用といいます。サイホン作用が生じると、水が途中で出発地点より高い地点を通ることが可能となります。破封の原因のサイホン作用としては、多量の排水によってトラップと排水管に空気がなくなって水が充満し（満管流）、サイホン作用が生じて排水終了時に封水も排水管内に吸引されるケース（自己サイホン作用）、呼び出し作用や蹴り出し作用によるケース（誘導サイホン作用）があります。サイホン作用は、器具とトラップの組合せや配管方法が不適当なときに生じやすくなります。

3. 二重トラップ

　1系統の排水管に対し、2つ以上の排水トラップを直列に設置することを二重トラップといいます。二重トラップは、2つのトラップの間に空気がたまり、排水の流れが阻害されるので禁止されています。

4. 排水トラップの種類

　手洗いや洗面台などに使用される管トラップ（サイホン式トラップ）と、キッチンや浴室、防水パンなどに使用される隔壁トラップ（非サイホン式トラップ）があります（R5問17肢1）。

【排水トラップの種類】

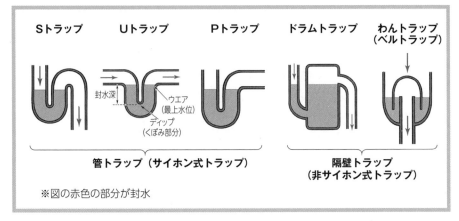

Sトラップ　Uトラップ　Pトラップ　ドラムトラップ　わんトラップ（ベルトラップ）

封水深

ウエア（最上水位）

ディップ（くぼみ部分）

管トラップ（サイホン式トラップ）　　隔壁トラップ（非サイホン式トラップ）

※図の赤色の部分が封水

③ 通気管

出た！ R1・5

通気管は、破封を防ぎ、排水管内の気圧と外圧の気圧差を小さくして、排水の流れをスムーズにするために設けます。おもな方式には、ループ通気方式、伸頂通気方式、通気立て管方式があります。

1. ループ通気方式

2個以上のトラップを保護するために、最上流の器具排水管が排水横枝管に直結された直後の下流から、共通の通気管を立ち上げ、通気立て管に接続する方式です。

2. 伸頂通気方式

すべての排水を1本の排水管に集め、屋上まで伸びた排水立て管の頂部（先端）に伸頂通気管を設置して大気に開放し、通気を逃がす方式です。5階建てくらいの中層建物までで採用されます。

3. 通気立て管方式（2管式）

排水立て管と通気立て管の2本の管を設置する方式です。通気立て管の一番下の位置に排水横主管を接続し、通気立て管を通して、通気を大気に開放します。

コメント
屋上から大気に開放して通気を逃す場合には、開口部には、虫や小動物が入り込まないように防虫ネットを張る必要がある。

【特殊継手排水方式（システム）】

排水がスムーズに行われるように開発された専用の特殊

継手を使用する方式です。多くは、伸頂通気方式を改良したものであり、排水管に通気管の役割をもたせるので、通気立て管が不要で、省スペースが可能です。接続器具数が少ない集合住宅やホテルの客室系統で採用されています（R5問17肢4）。

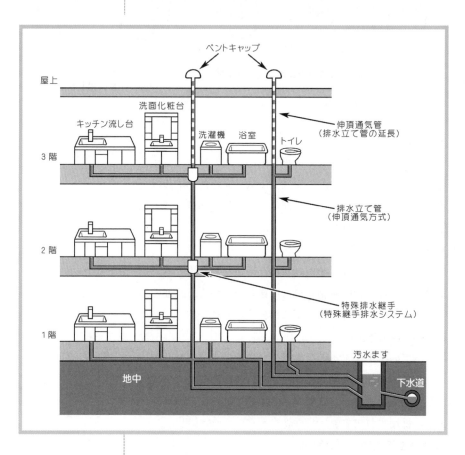

出た！ R1

4 浄化槽

① 浄化槽設備

1. 意味、設置の必要性

　浄化槽は、汚水や雑排水を溜めて、汚物等の固形物を沈殿させ、上澄みのきれいになった水を放流する装置です。固形物が汚泥となって底部に堆積するので、汚泥を引き抜

く清掃が必要になります。

　建築基準法では、終末処理場を有する公共下水道のない地域では、「し尿浄化槽」を設けて汚水を浄化し、河川等に放流しなければならないと定められています（建築基準法31条2項）。

　平成13年度以降に設置した浄化槽は、合併処理方式が義務づけられています。合併処理方式とは、し尿と生活雑排水を合わせて処理する装置を備えた浄化槽方式です。

コメント
汚物は微生物によって分解されて固形物の汚泥となり、汚泥は槽の底部に堆積する。汚泥が堆積することから、定期的に汚泥を引き抜く清掃が必要になる（R1問31）。

コメント
単独処理方式（し尿だけを処理する）では、し尿以外に含まれる汚れ分がそのまま放流される。

第2編
管理業務として行う賃貸住宅の維持保全に関する事項

【合併処理浄化槽のイメージ】

2. 浄化槽の設置、設置後の検査

　浄化槽を設置するには、都道府県知事等への届出を要します。設置工事は法令の定める技術上の基準に従わなければなりません。

　浄化槽を設置した場合、使用開始後3か月を経過した日から5か月以内に、都道府県知事が指定した検査機関（指定検査機関）の行う設置後の検査を受けなければなりません。

3. 浄化槽（合併処理方式）の種類と仕組み
ア．嫌気ろ床接触ばっ気方式

　嫌気ろ床接触ばっ気方式とは、浄化槽内の嫌気性微生物が汚水や雑排水の有機物を分解して浄化する方式で、

コメント
嫌気性微生物とは、酸素のないところで働く微生物で、好気性微生物は酸素が必要

145

国土交通大臣が定めた構造基準による処理方式です。数
多く設置されています。

イ．生物ろ過方式

　生物ろ過方式とは、メーカーが独自に開発し、好気性
微生物が汚れを分解して浄化する方式で、国土交通大臣
の認定を受けた方式です。容量が嫌気ろ床接触ばっ気方
式の60〜80％となるので、スペースを節約できます。

② 保守点検、清掃の義務

　浄化槽の管理者には、保守点検、清掃が義務づけられて
います。最初の保守点検を浄化槽の使用開始直前に行いま
す。以後は、浄化槽の清掃を、全ばっ気方式の浄化槽にあっ
てはおおむね6か月ごとに1回以上、その他の浄化槽に
あっては年1回以上行うことが義務になっています。また、
指定検査機関が行う水質検査を受ける必要があります。

第8章

電気・ガス

重要度ランク
A

攻略ポイント
- ●電気の引込みの低圧受電と高圧受電
- ●住戸内の電気設備、ガス設備
- ●昇降機・機械式駐車場、避雷設備

① 電気設備

① 設備の概要

① 受電方式と引込みの種別

出た！ H27・30・R4

電力会社からの電力供給は、供給電圧によって、「低圧引込み」「高圧引込み」「特別高圧引込み」の3種類に分けられます。

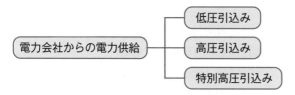

```
                    ┌─ 低圧引込み
電力会社からの電力供給 ─┼─ 高圧引込み
                    └─ 特別高圧引込み
```

ア．低圧引込み（低圧受電）

低圧は、標準電圧100ボルトまたは200ボルトです。住戸・アパート・事務所などの電灯や小型機器で使用する電気を供給する場合、電力会社の配電柱の柱上トランスで高圧から低圧に落とし、建物に低圧電灯線や低圧動力線で引き込みます。

電灯設備の需要が多い住戸やアパートでは、屋内で使用できる電気機器は150ボルト以下という制約があります（エアコンやエコキュートなどで200ボルトを使用する機器については屋外設置）。

事務所などでも、契約電力が50キロワット未満の場

🔼 **発展**
特別高圧引込みと高圧引込みでは、建物側に変圧器室（借室）を設けて電圧を下げて各戸に電力を供給する。低圧引込みでも、変電設備を設けるために借室が必要になる場合もある（H27問31）。

🔼 **発展**
コンセントの容量
コンセントやテーブルタップにも電気容量の規格がある。コンセントの多くは1,500W、機器にも15Aと表示されている（1,500W＝15A）。

合は、低圧電力で契約しています。契約電力が50キロワット以上の場合、変圧器等を施設する借室が必要となります。

| 従量電灯B | （供給電力）単相2線式標準電圧100Vまたは単相3線式標準電圧100Vおよび200V |
| 低圧電力（動力を使用する需要） | （供給電力）3相3線式標準電圧200V |

イ．高圧引込み（高圧受電）

高圧は、標準電圧6,000ボルトです。大規模な建物や工場などの照明コンセントや給排水ポンプ、空調機器などの動力設備で使用する電気を供給する場合や、共同住宅で、各住戸と共用部分の契約電力の総量が50キロワット以上のときは、高圧引込みとなります。

コメント
受変電設備は、自家用電気工作物となり、主任技術者の選任が必要

高圧引込みには、高圧受変電室（キュービクル）が必要です（キュービクル内の変圧器で単相3線式100／200ボルトに変圧して電灯負荷や小型機器に供給している。各住戸へとの契約は、従量電灯Bと同じ）。

ウ．特別高圧引込み（特別高圧受電）

特別高圧受電は、受電電圧が2万ボルト、6万ボルト、14万ボルトで、契約電力が2,000キロワット以上の場合、特別高圧受電室および高圧変電室を設けます。

② 電力会社と各住戸の電力供給契約（東京電力の例）

契約種別の従量電灯Bが、一般の家庭でもっとも多い契約種別です。利用者の選択により10アンペアから60アンペアまでの電力供給契約をすることができます。

電力会社に申し出ることにより、契約アンペアを変更することができますが、その際には、住戸内に設置されたアンペアブレーカーを電力会社が交換します（関西電力・中国電力・四国電力・沖縄電力ではアンペアブレーカーは設置されない）。

各住戸への電力の供給方式には、単相3線式と単相2線

式があります。単相３線式では、３本の電線のうち、真ん中の中性線以外の上と下の電圧線を利用することで、住戸に200ボルトを供給することができます。単相２線式では100ボルトの電力しか供給することができません。

【配線図のイメージ】

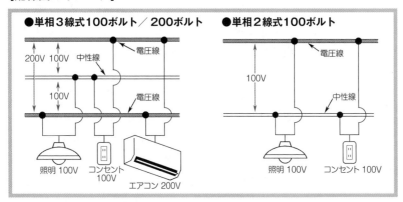

●単相３線式100ボルト／200ボルト

200V 100V　中性線　電圧線
100V　電圧線
照明 100V　コンセント100V　エアコン 200V

●単相２線式100ボルト

電圧線
100V　中性線
照明 100V　コンセント 100V

② 電気設備の維持管理

出た！ H27・30・R2

① 照明設備

廊下や階段が外部に開放されている場合、天井灯や照明器具は劣化が早くなります。湿気による錆が発生したり、被膜ビニルが紫外線で劣化し、絶縁抵抗が弱まるので、定期的な抵抗測定を行い、配線を交換する必要があります。

また、自動的にタイマーで点灯・消灯させている場合は、季節による日照時間の変化に応じて調整が必要です。

② 建物の停電

停電した場合は、分電盤を調べ、遮断器が落ちている回路を再び通電させます。再度停電するようなら、その回路を切って専門業者へ連絡します。

住戸内のブレーカーが落ちた場合の住戸内の停電は、ＥＬＢ（漏電ブレーカー、アースリークブレーカー）またはアンペアブレーカーを操作します。アンペアブレーカーは契約アンペアを示すものですが、電力会社によってはス

📝コメント
ブレーカーには、電力が契約容量の上限を超えないようにする役割とともに、電気配線や電気製品の傷みや故障による電気の漏れを察知して、回路を遮断し、感電や火災を防ぐという機能がある。ブレーカーは、電力が容量を上回った場合のほか、漏電などが原因で落ちる（遮断される）こともある（H30問31）。

マートメーターで契約アンペア値を設定することで、アンペアブレーカーを設置しない場合もあります。

③ 地震による火災発生の防止

感震ブレーカーは、地震発生時に設定値以上の揺れを検知したときに、電気を自動的に止めることができる器具であり、不在時やブレーカーを切って避難する余裕のない場合に電気を原因とする火災等を防止することができます。

感震ブレーカーには、分電盤内蔵型、分電盤後付型、コンセント型があります。

既設の分電盤に漏電ブレーカーが設置されている場合は、分電盤後付型を利用できます。漏電ブレーカーが設置されていない場合は、内蔵型に取り替える必要があります。コンセント型はコンセントなどに取り付けるタイプです。

地震による火災は、電気を原因とするものが過半数を占めています。特に著しく危険な密集市街地においては、緊急的・重点的な感震ブレーカー等の普及が求められています。

❷ ガス設備

出た！ H30・R4

① ガス事業

ガスには、都市ガスと液化石油ガス（LPガス）があります。

都市ガスと液化石油ガス（LPガス）は、事業の種別・方法、およびガスの原料・成分、特徴において異なっています。

② 都市ガス

① 事業の種別・方法

ガス製造事業・ガス導管事業（一般ガス導管事業および特定ガス導管事業）・ガス小売事業に分類されます。

【都市ガスの事業制度】

事業の種別		仕組	事業内容
ガス製造事業		届出	ガスの製造
ガス導管事業	一般ガス導管事業	許可	ガスの輸送（託送供給）
	特定ガス導管事業	届出	特定地点へのガスの輸送（託送供給）
ガス小売事業		登録	ガスの小売り（大口小口を問わない）

供給の方法：導管

供給先：一般の住宅や集合住宅

② **ガスの原料・成分、特徴**

都市ガスは、比重・熱量・燃焼速度の違いで、13A〜L3までの7グループ13種類に分類されています。エネルギー事業の変遷に伴い主要原料が石炭から石油系に移り、現在では液化天然ガス（LNG：13A・12A）が主流です。

例　東京ガスでは一部を除き13Aで供給

都市ガスは空気より軽く（6Aという種類だけは空気より重い）、埋設されたガス導管によって供給されます。

3　液化石油ガス（LPガス）

① **事業の種別・方法**

LPガス小売供給事業とLPガス販売事業があります。

LPガス小売供給事業（コミュニティーガス事業）：70戸以上の集合住宅に導管でガスを供給・販売

LPガス販売事業：ボンベに詰めたプロパンガスを一般の住宅や集合住宅に配送して供給・販売

【液化石油ガス（LPガス）の事業制度】

事業の種別	仕組	事業内容
LPガス小売供給事業（コミュニティーガス事業）	登録	簡易な装置でガスを発生させ、70戸（供給地点）以上の需要者に対して、導管でガスを供給
LPガス販売事業	登録	ボンベに詰めてガスを販売

参考
都市ガスは、マイナス162℃まで冷却すると液体となり体積は1/600となる。
LPガスは、マイナス42℃まで冷却すると液体となり体積は1/250となる。

② ガスの原料・成分、特徴

LPガスには、プロパンガス（C3H8）とブタンガス（C4H10）という2種類の成分があります。

【都市ガスと液化石油ガス（LPガス）の比較】

	都市ガス	液化石油ガス（LPガス）
原料	メタンを主成分とする天然ガス	プロパン・ブタンを主成分とする液化石油ガス（LPG）
重さ	空気より軽い（6Aだけは空気より重い）	空気より重い
特質・性質	いずれも無色・無臭 ※ガス漏れ時に気がつくように付臭剤を加えて供給	
熱量	小さい 13Aの場合 約46（MJ/m³）	大きい 約99（MJ/m³）
供給の方法・エリア	導管 人口密度の高い都市部 料金は比較的安い	導管またはボンベ 全国 料金は比較的高い
料金	規制はなく、事業者が自由に決めることができる	

---

4 ガス管、ガスメーターほか

① ガス管

配管材料には、かつては、屋外埋設管は鋳鉄管、屋内配管は配管用炭素鋼鋼管（白ガス管）が用いられていましたが、近年は、より耐久性を高めて、屋外埋設管はポリエチレン管やポリエチレン被覆鋼管、屋内配管は塩化ビニル被覆鋼管が多く使われています。

② ガスメーター（マイコンメーター）とガス警報器

ガスメーター（マイコンメーター）は、ガスの使用量を計量する器具です。ガスの異常放出や地震等の異常を検知して、自動的にガスの供給を遮断する機能を有しています。

所定のガス工作物では、マイコンメーターの設置が義務づけられています。

ガス警報器の取付けは、おもな都市ガスのように空気より軽い場合は天井面の下方30cm以内とし、プロパンガス

📝コメント
ガス器具は、ガスの種類に合わせて作られているので、必ずガスに合った器具を使用しなければならない。

📖参考
ガスメーターには有効期限があり、家庭用のガスメーターは10年以内に1回、業務用のガスメーターは7年以内に1回の割合で取り替えなければならない。

のように空気より重い場合は床面の上方30cm 以内の壁などに設置することで、ガス漏れを検知して確実に鳴動する必要があります。

③ ガスの開栓手続き

ガスの使用を開始するには、住戸ごとにガス会社による開栓作業が必要です。

昇降機・機械式駐車場

1 昇降機設備　　　　　　　　　　　　　　　出た! H28

① 駆動方式による分類

エレベーターには駆動の方式によって、ロープ式と油圧式があります。

1. ロープ式

屋上や上層階に機械室を設置し、ロープを巻き上げ下げして、上下運行させる方式です。トラクション式（機械室ありタイプ、機械室なしタイプ）と巻胴式があります。

2. 油圧式

機械室の油圧パワーユニットからシリンダーに油を送ることで昇降させる方式です。油圧シリンダー内のプランジャー（可動する部分）に、人が乗るかごを直結させます。低層建物のエレベーターとして用いられます。直接式、間接式、パンタグラフ式があります。

コメント
トラクション式とは、釣合おもりを設置、つるべを利用してかごを上下させるタイプのエレベーターである。

【エレベーターの構造】

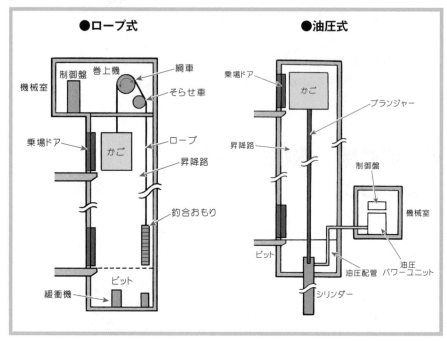

出典：（一社）日本エレベーター協会ホームページの資料を基に作成

参照

昇降機の法定検査について ➡ 本編第2章 ②②定期調査と検査報告の種類

② 昇降機（エレベーター）の保守

1. 保守点検

保守点検は、おおむね1か月に1～2回実施します。

2. フルメンテナンス契約とPOG契約

ア．フルメンテナンス契約

消耗品、部品取替えや機器の修理、調整を契約費用の中で行う保守管理の契約です。乗降扉や三方枠の塗装、かご内の床・壁・天井の修理、新しい機能による改造や新規取替えは含まれません。

長所は、維持管理の手間がかからないので予算管理が容易であることですが、短所は、割高となることです。

イ．POG契約（パーツ・オイル＆グリース契約）

契約費用に定期点検や契約範囲内の消耗品の交換が含まれますが、それ以外の部品の取替え、修理は別料金に

なる保守管理契約です。

　長所としては、保守料金が割安（契約金は、フルメンテナンス契約の6割程度）なので、コストの管理ができることです。短所としては、部品代、交換・調整のための費用がそのつど発生するので、手間と時間がかかります。

② 機械式駐車場（立体駐車場）設備

　機械式駐車場設備には、タワー式、ピット式、横行昇降式などがあります。3～5年で交換する部品、8年程度で交換する部品など部品交換が必要です。

　構造や規模により、不活性ガス消火設備、泡消火設備、ハロゲン化物消火設備等の設置が義務づけられています。

 コメント
不活性ガス消火設備には危険性がある。操作を誤ると人命にかかわる。

❹ 避雷設備

① 設置義務

　高さが20mを超える建築物・工作物には、雷撃から保護するために避雷設備を設置しなければなりません（建築基準法33条）。ただし、周囲の状況によって安全上支障がない場合には、避雷針は不要です。

② 避雷設備の種類

　避雷設備には、外部雷保護システムと内部雷保護システムがあります。外部雷保護システムは、建物の保護を目的とするものです。避雷針は建物を雷害から守る設備です。

　内部雷保護システムは、建物内の機器の保護（停電や電気機器の故障）を目的とするものです。すなわち、雷によって有害な過電圧や過電流（雷サージ電流）が発生した場合、雷サージ電流は、電力線や通信線の引込み線から侵入しますが、避雷針では停電や電気機器の故障を防止できません。雷保護用等電位ボンディングとサージ防護デバイスが用い

参考
雷サージによって電気機器は絶縁破壊や誤作動・劣化などの影響を受ける。その被害は数km先まで及ぶといわれている。

られます。

① 雷保護用等電位ボンディング

　ボンディング用バーと金属構造体や電力引込み線および通信線などをボンディング導体を用いて接続し、雷撃時に発生する導電性部分間の電位差を低減するものです。

　ボンディング用バーは、屋外から屋内に引き込む電力線や通信線などの引込み口の近くに設置し、大地に接地（アース）します。

② サージ防護デバイス（SPD：Surge Protective Device）（アレスタ）

　種類が多く、想定される雷電流、保護する機器の過電圧耐量などに適合した性能を有するものを設置し、大地に接地します。戸建て住宅や集合住宅では、電力線および通信線の引込み口の近傍に設置します。劣化時の警報発出と動作時短絡電流を遮断できる過電流保護器による保護が必要です。高圧受変電設備からの電気の供給を受ける場合は、電源用ＳＰＤを配電盤に設置します。

家賃、敷金、共益費その他の金銭の管理に関する事項

第1章 賃料

重要度ランク **S**

攻略ポイント
- 賃料支払義務、弁済充当、供託
- 賃料改定の特約、賃料増減請求

① 賃料の意義

出た! H29・30・R1・3・4・5

 発展
賃貸住宅の賃貸借契約では、賃料は建物と敷地の両方の使用の対価である（R4問20）。

コメント
賃借人が賃料の支払いを遅延したときは、契約書に遅延損害金の定めがなくても、法定利率（民法改正により変動制。当面は年3％）の遅延損害金を請求できる（H30問18）。

コメント
残存する部分のみでは賃借人が賃借をした目的を達することができないときは、賃借人は、契約を解除することができる（民法611条2項）（R4問23）。

1 賃料の支払い

① 概　要

1. 賃料支払義務

賃借人は、賃料支払義務を負います。賃料は目的物使用の対価です。賃借人が目的物を自ら直接に使用・占有していなくても、賃料を負担しなければなりません。

2. 支払時期

賃料の支払時期は、特約がなければ当月分を当月末払いです（後払いが原則）。もっとも、特約があれば特約に従います。多くの賃貸借契約では、前月末（あるいは、前月中の所定の日）とする前払いの特約があります。

3. 支払場所

賃料の支払場所は、特約がなければ債権者（賃貸人）の住所に持参します（持参払いが原則）。特約があれば特約に従います。現在は多くの賃貸借契約において、銀行口座に振り込む方法が採られています。

② 建物を使用できない場合の取扱い

賃貸人が建物を使用させることができなければ、賃借人に賃料支払義務は生じません。天災や不可抗力など賃貸人の責任ではない事由による場合も、賃料は発生しません。

賃借物の一部が賃借人の責めに帰することができない事

由で使用できなくなったときは、賃料はその使用できなく
なった部分の割合に応じて、減額されます（民法611条1項）。

③ **賃料の差押え**

賃料債権が差し押さえられた場合、賃借人は賃貸人への
賃料支払が禁じられます。

賃借人（第三債務者）は、差押え債権者から賃料の支払
い（取立て）を求められた場合には、債権者に対して賃料
を支払う義務があります（➡ 本編第2章❶⑤敷金返還請求権
の差押え）。

賃料債権が差し押さえられた後に、建物が第三者に譲渡
されて建物の所有権が移転し、その後に差押え債権者が賃
借人に対して賃料を取り立てた場合にも、賃借人は差押え
債権者の取立てに応じなければなりません（最高裁平成10年
3月24日判決、東京高裁平成10年3月4日判決）。

④ **消滅時効**

賃料債権を行使せず、期間が経過すると、時効により賃
料債権は消滅します。

時効期間は、

---

① **債権者が権利を行使することができることを知っ
た時から5年間行使しないとき**

② **権利を行使することができる時から 10 年間行使
しないとき**

となります。賃借人が時効の利益を受けるには、時効の援
用が必要です。

② 弁済 充当
べんさいじゅうとう

弁済充当とは、債務者が複数の債務を負担している状況
で、債務者の給付がすべての債務を消滅させるには足りな
いものであるときに、その給付によってどの債務を消滅さ
せ、どの債務を残存させるかの弁済の割振方法です。

弁済充当の順番は、次のとおりです。

🔑 **重要**
建物の全部が使用不能と
なれば、賃貸借は終了す
る。

発展
賃料債権が差し押さえら
れているのに、賃借人が
賃貸人に対して賃料を支
払ってしまうと、賃借人
は賃料の二重払いをせざ
るを得なくなる。

発展
賃料が差し押さえられて
いる場合に、賃貸人が賃
借人に賃貸借契約の目的
である建物を譲渡したこ
とにより賃貸借契約が終
了したときには、差押え
債権者は、第三債務者で
ある賃借人から、譲渡後
に支払期の到来する賃料
債権を取り立てることが
できない（判例）。

出た！ R1・2・4

📝 **コメント**
賃貸借では、数か月分の
賃料不払いで、賃借人が
一部を支払った場合など
において弁済充当が問題
となる。

第3編 家賃、敷金、共益費その他の金銭の管理に関する事項

① 充当に関する合意があれば、合意に従う
② 充当に関する合意がない場合、費用、利息、元本の順番
③ 費用同士、利息同士、元本同士（同じ順位同士）の充当

③－１　指定充当

弁済者（賃借人）は、充当すべき債務を指定できる。弁済者が指定をしないときは、受領者（賃貸人）が、指定できる。ただし、弁済をする者（賃借人）がその充当に対して直ちに異議を述べたときは、この限りではない。

③－２　法定充当

指定充当が行われないとき、次のとおりとなる（民法488条4項）

ア．債務の中に弁済期にあるものと弁済期にないものとがあるときは、弁済期にあるものに先に充当

イ．すべての債務が弁済期にあるとき、または弁済期にないときは、債務者のために弁済の利益が多いものに先に充当

ウ．債務者のために弁済の利益が相等しいときは、弁済期が先に到来したもの、または先に到来すべきものに充当

いずれも順位の等しい債務については、各債務の額に応じて充当する

コメント
充当の指定は、いずれも相手方に対する意思表示によって行わなければならない（民法488条）。

出た！ H27・28・29・R1・2・5

③ 供　託

① 供託の意義

1. 供託とは、債務者（賃借人）が債権者（賃貸人）に対して弁済すべき金銭その他の物を供託所（法務局）に寄託することです。

2. 賃借人が、賃料を支払えば賃料支払義務は消滅します。しかし、賃借人が賃料を提供しても賃貸人が賃料を受領しないときには、債務不履行責任（遅延利息など）は免れますが、賃料支払義務は消滅せずに残ります。供託は債務者が賃料支払義務を消滅させるための手段です。供

コメント
債務者は、供託後、遅滞なく、債権者に供託の通知をしなければならない（民法495条3項）。

託すれば賃料支払義務が消滅します。

3. 弁済のために供託が行われた場合には、債権者はいつでも債務者の承諾なく、供託金を受け取ることができます。

② 供託原因（供託ができる場合）

供託原因（供託ができる場合）は、次の3つです。供託原因がなければ供託はできません。

1. 受領拒絶

適法な弁済の提供をしたにもかかわらず、債権者が受領を拒む場合です。一度は口頭の提供をしておくことが必要です。ただ、口頭の提供をしても賃貸人が受領しないことが明らかであれば、口頭の提供をせずに直ちに供託できます。

2. 受領不能

債権者が受領することができない場合です。賃貸人の所在が明らかではなかったり、不在のときです。

3. 債権者不確知

過失なく債権者を知ることができない場合です。

> 例 賃貸人の死亡後、賃貸人の相続人と自称するものの相続権の有無が明らかでなければ、債権者不確知を理由とする供託をすることができる。

4 賃料改定の特約

契約存続中の賃料改定の額を、あらかじめ契約で定める特約（自動改定特約）は有効です。特約の定め方の例は以下のとおりです。

① 毎年、あるいは定期に一定額を増減額する方法

② あらかじめ定める変動率あるいは変動指数を機械的に適用する方法（スライド法）
   例 消費者物価指数、卸売物価指数、GDP 等

③ あらかじめ決めた条件を満たす場合に増減額するという方法
   例 賃料支払状況その他賃借人の義務履行状況に応じる

📝コメント
賃貸人が死亡したり、賃貸人からの賃料増額請求がなされただけでは、どの供託原因にも該当せず、供託をすることはできない（H27問16）。

第3編 家賃、敷金、共益費その他の金銭の管理に関する事項

ワンポイント講座

終身建物賃貸借の場合は、借地借家法の賃料増減請求を排除することができます。

② 賃料増減請求

出た! H27・29・R1・2・3・5

発展

「賃料改定は当事者が協議して定める」という条項があっても、賃料増減請求をすることができる。

発展

貸主が複数の場合、賃料増額請求権の行使は管理行為となるので、持分の過半数で決めることになる（民法252条本文、東京高判平成28.10.19）。（R１問10）
借主が複数の場合の増額請求権の行使は、借主全員に対して行うことが必要

コメント

要件①〜③は例示であって、「④その他の事情」も含めて総合的に不相当となったかどうかが判断される。

① 意 義

借地借家法は、賃貸借の当事者の一方的な意思表示によって、

- ●賃貸人から増額請求
- ●賃借人から減額請求

をする権利を認めています。

② 要 件

賃料増減請求ができるのは、賃料が以下の要件を総合的に考慮して不相当になった場合です。

① 土地または建物に対する租税その他の負担の増減
② 土地または建物の価格の上昇または低下その他の経済事情の変動
③ 近傍同種の建物の賃料との比較
④ その他の事情

賃料が不相当かは、最後に賃料の額が決められた時点（直近合意時点）以降、請求権行使までの間の事情変動が考慮されます。請求権行使時以降の事情は考慮の対象外です。

自動改定特約があっても、特約による改定日以降の事情ではなく、直近に賃料の合意をした日以降の事情が判断の基礎になります。

借主が使用収益を開始する前には、賃料増減を求めることはできません。

③ 効 果

増額・減額の請求がなされると、賃料は請求が到達した時に、相当賃料まで増額・減額となります（形成権）。その効力は将来に向かって生じます。さかのぼって賃料の増減額をすることはできません。

④ 手続き

> 賃料の増減額の通知
> （一般的には書面により行うが、法律上、書面は求められていない）

↓

> 交渉を行う。交渉が成立しなければ調停。訴え提起前に、調停を申し立てる必要がある（調停前置主義）

↓

> 訴え提起。裁判所が相当賃料を決定する

⑤ 裁判所の判断がなされるまでの賃料の取扱い

	増額請求	減額請求
裁判所の判断がなされるまでは……	賃借人は、自らが相当と考える賃料を支払えばよい	賃貸人は、自らが相当と考える賃料を請求できる
裁判所が相当と判断した賃料と比べて……	賃借人が支払っていた賃料が不足していた	賃貸人が請求していた賃料が超過していた
解決策	賃料の不足額 ＋ 不足額に年１割の利息を賃貸人に支払う	賃料の超過額 ＋ 超過額に年１割の利息を賃借人に支払う

📝 **コメント**

敷金、保証金などの預託金については、増減請求をすることはできない。

商業施設や店舗などを運営する賃借人が建物の仕様を指定し、賃貸人（土地の所有者や賃貸事業者）が指定に基づく建物を建築して賃借人に建物を賃貸する賃貸借（オーダーリース、建て貸し）であっても、賃料減額請求権の行使は否定されない。

⬆ **発展**

調停にあたって、調停条項に従う旨の当事者間の書面による合意（調停の申立ての後にされたもの）があれば、調停委員会が定める新賃料に決定される。

⑥ 不増減額特約
<ruby>不<rt>ふ</rt></ruby><ruby>増<rt>ぞう</rt></ruby><ruby>減<rt>げん</rt></ruby><ruby>額<rt>がく</rt></ruby><ruby>特<rt>とく</rt></ruby><ruby>約<rt>やく</rt></ruby>

普通建物賃貸借では、賃料増額請求をしないという特約（不増額特約）は有効ですが（借地借家法32条1項ただし書）、減額請求をしないという特約（不減額特約）は無効です。

賃料を減額しない旨の特約があっても、賃借人は賃料の減額を請求することができます。

📝コメント
高齢者すまい法に基づく終身建物賃貸借においては、賃料増減額請求権を行使しないという特約は、増額請求と減額請求のいずれにおいても有効（高齢者すまい法63条）

【不増減額特約】

	普通建物賃貸借	定期建物賃貸借
不増額特約		有効
不減額特約	無効	

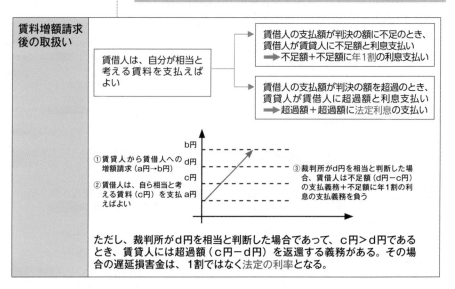

賃料増額請求後の取扱い

賃借人は、自分が相当と考える賃料を支払えばよい

➡ 賃借人の支払額が判決の額に不足のとき、賃借人が賃貸人に不足と利息支払い
　➡ 不足額＋不足額に年1割の利息支払い

➡ 賃借人の支払額が判決の額を超過のとき、賃貸人が賃借人に超過額と利息支払い
　➡ 超過額＋超過額に法定利息の支払い

b円
d円
c円
a円

①賃貸人から賃借人への増額請求（a円→b円）
②賃借人は、自ら相当と考える賃料（c円）を支払えばよい

③裁判所がd円を相当と判断した場合、賃借人は不足額（d円－c円）の支払義務＋不足額に年1割の利息の支払義務を負う

ただし、裁判所がd円を相当と判断した場合であって、c円＞d円であるとき、賃貸人には超過額（c円－d円）を返還する義務がある。その場合の遅延損害金は、1割ではなく法定の利率となる。

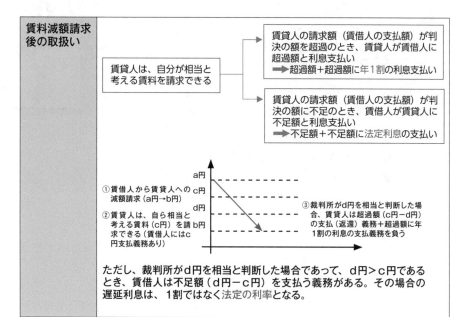

ただし、裁判所がd円を相当と判断した場合であって、d円>c円であるとき、賃借人は不足額（d円－c円）を支払う義務がある。その場合の遅延利息は、1割ではなく法定の利率となる。

賃貸人が複数の場合

Column

賃貸人が複数の場合、賃料増額請求権の行使は単に現状を維持するための保存行為ではなく、共有物の利用等の管理行為に当たります（東京高裁平成28年10月19日判決）。したがって、共有者の持分の価格に従い、その過半数で権利を行使しなければなりません（民法252条1項本文）（R5問22肢エ）。

第2章

敷金等

重要度ランク

A

●敷金の意味と返還時期
●敷金の譲渡と質入れ、敷引特約
●礼金、更新料等の一時金

① 敷金

出た! H28・30・
R1・2・3・5

① 敷金とは何か

① 意 味

敷金とは、賃借人の賃料の支払い、その他賃貸借契約上の債務を担保する目的で賃貸人に交付する金銭です。

② 法的性質

賃貸借終了後、明渡しの際、賃借人に債務不履行があるときは当然にその弁済に充当され（その分を差し引いて）、残額を返還するという、停止条件付き返還債務を伴う金銭所有権の移転です。

③ 敷金によって担保される債務

賃貸借契約から生じる一切の債務です（最高裁昭和48年2月2日判決）。不払賃料、賃借人が負担すべき毀損・汚損の補修費用、賃借人が付加した内装造作の撤去費用、賃貸借終了後、明渡しまでの賃料相当額の損害賠償債務（約定があれば、賃料の倍額相当額）などが含まれます。

④ 敷金を預託する合意

賃貸借契約とは別個の要物契約です。賃貸借契約の締結により当然に敷金を預託することになるものではありません。

また、賃貸借契約締結後に預託する旨の合意も有効ですし、賃貸借契約を存続させたまま敷金を返還することもで

コメント
賃貸借契約とは別個の契約なので、敷金契約のみを合意解約することも可能（H28問21）

きます。

⑤ 当然控除

賃貸借終了後明渡しの時点で、賃貸人に対して支払うべき債務があるときは、当然にその弁済に充当されます（残額があるときには、残額が返還される）。

保証金
賃貸借契約締結に際して預託される一時金です。敷金の性格をもつ場合、敷金の性格をもたない場合（金銭消費貸借に基づく貸付金）、一部に敷金の性格をもつ場合などがあります。その性格や返還時期については、合意内容によります。

> 🖋 コメント
> 賃貸人の相殺の意思表示などは不要

Column

② 賃借人からの相殺の禁止

敷金返還請求権は、賃貸借契約が終了し、物件を明け渡した時に発生します。

賃借人は、賃料債務（不払賃料）を敷金返還請求権と相殺することはできません。

> **例** 賃借人が敷金2か月分を預けているから、2か月間賃料を支払わないという主張をすることはできない。

> **出た!** H28・30・R2・3・5
>
> 🖋 コメント
> 賃貸人からの充当（相殺）はできる。賃貸人は、明渡しを受けるまでの間、賃料不払い等の事由が発生すれば、いつでも敷金を充当することができる（H28問21、R5問19肢4）。

③ 敷金を返還する時期

敷金返還請求権は、賃貸借契約終了時ではなく、建物の明渡し時に発生します（明渡し時説）。契約が終了して、賃借人が明渡しを完了した時に、敷金を返還します。

賃借人の明渡し債務が先履行なので、敷金の返還を受けなければ建物を明け渡さないという主張をすること（同時履行の抗弁）はできません。

> **出た!** H30・R1
>
> 📖 参考
> 敷金返還請求権による建物に対する留置権の主張もできない。

④ 敷金返還請求権の譲渡
① 債権の譲渡

債権は譲渡することができます。譲渡禁止の特約がある

債権であっても、債権譲渡は効力を生じます。

　譲受人は、対抗要件（通知または承諾）を備えれば、債務者に履行を請求することができます。ただし、特約について譲受人に悪意または重過失があれば、債務者は、譲受人からの履行を拒絶でき、譲渡人への弁済などを対抗することができます。

　また、譲渡禁止の特約がついた債権が譲渡された場合、債務者は供託することができます。

② 敷金返還請求権の譲渡

　敷金が譲渡されれば、賃貸借契約終了後、未払い賃料などを差し引いた後の金銭債権が譲受人に移転します。残額がなければ、譲受人は敷金を取得しません。

⑤ 敷金返還請求権の差押え

① 差押え債権者に対する支払義務

　敷金返還請求権は、賃借人の財産（責任財産）です。賃借人の債権者（差押え債権者）は、これを差し押さえることができます。差押え債権者が所定の手続きを踏めば、賃貸人には敷金の支払義務が発生します。

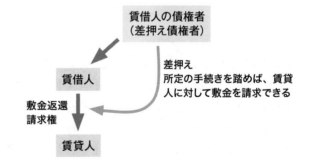

② 転付命令

　差押え債権者は、差押え債権について、請求債権の支払いに代えて、券面額で差押え債権者に移転する命令を求めることができます（債権譲渡が禁止されている債権につい

コメント
建物の賃貸借契約書には、一般に敷金返還請求権の譲渡を禁止する特約が付されている。

出た！ H28・R1・2

コメント
賃貸人の敷金支払義務の範囲は、不払賃料等を差し引いた後の残額となる。敷金の支払義務が発生していなければ、差押え債権者に対して支払義務はない。

発展
金銭債権を差し押さえた債権者は、債務者に対して差押命令が送達された日から1週間を経過したとき、自ら債権の取立てを行うことができる。

コメント
譲渡禁止特約のついた敷金の強制執行でも、第三者が特約について悪意または重過失であれば、賃貸人は敷金の支払いを拒むことができ、かつ、賃借人に対する弁済などを差押え債権者に対抗することができる。

ても転付命令は可能)。

　ただし、敷金返還請求権は、明渡し前には転付命令を求めることはできません（明渡しが行われ、敷金返還請求権が具体的に発生した後は、転付命令は可能)。

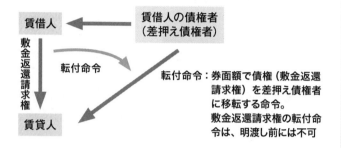

転付命令：券面額で債権（敷金返還請求権）を差押え債権者に移転する命令。
敷金返還請求権の転付命令は、明渡し前には不可

6 敷引特約〔しきびき〕

出た！ R1

① 意　義

　敷引特約は、賃貸借終了時に敷金から一定額（敷引金）を返還しないこととする旨の合意です。通常損耗等の補修費用を賃借人に負担させる趣旨を含みます（これと異なる合意があれば、合意に従う)（最高裁平成23年3月24日判決)。

　「償却〔しょうきゃく〕」という用語は、「預かり金を返還しない」という意味として使われます（敷金の償却、保証金の償却など)。償却の合意は、契約終了時、あるいは、一定期間ごとに、敷金、保証金のうちの一定の額を不返還とする（返還額から控除する）合意です。

Column

---

② 敷引特約が消費者契約法第10条によって無効となるか

1. 消費者契約法第10条の構造

┌─ ‖ハイライト‖ ─────────────────────

消費者契約法第10条

前段要件と後段要件に該当すると、無効になる。

前段要件＝法律の公の秩序に関しない規定の適用（任意規定）による場合と比べて、消費者の権利を制限し、または消費者の義務を加重する消費者契約の条項

後段要件＝民法第1条第2項に規定する基本原則（信義則）に反して消費者の利益を一方的に害するもの

└────────────────────────────────

【最高裁平成23年7月12日判決】
　信義則に反して消費者の利益を一方的に害するものであるか否かは、当該条項の性質、契約が成立するに至った経緯、消費者と事業者との間に存する情報の質および量ならびに交渉力の格差その他諸般の事情を総合考量して判断されるべきである。

2. 敷引特約の消費者契約法第10条への該当性（最高裁の考え方）

　敷引特約の消費者契約法第10条への該当性について、

前段要件……該当する

後段要件……原則として該当しない（特約は有効）。
　　　　　　高額に過ぎる場合は該当する（特約は無効）

としました。

コメント
後段要件に該当するかどうかについての考え方

参考
敷引特約は、原則として有効。ただし、最高裁平成23年3月24日判決では「建物に生ずる通常損耗等の補修費用として通常想定される額、賃料の額、礼金等他の一時金の授受の有無およびその額等に照らし、敷引金の額が高額に過ぎると評価すべきものである場合には、当該賃料が近傍同種の建物の賃料相場に比して大幅に低額であるなど特段の事情のない限り、信義則に反して消費者である賃借人の利益を一方的に害するものであって、消費者契約法第10条により無効となる」とされている。

注意
高額に過ぎる場合は無効

【最高裁平成23年３月24日判決】

　賃貸借契約に敷引特約が付され、賃貸人が取得することになる金員（いわゆる敷引金）の額について契約書に明示されている場合には、賃借人は、賃料の額に加え、敷引金の額についても明確に認識した上で契約を締結するのであって、賃借人の負担については明確に合意されている。そして、通常損耗等の補修費用は、賃料にこれを含ませてその回収が図られているのが通常だとしても、これに充てるべき金員を敷引金として授受する旨の合意が成立している場合には、その反面において、上記補修費用が含まれないものとして賃料の額が合意されているとみるのが相当であって、敷引特約によって賃借人が上記補修費用を二重に負担するということはできない。また、上記補修費用に充てるために賃貸人が取得する金員を具体的な一定の額とすることは、通常損耗等の補修の要否やその費用の額をめぐる紛争を防止するといった観点から、あながち不合理なものとはいえず、敷引特約が信義則に反して賃借人の利益を一方的に害するものであると直ちにいうことはできない。

❷ 礼金、更新料等の一時金

① 礼金の支払い

　礼金は賃貸借契約時に、返還されない一時金として支払われる金銭です。返還されない点で、返還が予定される敷金や保証金とは性格が異なります（債務不履行によって契約が解除されても、返還されない）。

　礼金の授受は一般的に広く行われる慣行で、この慣行は公知の事実とされています。

② 更新料

① 意　義

1. 更新料とは

　賃貸借期間が満了し、契約を更新するに際して、支払われる金銭です。法律には根拠はありません。特約（更新料

！ 注意
賃貸住宅標準契約書には礼金の条項は設けられていない。

⬆️ 発展
平成22年に国土交通省住宅局が発表した「民間賃貸住宅に関する市場環境実態調査の結果について」によれば、賃貸住宅のうち38.5％が礼金を要する契約となっている。

出た！ H27・29

特約）がなければ支払いの義務はありません。

賃貸住宅標準契約書には、更新料特約の定めはありません。

2. 更新料の性格

最高裁平成23年7月15日判決では、「更新料は、一般に、賃料の補充ないし前払い、賃貸借契約を継続するための対価等の趣旨を含む複合的な性質を有するものと解するのが相当である」とされました。

> 更新料については、かつては、対価性が乏しく、法的な説明が困難であるとする考え方もありましたが、最高裁平成23年7月15日判決は、「更新料の支払いにはおよそ経済的合理性がないなどということはできない」として、この考え方を明確に否定しました。
>
> Column

② 更新料特約が消費者契約法第10条によって無効となるか

1. 消費者契約法第10条の構造

‖ハイライト‖

消費者契約法第10条
前段要件と後段要件に該当すると、特約は無効になる。
前段要件＝法律の公の秩序に関しない規定の適用（任意規定）による場合と比べて、消費者の権利を制限し、または消費者の義務を加重する消費者契約の条項
後段要件＝民法第1条第2項に規定する基本原則（信義則）に反して消費者の利益を一方的に害するもの

2. 更新料特約の消費者契約法第10条への該当性（最高裁の考え方）

更新料特約の消費者契約法第10条への該当性について、

> 前段要件……該当する
>
> 後段要件……原則として該当しない（特約は有効）。
> 　　　　　　高額に過ぎる場合は該当する（特約は無
> 　　　　　　効）

としました。

> **【最高裁平成23年7月15日判決】**
> 　賃貸借契約書に一義的かつ具体的に記載された更新料条
> 項は、更新料の額が賃料の額、賃貸借契約が更新される期
> 間等に照らし高額に過ぎるなどの特段の事情がない限り、
> 消費者契約法第10条にいう「民法第1条第2項に規定す
> る基本原則に反して消費者の利益を一方的に害するもの」
> には当たらないと解するのが相当である。

③ 法定更新の場合の更新料の取扱い

　更新料特約は、多くの場合に合意更新を想定しています。
更新が法定更新である場合に、更新料特約が適用になるか
どうかが問題とされますが、肯定例と否定例があり、更新
料特約の解釈によってその結論が導き出されます。

③ 更新手数料　　　　　　　　　出た! H30

　管理業者が契約の更新手続を行う場合に賃借人が支払う
事務代行手数料です。実務上、その位置づけが不明確なま
ま授受されることがあります。誰からの依頼か、何の業務
に対する対価なのかが明確になっていないものであれば、
賃借人にはこれを支払う法的義務はありません。

<table>
</table>

第3章 会計・分別管理

重要度ランク **S**

攻略ポイント
- ●賃料等の会計上の取扱い
- ●財産の分別管理

1 賃料等の会計上の取扱い

出た! R4

1 企業会計の基礎

① 企業会計の役割

- ●一会計期間の経営成績を明らかにする（損益計算書による）
- ●期末における財政状態を明らかにする（貸借対照表による）

　損益計算書と貸借対照表の2つを合わせて、財務諸表といいます。

　会計期間とは、企業の経済活動を記録する場合に、その対象となる期間をいいます。通常は1年間です。

② 企業会計原則

　実務の中に慣習として発達したものの中から、一般に公正妥当と認められたところを要約したもので、以下の3つの原則から構成されます。

一般原則	ア．真実性の原則
	イ．正規の簿記の原則
	ウ．資本取引・損益取引区分の原則
	エ．明瞭性の原則
	オ．継続性の原則
	カ．保守主義の原則
	キ．単一性の原則

 参考

ア．真実性の原則

企業の財政状態および経営成績に関して、真実な報告を提供するものでなければならない。

イ．正規の簿記の原則

すべての取引につき、正規の簿記の原則に従って、正確な会計帳簿を作成しなければならない（R4問22）。

ウ．資本・利益区分の原則

資本取引と損益取引を明瞭に区分し、特に資本剰余金と利益剰余金を混同してはならない。

エ．明瞭性の原則

財務諸表によって、利害関係者に対し必要な会計事実を明瞭に表示し、企業の状況に関する判断を誤らせないようにしなければならない（R4問22）。

オ．継続性の原則

その処理の原則および手続きを毎期継続して適用し、みだりにこれを変更してはならない。

損益計算書原則	企業会計において、ある会計期間における企業の経営成績を示す損益計算書を作成するための具体的な処理基準。実現主義、発生主義、費用収益対応の原則など
貸借対照表原則	期末における企業の財政状態を示す貸借対照表を作成するための具体的な処理基準

② 会計処理

① 簿記の流れ

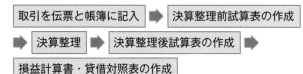

② 複式簿記

　複式簿記とはすべての取引を「借方」（左側）と「貸方」（右側）の両方の勘定項目に記帳し、仕訳を行う簿記の方式です。

勘定科目	取引の記録・計算を行うための整理名称
仕　訳	取引を借方と貸方に分解して、勘定科目と金額を決定すること。仕訳は、複式簿記の原則に従って借方と貸方双方に同じ金額を記入するため、貸借の金額は常に一致する

【複式簿記における仕訳】

借　　方	貸　　方
資産の増加 負債の減少 収益の減少 費用の増加 純資産の減少	資産の減少 負債の増加 収益の増加 費用の減少 純資産の増加

カ．保守主義の原則
企業の財政に不利な影響を及ぼす可能性がある場合には、これに備えて適当に健全な会計処理をしなければならない。

キ．単一性の原則
株主総会提出のため、信用目的のため、租税目的のため等、種々の目的のために異なる形式の財務諸表を作成する必要がある場合、それらの内容は、信頼しうる会計記録に基づいて作成されたものであって、政策の考慮のために事実の真実な表示をゆがめてはならない。

🆙 発展
試算表とは、一会計期間中に帳簿に記帳された内容を項目ごとに整理した一覧表のこと

☕ 参考
簿記とは、「帳簿記入」の略称

❗ 注意
企業会計では、現金の出し入れという事実のみを帳簿に記入する単式簿記の方式は使われない。

コメント
管理業者は家賃収入等につき分別管理が求められるところ、会計上も物件や顧客ごとに補助科目を設定することで家賃収入等を補助元帳で管理できる。

③ 主要簿と補助簿

主要簿	●簿記の基礎となる帳簿。「総勘定元帳」と「仕訳帳」の2つ ●総勘定元帳とは、日々の取引の記録を勘定科目ごとにまとめたもの ●仕訳帳とは、勘定科目に関係なく、すべての取引を日付順に記入した帳簿
補助簿	●主要簿の記録を補う帳簿。主要簿には記載することができない取引の明細を記録する ●預金出納帳、固定資産台帳、売上帳、仕入帳、買掛金元帳（仕入先元帳）、売掛金元帳（得意先元帳）など

④ 発生主義

参考
現金主義は、現金の入出金が生じた時点で収益または費用の計上を行う考え方

収益・費用をどの時点で認識するかについて、発生主義と現金主義があります。発生主義は、収益費用は発生の事実をもってその計上を行う方法であり、通常、発生主義に基づいて会計処理が行われています。

例 発生主義による収益、費用の認識

令和6年4月分の管理報酬が令和6年3月に入金	➡	令和6年4月の収益に計上
令和6年4月分の設備点検費用を令和6年3月に支払った	➡	令和6年4月の費用に計上

【仕訳の具体例】

●**管理業者が賃料80,000円を受領したとき**

借 方	貸 方
預 金 80,000	預かり賃料 80,000

●**オーナーに、管理報酬8,000円を差し引き、72,000円を支払うとき**

借 方	貸 方
預かり賃料 80,000	預 金 72,000 管理報酬 8,000

⑤ 財務諸表

ア．意　義

期中の増減を損益計算書でみて、これを受けて期末の状態を貸借対照表で表わすというように、両者は相互に密接な関係があります。

貸借対照表	（期末）時点での企業の財務状態。財務状態を「点」でみる
損益計算書	一会計期間（期中）の企業の経営成績。財務状態を「線」でみる

イ．貸借対照表（B/S）

左側に資産の部、右側に負債の部と純資産の部が記されます。企業のプラスの財産である資産とマイナスの財産である負債のバランスをまとめたものです。バランスシート（Balance Sheet）を略して「B/S」と呼ばれます。

- ●資産の部は、集めた資金がどのように投資され、保有されているかを示す
- ●負債の部・純資産の部は、資金がどのように集められたかを示す

●貸借対照表（B/S）

資　　産	負　　債
	純 資 産

ウ．損益計算書（P/L）

一会計期間の経営成績を示した表です。企業の業績の判断の材料になります。

プロフィット＆ロス・ステイトメント（Profit & Loss statement）を略して「P/L」と呼ばれます。

「収益、費用、利益」の3つの要素から成り立ち、収益から費用を差し引き、利益を計算します。

| 黒字の場合 | ➡ | 収益＞費用 |

| 赤字の場合 | ➡ | 収益＜費用 |

●損益計算書（P/L）

費　　用	収　　益
当期純利益	当期純損失

② 分別管理
ぶんべつかんり

出た！ R3・4・5

① 概　要

　賃貸住宅管理業者は、管理業務において受領する金銭（家賃、敷金、共益費等）を、整然と管理する方法により、自己の固有財産および他の管理受託契約に基づく管理業務において受領する金銭と分別して管理しなければなりません（法16条）。

② 分別管理が求められる金銭

　管理受託契約に基づく管理業務において受領する家賃、敷金、共益費等です。

 ポイント　この場合の管理業務とは、維持保全と併せて行う場合の家賃、敷金、共益費等の管理（法2条2項2号）

③ 分別管理の方法

① 自己の固有財産と管理業務において受領する金銭との分別

　家賃等の管理口座は、自己の固有財産の管理口座と分けなければなりません。

② 管理契約ごと、賃貸人ごとに口座の分別は不要

　帳簿や、帳簿に代わる電磁的記録（会計ソフト）による分別方法で可能です。その場合、口座を分ける必要はあり

コメント
賃貸住宅管理業法の施行前に締結された管理受託契約でも、分別管理は義務づけられる。

注意
必要があるときには、行政による監督処分（業務改善命令、1年以内の業務停止、登録取消し）が行われる。分別管理の義務違反には罰則の定めはない。

発展
賃貸人に家賃等を確実に引き渡すことを目的として、適切な範囲において、賃貸住宅管理業者の固有財産のうちの一定額を、家賃等を管理する口座に残しておくことは差し支えがないものとされている（「解釈・運用の考え方」第16条関係）。

ません。

　家賃等管理口座にその月分の家賃をいったん全額入金し、その口座から固有財産管理口座に管理報酬分の金額を移し替える方法をとることもできます。

　ただし、この場合は、ひとつの口座に家賃等と固有財産が同時に預け入れられる状態が生じますから、固有財産については、速やかに固有財産管理口座に移し替えなければなりません。

Column

賃貸住宅の賃貸借
に関する事項

第1章

契約の成立・契約の種類

重要度ランク **S**

攻略ポイント
- ●契約条項の分類（強行規定と任意規定）
- ●契約の主体（個人と法人）
- ●倒産と賃貸借

① 概 説

出た！ H27・29・R1・2・4・5

☕ 参考
片務契約
契約当事者の一方だけが債務を負担する契約類型
例 贈与、使用貸借など

コメント
使用貸借も、賃貸借と同じく、意思の合致だけで契約が成立する諾成契約（R4問28）

コメント
建物が共有である場合には、期間3年を超えない賃貸借については、共有物の管理に関する事項として、共有者の持分の価格に従い、その過半数で賃貸借契約を締結することができる（民法252条4項3号）。したがって、期間3年を超える賃貸借締結には全員一致が必要、3年を超えない賃貸借締結であれば過半数で可（R5問22肢イ、ウ）。

1 契約自由と契約の成立

① 契約の成立

賃貸借契約は、

ア．賃貸人が賃借人に物を使用させる

イ．賃借人が賃貸人に物の使用の対価を支払う

という契約です。諾成契約であり、双務契約です。

諾成契約	意思の合致だけで契約が成立する（意思表示は、明示ではなく黙示によって行われる場合もある）。契約成立には、書面の作成も、物の引渡しも不要
双務契約	両当事者が対価関係に立つ債務を負担する契約類型 例 賃貸借、売買など

② 契約自由

1．契約自由の内容

近代社会では契約は自由です。契約自由は、ア．契約締結、イ．内容決定、ウ．方式、エ．相手方選択の4つの内容があります。ただし、いずれにも例外があります。

2．契約自由の例外

　ア．契約締結の自由

　　契約をするかしないかを自由に決められます。

　　例外 終身建物賃貸借では、借主が死亡した後に同居配偶者等から申出があれば、契約をしなければならないなど

イ．内容決定の自由

　どのような内容の契約をするかは、自由に決定できます。

> **例外** 公序良俗違反および強行法規違反は無効。終身建物賃貸借において同居配偶者等から申出があったときには、契約内容は従前と同一など

ウ．方式の自由

　いかなる方式で契約を行うかを自由に定められます。

> **例外** 保証契約、定期建物賃貸借、取壊し予定の建物の賃貸借、終身建物賃貸借にはそれぞれ書面が必要など

ワンポイント講座

　建物の賃貸借は、書面を作成しなくても契約が成立するのが原則ですが、
- ●定期建物賃貸借
- ●取壊し予定の建物の賃貸借
- ●終身建物賃貸借（R4問26）

では、契約を成立させるために書面の作成が必要です。

エ．相手方選択の自由

　誰を相手方として契約をするかを自由に選択できます。

> **例外** 外国人であることを理由とした入居の拒否の禁止（判例）、障害を理由とした入居の拒否の禁止（障害者差別解消法8条）など

② 意思能力、行為能力、未成年者

① 意思能力

　意思能力とは、契約の法的な意味や結果を弁識する能力のことです。当事者が契約の時に意思能力を有しなかったときは、契約は無効となります。

② 行為能力

　行為を制限される者は、ア．成年被後見人、イ．被保佐人、ウ．被補助人、の3種類です。それぞれ家庭裁判所の審判により、本人を保護する者が決められます。

📝 **コメント**

契約書の作成は、契約成立の必要条件ではないが、一般的には、契約書を作成することによって、契約を成立させている。契約書は、①契約成立と契約条件の明確化、②業務のよりどころ（行為準則の役割）、③第三者に対する契約内容の説明責任を果たすこと、④契約成立後の交渉における基準などの機能を有している。

第4編
賃貸住宅の賃貸借に関する事項

📁 制限行為能力者

ア．成年被後見人	●精神上の障害により事理を弁識する能力を欠く常況にある者 ●法律行為は本人単独ではできないので、取り消される ●日用品の購入などは本人単独で行うことができる ●成年後見人に代理権があり、成年後見人が代理人として行う
イ．被保佐人	●精神上の障害により事理を弁識する能力が著しく不十分である者 ●法律行為は本人が自ら行うことができる。特定の法律行為（欄外コメント①～⑩）は、保佐人の同意が必要 ●日用品の購入などは本人単独で行うことができる ●保佐人の同意なしに行った特定の法律行為は取り消される ●家庭裁判所の審判があれば、保佐人に代理権が与えられる
ウ．被補助人	●精神上の障害により事理を弁識する能力が不十分である者 ●補助開始の審判をするには本人の同意が必要 ●法律行為は本人が自ら行うことができる ●家庭裁判所の審判があれば、補助人に代理権と同意権が与えられる ●補助人の同意なしに行った特定の法律行為は取り消される

📝コメント

保佐人や補助人の同意を要する特定の法律行為は、以下の①～⑩である。①元本を領収・利用、②借財・保証、③不動産その他重要な財産の権利の得喪、④訴訟行為、⑤贈与・和解・仲裁合意、⑤相続の承認・放棄、遺産の分割、⑦贈与の申込みの拒絶、遺贈の放棄、負担付贈与の申込みの承諾、負担付遺贈の承認、⑧新築・改築・増築、大修繕をすること、⑨民法602条に定める期間を超える賃貸借、⑩これらの行為を法定代理人として行うこと

③ 未成年者

　18歳をもって成年とされます。成年に達しない者が未成年者です。未成年者が契約をするには、法定代理人の同意が必要です。法定代理人の同意なしで行われた契約は、取り消されます。

　法定代理人の同意なしで行うことができるのは、次の行為です。

- 単に権利を得、または義務を免れる行為
- 法定代理人が許した処分（目的を定めれば目的に沿った処分）
- 営業を許された未成年者の営業行為

　未成年者の法定代理人は、父母です（親権者。父母がいれば共同親権）。
　親権者がいないときは、未成年後見人が選任されます。

Column

③ 契約条項の分類

① 強行規定（強行法規）

　法律の規定と異なる内容を取り決めても、効力が否定される（無効となる）条文を、強行規定（強行法規）といいます。公序良俗、消費者契約法（8条〜10条）、借地借家法に抵触する定めなどが該当します。

例 公序良俗違反で無効とされる特約

- 賃料の支払いを7日以上怠ったときは、直ちに住戸のドアに施錠をすることができるとの特約
- 賃料を滞納した場合、建物内に立ち入り、適当な処置を取ることができるとの特約
- 結婚や出産などを制約するような、住戸内の同居者の範囲を制約する特約

例 強行規定違反で無効とされる特約

- 契約と同時に設定される「期間満了時に賃貸借が解約される」旨の特約
- 更新の合意が成立しない場合には賃貸借が期間満了により終了するとの特約
- 建物の所有権が他に帰属した場合に、賃貸借契約は終了する旨の特約
- 賃料を滞納した場合、契約は直ちに解除され、賃貸人は鍵を交換することができるとの特約

出た！ H28・30・4・5

📝コメント
試験委員会は、死亡を賃貸借の終了原因とする特約を無効と考えている（R5問21肢イ）。

📝コメント
結婚や出産は基本的人権であり、契約をもってこれを制約することは許されない。

📝コメント
建物の所有権が他に帰属した場合に、賃貸借契約は終了する旨の特約は、「建物の賃貸借は、その登記がなくても、建物の引渡しがあったときは、その後その建物について物権を取得した者に対し、その効力を生ずる」とする借地借家法第31条第1項（旧借家法1条1項）に違反するとされている（判例）。

第4編　賃貸住宅の賃貸借に関する事項

参考
R4問24では、定期建物賃貸借において、貸主が死亡したときに賃貸借契約が終了する旨の特約は有効であるという記述が誤りの肢として出題されている。

コメント
振込みにより賃料を支払う場合の振込手数料を貸主負担とする旨の特約は有効（H30問15）

ワンポイント講座

借地借家法は、一方的強行規定です。
借地人、借家人に不利な特約は無効、不利なものでなければ有効です。

② 任意規定（任意法規）

法律の規定と異なる内容の取決めにつき、効力が肯定される（有効である）条文を、任意規定（任意法規）といいます。

賃借人が明渡し時に造作買取請求をしないという特約は有効です。

④ 意思の不存在・欠陥のある意思表示

心裡留保（民法93条）は、表意者が真意ではないことを知ってなした意思表示です。

原則は有効です。ただし、相手方が表意者の真意ではないことを知り、または知ることができたときは無効です。

虚偽表示（民法94条）は、表示者が相手方と通じてした虚偽の意思表示で、無効です。

錯誤（民法95条）は、内心の真実の意思と表示された意思が異なる場合で、取り消しができる場合があります。

詐欺・強迫による意思表示（民法96条1項）は、だまされ、または脅されたことによって行った意思表示で、取り消すことができます。

※無効（民法119条本文）　当然に効力を生ぜず、追認や時の経過によっても有効となりません。無効であることを知って追認をしたときは、新たな行為をしたものとみなされます（民法119条ただし書き）。

※取り消し得る行為　行為を一応は有効としながらも、取消権者が取消しの意思表示をした場合に、行為の時に遡って行為ははじめから無効とみなされます（民法121条）。

5 民法と特別法

① 民 法

　民法は、私人相互間の関係を規律する私法の一般法です。

　すべての私法の基本原則であって、特別法による修正が加えられていない条項については、民法の条文がそのまま適用になります。

② 借地借家法

1. 法律制定の目的と経緯

　借地借家法は、借地権者と建物の賃借人の保護を目的として、それまで3つに分かれていた土地利用に関する特別法がひとつにまとめられ、1992（平成4）年8月に施行された法律です。

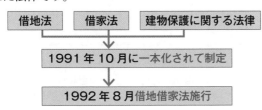

2. 法律の性格

　借地借家法は、土地の契約では建物所有目的の地上権と土地の賃借権、建物の契約では建物の賃貸借に適用されます。同法に定めがあれば同法が適用になり、同法に定めのない事項は、民法が適用になります。

　なお、使用貸借には借地借家法は適用されません。

借地借家法（特別法）による修正		
建物の賃貸借		修正あり
土地の賃貸借	建物所有目的	修正あり
	それ以外 例 駐車場	修正なし

出た! R2

🔼 発展

借地借家法や消費者契約法などは、民法との関係で特別法となる。私人間のルールについては、特別法に規定される事項は特別法が適用され、特別法に規定のない事項は一般法としての民法が適用になるという関係に立つ。

第4編 賃貸住宅の賃貸借に関する事項

6 契約締結上の過失

① 契約交渉の原則

契約交渉の両当事者は、交渉過程では、契約締結交渉をいつでも打ち切って契約の締結を拒むことが可能です。

② 契約成立への信頼保護

しかし、建物所有者と借受希望者による賃貸借契約の締結に向けた交渉が進み、交渉の相手方に契約が成立するであろうという強い信頼が生まれる段階に達した場合には、その信頼は法的保護に値します。

③ 契約締結上の過失

そのため、交渉破棄などにより信頼を裏切った者に、損害賠償義務を負わせるものとされています。損害は、信義則上、契約成立を信じて支出した費用です。

 注意
契約締結上の過失は損害賠償を発生させるもの。契約を成立させるものではない（H27問13）。
契約締結上の過失の法的性格は不法行為。契約責任（債務不履行）ではない。

損害賠償請求が認められた判例

例 賃貸人が、マンション内の賃貸物件で1年数か月前に居住者が自殺していた事実を知っていたのに賃借人に告げなかったケース（契約解除も認められた。大阪高裁平成26年9月18日判決）

---

2 契約の主体

1 個　人（自然人）

① 賃貸人の死亡

1. 契約の存続

賃貸人が死亡しても賃貸借は終了しません。相続人が賃貸人の地位を引き継ぎます。共同相続の場合は、複数の相続人が賃貸人の地位を相続により承継します。

2. 賃貸人が共同相続した場合の遺産分割前の賃料

相続開始から遺産分割までの間は、各共同相続人は相続分に応じ、賃料を分割して単独で確定的に取得します。後になされる遺産分割の影響を受けません（最高裁平成17年9月8日判決）。

3. 賃貸人が共同相続した場合（賃貸借の目的物が共有物

コメント
遺産分割後は、物件を取得した者が新賃貸人となり、賃料を取得する。

となる）の解除権行使

　過半数の共有持分を有する共有者が、解除権を行使することができます（最高裁昭和39年2月25日判決）。

② 賃借人の死亡

1. 契約の存続

　賃借人が死亡しても賃貸借は終了しません。相続人が賃借人の地位を引き継ぎます（賃借権の承継）。相続人が複数の場合には、賃借人となるのは相続人全員です。相続人が同居していなくても、賃借人の地位は相続されます。賃貸人が了承すれば、特定の相続人が賃借権を承継します。

2. 賃借人が共同相続した場合の賃料支払義務

　賃借人が共同相続人の場合、賃借人の支払うべき賃料は、不可分債務となります（大審院大正11年11月24日判決）。各々賃貸人に対して全額の支払債務を負います。

3. 居住用建物について賃借人が死亡した場合の居住者の保護

　居住用建物の賃借人が死亡したときに、事実上夫婦・養親子の関係にある者（＝内縁の配偶者など相続人ではない者）が建物に居住している場合には、実際に居住している者については、その居住は守られるべきです。そのために、法律上、相続人がいるときと、相続人がいないときのそれぞれについて、居住者の居住が守られる仕組みが組み立てられています。

【相続人がいるとき】

相続人が賃借人の地位を引き継ぎます。居住者（同居者）は、

●賃貸人からの立退（たちのき）請求 ➡ 相続人の承継した賃借権を援用（主張）
●相続人からの立退請求 ➡ 権利の濫用（らんよう）の主張

ができることによって居住が守られます。

【相続人がいないとき】

　本来、相続人がいなければ、相続財産は国庫に帰属します（民法959条）。しかし、居住者が賃借人の地位を承継する

注意
使用貸借は、賃借人の死亡によって終了する。
➡本編第8章使用貸借

コメント
相続人がいなくても賃借権は消滅しない（R3問24）。

発展
公営住宅は当然承継ではない。
終身建物賃貸借における賃借人の地位は相続されない。

コメント
遺産分割前に、賃借権を承継する者を特定することも多い（相続人全員の合意があれば、特定の相続人を承継人と決められる）。

コメント
対抗力のある賃借人が死亡し、相続によって相続人が賃借権を承継した場合、相続人は第三者に対して被相続人の有していた対抗力をそのまま引き継ぐ（R4問25）。

と定めました（借地借家法36条1項本文）。居住者は相続人ではありませんが、賃借人となりますので、居住が守られます。

居住者が、相続人なしに死亡したことを知った後1か月以内に反対の意思を表示すれば、賃借人の地位は承継されません。

【居住者の保護】

	立ち退きを求める者	保護の方策
相続人がいる	賃貸人	相続人の承継した賃借権を援用
	相続人（新賃借人）	権利の濫用を主張
相続人がいない	賃貸人	賃借人の地位を承継

出た！ H28

② 法　人

1. 商号の変更、代表者の変更

商号が変更したり、代表者が変更したりしても、会社の法人格の同一性に変更はなく、契約関係に影響を及ぼしません。

2. 会社組織の変更

合名会社が株式会社に組織変更する（図表のケース1）など、会社の組織変更が行われても、会社の法人格の同一性に変更はありません。したがって、会社の組織変更があった場合には、契約関係に影響を及ぼしません。

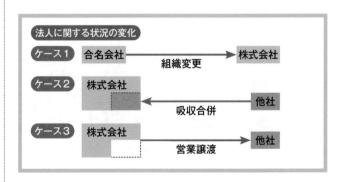

3. 個人事業から会社組織に改めた場合

　個人事業として行っていた営業を、会社組織に改めて営業を行うことを、「法人成り」といいます。

　法人成りの場合には当事者は別人格となり、個人が使用していた建物を会社が引き続き使用するならば、賃借権の譲渡となります（承諾がなければ解除事由となる。ただし、信頼関係が破壊されていないとして、解除が否定されることもある）。

4. 合併・営業譲渡

　合併とは、2つ以上の会社が契約によって1つの会社に統合されることです。合併が行われた場合の賃貸借契約への影響は次のとおりです。

　まず、賃借人である会社が他社を吸収合併した場合（図表のケース2）は、契約関係に影響しません。

　次に、賃借人である会社が他社に吸収され、または他社と合併して新たな会社を設立する場合（賃借人である会社は消滅）も、契約関係に影響しません（賃借権の譲渡には当たらず、解除は否定）。

> **理由** 存続会社または新設会社が消滅会社の権利義務を包括的に承継するから

　他方、事業譲渡（営業譲渡）（図表のケース3）が行われ、賃借人としての地位が、事業（営業）と一体で譲渡されて移転した場合には、賃借権の譲渡となります（承諾がなければ解除事由となる。しかし、信頼関係が破壊されていないとして、解除が否定されることもある）。

> **例** 営業内容が譲渡人（従前の賃借人）と同様であり、建物の使用状況が従前と異ならないなどの特段の事情がある場合には、信頼関係が破壊されないとして、解除が認められない可能性もある。

コメント
管理業者が吸収合併された場合、地位が承継される（H28問10）。

第4編　賃貸住宅の賃貸借に関する事項

❸ 特殊な賃貸借

出た! H27・28

参照
本編第4章

1 特別の類型

① 定期建物賃貸借契約

契約の更新がない賃貸借です。その効力は厳格な要件のもとに肯定されます。合意による更新もありません。

② 取壊し予定の建物の賃貸借契約の終了

法令または契約により一定の期間を経過した後に建物を取り壊すべきことが明らかな場合には、建物を取り壊すこととなる時に賃貸借が終了する旨を定めることができます。

建物を取り壊すべき事由を記載した書面が必要です。

> ポイント整理
> ### 📁 定期建物賃貸借と取壊し予定の建物の賃貸借の比較
>
> | 種　類 | 要件等 | 効　果 |
> |---|---|---|
> | 定期建物賃貸借 | ●あらかじめ、書面で更新がない旨を説明
●賃貸期間（1年未満も可）を確定し、書面で契約
●期間が1年以上なら、賃貸人に契約終了の通知義務あり | 確定期間経過により終了 |
> | 取壊し予定の建物の賃貸借 | ●将来、建物の取壊しが明らかであること
●取壊し時に賃貸借が終了する旨を、書面で契約 | 取壊し時に終了 |

③ 一時使用のための建物の賃貸借契約

自己使用住宅の建替えのときなどに仮移転先として短期間の住宅使用を目的とする場合など、一時使用のために建物の賃貸借をしたことが明らかな場合の賃貸借です。期間が1年未満でなければならないものではありません。更新されることもあります。

借地借家法(建物の賃貸借のルールを定めている第3章)は適用されません。

コメント
①②③のいずれについても、契約を終了する場合の正当事由は必要ない。

注意
①②は契約成立のために書面を要するが、③は書面によらなくても効力が生じる（H28問18）。

② 終 身建物賃貸借契約

① 概 要

根拠法	高齢者すまい法（高齢者の居住の安定確保に関する法律） 事業者が認可を受けていることが必要
意 味	高齢者が死亡するまで終身居住でき、高齢者が死亡した時に終了する賃貸借（賃借人は本人一代限り）
書面性	書面で行うことが必要（必ずしも公正証書である必要はない）
不増減額特約	増減請求権を行使しないという特約は、増額請求と減額請求のいずれも有効（高齢者すまい法63条）
対象となる賃貸住宅	バリアフリー化基準を満たしたもの
体験的な入居	賃借人の申し出により、終身建物賃貸借契約を結ぶ前に、1年以内の定期建物賃貸借契約による体験的な入居が可能

② 賃借人の資格

　賃借人は高齢者（60歳以上）であることが必要です。賃借人と同居できるのは、配偶者（60歳未満でもよい）または60歳以上の親族に限られます。

③ 契約の終了と再契約

1. 契約の終了

　賃借人である高齢者が死亡した時に契約が終了し、相続はされません。

2. 再契約（賃借人が死亡した場合の同居者の居住継続）

　賃借人が死亡した場合、同居していた配偶者または60歳以上の親族（同居配偶者等）が入居者の死亡を知った日から1か月を経過する日までの間に事業者に申し出た場合、賃貸人は、その同居配偶者等との間で従前の契約と同一の賃貸条件により、終身建物賃貸借契約を締結しなければなりません（高齢者すまい法62条）。

出た！ H27・28・30・R4

🚩 コメント

認可権者

認可を行うのは都道府県知事（都市再生機構または都道府県が事業者である場合には、国土交通大臣）である（高齢者すまい法52条）。

バリアフリー化基準

高齢者の身体機能に対応した、段差のない床構造、トイレ・浴室等への手すりの設置、幅の広い出入口や共用廊下など

⬆️ 発展

サービス供与の契約

介護や食事などはサービス供与の契約になる。

☕ 参考

入居一時金

終身建物賃貸借では、老人ホームのような入居一時金を受領してはならない。

🚩 コメント

賃借人となろうとする者から仮に入居する旨の申し出がなされたときには、終身建物賃貸借契約を締結する前に、その者を仮に入居させる定期建物賃貸借契約を締結するものとされている。

④ 解　約

1. 賃借人からの解約の申入れ

ア. 療養、老人ホームへの入所その他のやむを得ない事情により居住することが困難となったときや、親族と同居するため居住する必要がなくなったとき、賃借人からの解約申入れの1か月後に契約は終了します。

イ. ア以外に、解約の申入れの日から6か月以上先に解約日を設定することができ、解約の申入れが行われれば、その解約日をもって契約は終了します。

2. 賃貸人（事業者）からの解約の申入れ

建物の老朽化や、賃借人の長期間にわたる不在などの場合の申入れであり、都道府県知事（指定都市、中核市では市長）の承認を受けた場合に限られます。

発展

サ高住の登録制度

高齢者すまい法は、高齢者を支援するサービスを提供する「サービス付き高齢者向け住宅」の都道府県知事への登録制度を創設した（同法5条1項）。

支援措置

基準を満たして登録を行うと、各種の支援措置を受けることできます。住宅の建設・改修には国から建設費の$\frac{1}{10}$、改修費の$\frac{1}{3}$（いずれも国費の上限100万円／戸）の補助金を受けられます。一定の登録基準を満たせば所得税、法人税、固定資産税などについての軽減措置を受けることができます。

Column

出た！ H29

③ ＤＩＹ型賃貸借

ＤＩＹ型賃貸借は、賃借人が、自らの意向を反映して住宅を改修できることとする賃貸借契約です。国土交通省は、工事費用の負担者が誰かにかかわらず、賃借人の意向を反映して住宅の改修を行うことができる賃貸借契約やその物件を指すものと定義づけています。改修工事の費用は、賃借人が自ら負担する場合と、賃貸人が負担したうえで賃借人が住宅を使用する場合があります。

個人住宅の賃貸流通の促進を図るために、国土交通省が普及を図っています。ＤＩＹ型賃貸借には空き家対策という性格もあります。

参考

ＤＩＹは「Do It Yourself」の頭文字。「ＤＩＹ型賃貸借」は、国土交通省の造語

賃貸人のメリット	賃借人のメリット
① 住宅を現在の状態で賃貸でき、修繕の費用や手間がかからない ② 賃借人がDIY工事を行うため愛着が生まれ長期入居が見込まれる ③ 明渡し時に設備・内装等がグレードアップしている可能性もある	① 自分好みの改修ができ、持ち家感覚で居住できる ② DIY工事費用を負担する分、相場より安く借りられる ③ DIY工事部分について原状回復義務を負わないとする取決めもできる

コメント

ＤＩＹ型賃貸借には賃貸人の了解が必要であり、無断で改造ができるわけではない。賃貸人の了解があったときに可能になる。また、ＤＩＹ工事部分についても、原則的には原状回復の対象となるのであり、賃貸人の承諾があってはじめて、原状回復義務を負わないものとされる。

④ 倒産と賃貸借

① 法的倒産手続の種類

　法的倒産手続（裁判所が関与する倒産処理の手続き）には、以下の４つがあります。

ポイント整理
📁 法的倒産手続の種類
① 破産法による破産

② 会社法による特別清算

③ 民事再生法による民事再生

④ 会社更生法による会社更生

　①と②は清算型（企業を解体し財産を分配するタイプ）、③と④は再建型（企業の再建を図るタイプ）の手続きです。

② 破産手続

① 破産手続は、支払不能または債務超過にある場合に、財産関係を清算する手続きです。

　　破産手続には、

●個人は一定時点の債権債務から解放する

●法人は解体する

という特質があります。

コメント

債務超過が破産原因となるのは法人の場合に限る。

第4編　賃貸住宅の賃貸借に関する事項

② 破産手続は申立てによって手続きが開始します。申立
ては債務者自らが行うほか、債権者も行うことができま
す。

③ 破産手続では、破産管財人が選任され、破産財団の管
理処分権は破産管財人に属します。複数の破産管財人が
選任されることもあり、また、法人も破産管財人となる
ことができます。

④ 破産手続開始の決定により破産者は財産に関する管理
処分権を失い、破産者に属していた財産は破産財団を構
成します。

破産管財人は、破産財団に属する財産の換価、債権の
取立てを行い、債権者に公平な配当を行います。

⑤ 配当を完了して破産手続が終わると、法人は消滅し、
個人では、免責されれば債務弁済の責任を負わなくなり
ます。

コメント

破産者に換価するほどの
財産がないことがはじめ
から明らかな場合に、破
産手続開始の決定と同時
に破産手続を終えてしま
う同時廃止では、破産管
財人は選任されない。

参考

破産手続開始の決定前に
不正行為が行われていた
場合には、破産管財人は
否認権を行使する。

出た! R2

3 賃貸人の破産

① 行為の主体

破産手続が開始した後には、破産財団の管理処分権は破
産管財人に属します。そのために、破産管財人が賃料の請
求や収受、解除などを行い、また意思表示の相手方となり
ます。

② 寄託請求

敷金を預託している場合、賃借人は、破産管財人に対し、
敷金の額までの寄託を請求できます。

③ 双方とも債務未履行の場合の契約解除

双務契約では、当事者双方が債務を履行していない場合、
破産管財人は契約の解除または履行のいずれかを選択する
ことができます。しかし、賃貸人の破産では、建物が引き
渡されているなど、賃借人が対抗要件を備えていれば、賃
貸人の破産管財人は、賃貸借契約の解除を選択することは
できません。

コメント

寄託請求は、賃借人が賃
料の支払いは免れない一
方、預け入れた敷金は、
他の破産債権と同様の扱
いを受け、返還されなく
なることは公平ではない
ことから認められる仕組
みである。

4 賃借人の破産

① 行為の主体

　破産手続が開始した後には、破産管財人が賃料の支払義務を負い、解除の意思表示の相手方となります。

② 賃料債権等の扱い

　破産手続の中では、賃料債権等は、次のとおり取り扱われます。

出た! R2

> ア．破産手続開始の決定前に生じた賃料債権は、破産債権（ただし、動産先取特権が認められる範囲で、別除権として優先弁済が受けられる）
> イ．破産手続開始の決定後に履行期が到来する賃料債権は、財団債権
> ウ．電気料、水道料、ガス代は、破産手続開始の決定前のものでも、申立日に属する期間（月払いなら、月を単位とする期間）に対応するものは、財団債権

破産債権	破産手続の中で弁済を受けることのできる債権
財団債権	破産手続によらないで破産財団から随時弁済を受けることができる債権（破産債権に優先し、先に弁済を受けられる）

③ 双方とも債務未履行の場合の契約解除

　賃借人の破産では、賃借人の破産管財人は、解除を選択し、賃貸借を解除することができます。

　破産管財人がいずれを選択するか態度を示さない場合、賃貸人は、破産管財人に対し、相当の期間を定めて解除または履行のいずれを選択するか確答すべき旨を催告することができます。破産管財人が期間内に確答しないときは、賃貸借契約は解除されたものとみなされます。

　解除によって賃貸人が損害を被った場合、損害賠償請求権は破産債権となります（賃貸借契約が終了した後の賃料相当損害金は、財団債権）。

発展
前月末に当月分の賃料を支払うとの前払特約があれば、当月中に破産手続開始の申立てがなされたとしても、破産手続開始の決定後に対応する部分を含む当月分の賃料の全部が破産債権となる。
理由 破産手続開始の決定の時点で履行期が到来しているから

コメント
賃借人に破産手続開始の決定があっても、そのことが当然に解除原因になるものではない。しかし、賃借人の破産管財人には、賃貸借を解除する権限がある。

④ 原状回復費用の償還請求権

破産手続開始前に契約が解除されていれば、原状回復費用の償還請求権は破産債権となります。

破産手続開始後に、破産管財人が賃貸借契約を解除し、破産管財人が原状回復を行わなかった場合の、賃貸人から破産管財人への原状回復費用の償還請求権は財団債権となります（東京地裁平成20年8月18日判決）（破産債権という見解もある）。

⑤ 免責

個人の破産手続に関しては、経済的な再出発を図る仕組みとして、免責があります。免責とは、裁判所が免責許可を決定することによって、破産をした個人が破産債権について責任を免れる制度です。破産手続開始後に賃料不払いによって契約が解除された場合、破産手続開始の決定までの賃料だけでなく、破産手続開始の決定後の賃料と解除後の使用損害金も免責されます（破産法97条2号、99条1項1号、253条）。

第2章

当事者の義務

●賃貸人には、建物を使用させる義務、修繕する義務がある
●賃貸人には、必要費償還、有益費償還、造作買取の義務がある
●賃借人には、保管、用法遵守、禁止行為などの義務がある

1 賃貸人の義務

① 使用収益させる義務

建物の賃貸人には、賃借人に対して建物を使用させる義務があります。居住に支障があれば、その支障は賃貸人が除去しなければなりません。

① 賃借人に使用させること

マンション、アパートでは、賃貸人には共用部分を使用させる義務があります。

② 使用させることの範囲

賃借人に対して建物を使用させる義務があるといっても、賃借人が希望する使用目的をすべて可能にしなければならないのではありません。賃貸人としては、目的物が現有する性状に基づく機能を発揮できる状況を作出すれば、賃貸人の義務を果たしたことになります。

② 修繕義務

① 修繕義務の内容

賃貸人は、賃貸物件の使用および収益に必要な修繕義務を負います。修繕義務は、使用収益をさせる義務の当然の帰結です。破損等が天変地異等、不可抗力により生じた場合も修繕義務を負います。

 コメント

他人の建物を目的物とする賃貸借も有効である（例 サブリース契約）。賃貸人は、建物が他人の物であっても、賃借人に対して、これを使用させる義務を負う。

発展
共用部分
廊下やエレベーターなど賃貸住戸の使用と密接な関係にある部分

出た! H27・28・29・30・R2・3

修繕の対象は、入居後に生じたものに限りません。入居前から生じていても修繕義務があります。居室の使用に必要な共用部分があるときは、共用部分についても修繕義務が生じます。

Column

② 修繕義務を負わない場合

> ア．賃借人の責任によって修繕が必要になったとき
> イ．修繕が不可能な場合

　物理的に不可能な場合のみではなく、経済的に不可能な場合（修繕のために過大な費用がかかる場合）も、修繕が不可能な場合に含まれます。

　目的物に破損等が生じても、使用収益を妨げるものでなければ修繕義務はありません。

③ 修繕義務に関する特約

　賃貸人が修繕義務を負わないという特約は有効です。

④ 修繕義務違反の効果

　賃貸人に修繕義務がありながら、賃貸人が修繕義務を履行しない場合には、賃借人は、次のアまたはイによって対処することができます。

> ア．裁判所への強制履行請求
> イ．損害賠償請求

③ 必要費

① 概　要

1. 意味と支払時期

　必要費とは、目的物を使用に適する状態にしておくための費用です。賃借人が支出した場合、直ちに賃貸人に支払いを請求できます（必要費償還請求）。

📝コメント

修繕義務の不履行によって、カラオケ店舗が浸水して営業ができなくなった場合、営業利益喪失分を損害賠償請求することができるが、賃借人が損害を回避または減少させる措置を執ることができたと解される時期以降における営業利益相当額は賃貸人に請求することはできない（判例）。

出た！ H27・28・29・30・R1・3・4・5

---

2. 特　約

必要費償還義務を負わないとする特約は有効です（必要費償還の規定は任意規定）。

> **理由** 必要費を負わないとする特約は、賃貸人の修繕義務を免除する特約と、同じ意味をもつ

② 明渡しを拒む権利

賃貸人が必要費を支払わない場合、賃貸借が終了し、明渡しを求められても、賃借人は建物の明渡しを拒むことができます。**理由** 留置権または同時履行の抗弁権

> **例** 雨漏りを修繕したが、賃貸人が修理費用を支払わないときの明渡し拒絶

【必要費と有益費】

	必要費	有益費
支払時期	賃借人が支出したとき直ちに	契約が終了したとき
請求額	賃借人の支出額	支出した費用または、目的物の価値の増加額のうちの賃貸人が選択した額（いずれか低いほうの額）
留置権または同時履行の抗弁権	行使できる	行使できる。ただし、裁判所が期限を許与したときは、行使できない
裁判所による期限の猶予	なし	あり

4 有益費（ゆうえきひ）

① 概　要

1. 意味、支払時期

有益費とは、目的物の改良のために支出した費用です。

> **例** 汲取り式トイレの水洗化、建物の前面通路のコンクリート工事

賃借人が有益費を支出した場合、契約終了時に目的物の価値の増加が現存していれば、支出した費用、または目的物の価値の増加額（客観的な価値の増加を要する）のうち

コメント
直ちに請求できる理由
必要費は、本来賃貸人が支払うべきものを、賃借人が代わりに支払ったものだから。必要費として請求できる金額は、有益費の償還とは異なり、目的物の価格の増加が現存している範囲に限られない（H29問17）。

コメント
賃貸人が明渡しを拒んで建物を使用したときは、賃料相当額（賃料相当損害金）を支払わなければならない。

注意
契約が終了したときに目的物の価値の増加分がなければ、有益費を請求することはできない。

注意
使用貸借では必要費は借主負担（R4問28）。

出た! R1・3

発展

分離可能かどうかは、物理的な可能性に加え、分離に過分の費用を要するかどうかも基準となる。

発展

有益費については、裁判所が、賃貸人の費用の支払いについて期限を猶予した場合、賃借人は明渡しを拒むことはできない（必要費については、裁判所の期限猶予はない）。

発展

賃借人が支出した費用の償還は、賃貸人が返還を受けた時から1年以内に請求しなければならない（民法622条、600条1項）。

出た! H27・28・30・R1・3・5

の賃貸人が選択した額（いずれか低いほうの額）を、賃貸人に対して請求できます（有益費償還請求。請求することができる時期は、契約終了時）。

改良部分が建物と分離不可で構成部分となった場合に、有益費となります。建物に建具を取り付けるなど、分離が可能な物の場合には有益費ではありません（造作となる）。

2. 特　約

有益費償還義務を負わないとする特約は有効です（有益費償還の規定は任意規定）。

② 明渡しを拒む権利

賃貸人が有益費を支払わない場合、賃貸借が終了し、明渡しを求められても、賃借人は建物の明渡しを拒むことができます。**理由** 留置権または同時履行の抗弁権

賃借人が明渡しを拒んで建物を使用したときは、賃料相当額（賃料相当損害金）を支払わなければなりません。

【有益費と造作】

	有益費	造　作
建物との関係	建物の構成部分になっているもの（分離不可）	建物の構成部分になっていない、建物とは別の物（分離可能）
留置権行使等の対象	建物の明渡しを拒絶することができる	造作の引渡しを拒絶することができる。建物の明渡しを拒絶することはできない

5 造作買取請求 （ぞうさくかいとりせいきゅう）

① 造作の意味

造作とは、建物に付加された物、または賃貸人から買い受けた物であって、賃借人の所有に属し、かつ、建物の使用に客観的便宜を与える物です。**例** 住宅の畳、建具

造作は、建物の構成部分になっておらず、建物とは別の物（有益費と異なる）です。賃貸人に無断で取り付けた物は、買取請求をすることができる造作には含まれません。

② 買取請求の意義

　賃借人が賃貸人の同意を得て付加した造作（および賃貸人から買い受けた造作）は、契約終了時に、賃借人の請求によって、賃貸人が買い取ることになります（造作買取請求）。

> 　賃借人が買取りを請求すれば、賃貸人が買受けを承諾しなくても、売買契約が成立します（形成権）。
>
> 要点

③ 買取請求の効果

　賃借人の買取請求によって造作の売買契約が成立したときには、賃借人には造作を引き渡す義務、賃貸人には買取代金を支払う義務が生じます。これらの義務は、同時履行の関係となり（または留置権を行使することにより）、代金が支払われるまで、造作を引き渡さないことができます（建物の引渡しを拒絶することはできない）。

④ 特　約

　造作買取請求権を放棄する特約は有効です（造作買取請求の規定は任意規定）。

⑤ 転借人からの造作買取請求

　適法な転貸借が行われている場合には、転借人が賃貸人（原賃貸人）の承諾を得て建物に付加した造作あるいは賃貸人（原賃貸人）から買い受けた造作については、転借人から賃貸人（原賃貸人）に対して直接造作の買取りを請求することもできます。

⑥ 修繕権限

　賃借物の修繕が必要で、かつ、次の①または②の場合は、賃借人は、その修繕をすることができます（民法607条の2）。

> ① 賃借人が賃貸人に修繕が必要である旨を通知し、または賃貸人がその旨を知ったにもかかわらず、賃貸人が相当の期間内に必要な修繕をしないとき
>
> ② 急迫の事情があるとき

📝 コメント
造作買取請求ができるのは、建物の賃貸借が期間の満了または解約の申入れによって終了したとき。民法上、意思表示の効果は意思表示が到達した時に生じるから、売買契約は造作買取請求の意思表示が賃貸人に到達した時に成立する。

❗注意
売買代金は、造作の時価

📝 コメント
建物共用部内の下水管が破損し賃貸住宅の寝室に漏水が発生したときに、賃貸人が長期海外旅行中で連絡が取れなければ、賃借人は自ら修繕を行うことができる（R5問23肢1）。

❷ 賃借人の義務

出た! H28・29・R1・2・4

コメント

失火責任法は、失火による不法行為責任を、故意重過失のある場合に限定している（軽過失の場合には、責任を負わない）（R4問48）。しかし、失火の責任であっても、債務不履行責任については、故意重過失に限られず、軽過失の場合にも賃借人は責任を負う（H28問19）。

発展

契約の本旨に反する使用収益（保管義務違反、用法遵守義務違反）によって生じた損害の賠償は、賃貸人が返還を受けた時から1年以内に請求しなければならない（民法622条、600条1項）。

発展

保管・用法遵守義務違反による賃貸人の賃借人に対する損害賠償請求は、賃貸人が返還を受けてから1年を経過するまでは、時効は完成しない（民法622条、600条2項）。

1 保管、用法遵守、禁止行為

① 保管義務

債権の目的が特定物の引渡しである場合、債務者は、その引渡しをするまで善良な管理者の注意をもって、その物を保管しなければなりません（善管注意義務）。

賃借人も建物の保管義務を負います。

> **例** 賃借人が失火により賃貸建物を滅失させた場合、保管義務違反による債務不履行責任を負う。

また、転借人についても、賃貸人との関係において賃借人の履行補助者と考えられていることから、転借人に故意過失があった場合には、賃借人が責任を負うことになります。

② 用法遵守

賃借人は契約または目的物の性質によって定まった用法に従って、使用収益しなければなりません。

> **例 解除が認められたケース**
> 区分所有建物において、専有部分の賃借人が住居専用部分を事務所として使用（東京地裁八王子支部平成5年7月9日判決）

賃貸借契約を解除するには、信頼関係が破壊されていることを要します。

③ 建物の増改築

建物の増改築は、賃借人が当然にすることができる行為ではありません。なぜなら、建物を変形させる行為だからです。保管義務違反、用法遵守義務違反という性格もあります。

増改築は、賃貸人の承諾があって、初めて可能になりますが、一般に、禁止行為として明示されています。

④ 危険・迷惑行為

危険・迷惑行為には、保管義務違反、用法遵守義務違反という性格もあります。一般に、禁止行為として明示されて

います。

ポイント整理
📁 危険・迷惑行為により解除が認められたケース

【東京地裁平成 10 年 6 月 26 日判決】

　大量のゴミの放置に関して、賃貸人からの再三の注意を受けていたにもかかわらず、事態を改善することなく 2 年以上の長期にわたって、社会常識の範囲をはるかに超える著しく多量のゴミを放置していた。

【東京地裁昭和 62 年 3 月 2 日判決】

　ペット飼育禁止の定めはなかったが、建物を汚し、損傷し、近隣に損害・迷惑をかけるなど、通常許容される範囲を超えてペットを飼育した。

---

② 修繕に関する賃借人の義務

① 通知義務

　賃借人は修繕が必要なときは、遅滞なく、賃貸人に通知をしなければなりません（通知義務）。賃貸人がすでにこれを知っている場合は、通知は不要です。

　通知義務は、賃貸人に権利保全の機会を与えるためです。賃借人の保管義務（善管注意義務）に根拠があります。

② 受忍義務

　賃貸人が賃貸物の保存に必要な行為をしようとするときは、賃借人にはこれに協力する義務（受忍義務）があります。一時的な明渡しにも応じなければなりません。

　受忍義務違反は、賃貸人から賃借人への契約解除の理由ともなります（立入りの求めに応じなかった場合など）。

> 例 必要な修繕の前提として保守点検のために立ち入ろうとした際に、賃借人が立入りを拒否した場合には解除できる（横浜地裁昭和 33 年 11 月 27 日判決）。

📝 **コメント**

賃貸不動産経営管理士は、賃貸物件の入居希望者から、騒音や振動に関して紛争を起こしたことのある入居者がいるかと質問を受けた場合には、そのような入居者がいることを入居希望者に説明する必要がある（R 2 問 4）。

出た! H27・28・R1・2

👆 **発展**

賃貸借の目的物について権利を主張する者がある場合にも、通知が必要。賃貸人がすでに知っているときは通知は不要

📝 **コメント**

賃貸人が賃借人の意思に反して保存行為をしようとする場合、賃借人が賃貸借の目的を達成することができなければ、賃借人は賃貸借契約を解除できる。

【賃貸住宅標準契約書における受忍義務の規定】

> **第9条2項** 甲（賃貸人）が修繕を行う場合には、甲は、あらかじめ、その旨を乙（賃借人）に通知しなければならない。この場合において、乙は、正当な理由がある場合を除き、当該修繕の実施を拒否することはできない。

③ 賃借権の譲渡と転貸の禁止

① 賃借人は、賃借権の譲渡、転貸を無断でしてはならない

賃借人は賃貸人の承諾なく、賃借権の譲渡、転貸をしてはなりません。

出た! H29

コメント
無断譲渡・転貸の禁止が契約書に定められていなくても、賃借人は無断譲渡・転貸をしてはならない義務を負う（民法612条1項）。

> ● 譲渡：従前の賃借人は、賃貸借から離脱する
> ● 転貸：従前の賃借人の地位は残る。第三者が別に独立の占有を取得する。配偶者や子どもの居住は、占有が独立ではないから転貸ではない

【賃貸住宅標準契約書による賃借権譲渡・転貸の禁止の規定】

> **第8条1項** 乙は、甲の書面による承諾を得ることなく、本物件の全部又は一部につき、賃借権を譲渡し、又は転貸してはならない。

② 賃貸人の承諾があれば、賃借権を譲渡、転貸できる。賃貸人は承諾するかどうかを自由に判断できる

民法上は、賃貸人の承諾には書面を要しません。これに対して、賃貸住宅標準契約書第8条1項は、賃貸人の承諾に書面を必要としています。

第3章 期間・更新・契約終了

重要度ランク **A**

攻略ポイント

- ●民法と借地借家法での契約期間の限定
- ●民法上の賃貸借の期間の上限は50年
- ●契約期間の満了、解約申入れ、契約解除

① 契約期間および更新

1 契約期間

賃貸借契約には、期間の定めを設けるのが一般的です。しかし、期間を定めなくても賃貸借契約は有効です。

※定期建物賃貸借では、期間の定めは必須

※期間の定めがない契約は、県営住宅など公的借家にみられる。

出た! H30・R1・2・4・5

📝 コメント
駐車場としての使用を目的とする土地の賃貸借には、借地借家法の適用はなく、民法が適用されるから、期間は50年が上限になる。

民法上の賃貸借		50年が上限。これより長い期間を定めても、50年に短縮される。下限はなし
建物の賃貸借 （借地借家法）	普通建物賃貸借	上限はなし。 下限は1年。1年未満の定めは、期間の定めがないとみなされる
	定期建物賃貸借	上限はなし。 下限もなし。1年未満の定めも有効

民法 有効
50年以上と定めても
50年に短縮される
50年

借地借家法
借地 借地権は30年
30年以上の定めは可能
1年 30年

建物の賃貸借
普通借家：1年未満は期間の
　　　　　定めがない契約
定期借家：1年未満も有効
上限はない（50年を超える定めも可能）

② 更 新

① 意 義

1. 更 新

更新とは、期間満了に際し、契約の終期を後の時点に変更し、期間満了後も引き続き契約を存続させることです。

更新の前後で契約の同一性が維持されます。一時使用目的賃貸借（借地借家法40条）も更新されることがあります。

2. 更新は期間の定めがあることが前提

期間の定めがない契約では、更新はありません。法定更新されると、期間の定めがない賃貸借になりますので、更新はなくなります。

参照
更新後の債務が保証されるか？➡本編第7章⑤
更新後の賃借人の債務
（H29問15）

3. 合意による場合（合意更新）と法律の規定による場合（法定更新）がある

合意更新	契約の終期変更を合意し、期間満了後も契約を存続させること。合意更新を行う時期に制限はない
法定更新	法律の規定によって同一の契約が引き続き存続する場合の更新。合意がなく、更新となるケース

4. 定期建物賃貸借

定期建物賃貸借では、更新はありません。

② 法定更新

1. 法定更新の意味

コメント
条件を変更しなければ更新をしない旨の通知も、「更新しない旨の通知」となる。

建物賃貸借について期間の定めがある場合は、期間満了の1年前から6か月前までの間（通知期間）に、相手方に対し更新しない旨の通知をしなければ、従前の契約と同一の条件で契約を更新したものとみなされます。これを法定更新といいます。

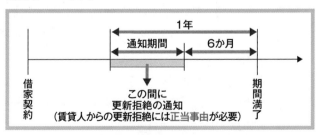

　更新拒絶の通知は、賃貸人・賃借人のいずれも、１年前から６か月前までの間にしなければなりません。「期間満了の１か月前までに通知すること」というように、この期間を短縮する特約は、賃借人からの通知については有効ですが、賃貸人からの通知については無効となります。

　なお、賃借人から更新拒絶の通知をするのに正当事由は不要ですが、賃貸人から更新しない旨の通知をするには、正当事由が必要です。

> 　賃貸人が更新拒絶の通知をしても、賃借人が期間満了後に建物の使用を継続している場合は、賃貸人が遅滞なく異議を述べない限り、やはり更新したものとみなされます。

2. 更新後の契約内容

　法定更新されると、期間の定めがない契約となります。期間を除けば、契約の同一性は維持されます。賃貸条件（家賃、使用目的等）は、従前の契約と同一です。

③ 合意更新

1. 特別の手続き（通知期間内の通知など）は不要

　合意をする時期に制約はありません。合意更新に際し、あらためて契約書等を作成する義務もありません。当事者間で協議し、契約条件を定めて合意をすることができます。

2. 合意更新後の契約内容

　合意更新されれば、従前の契約関係が継続しますが、契約内容を従前とは異なるものとする合意も可能です。

3. 自動更新の定め

　賃貸借契約書に、「当事者から更新しないという申出がない場合には、自動的に更新される」という定めが設けられることがあります。このような定めがあり、当事者からの申出がなかったことから更新になった場合には、法定更新ではなく、合意更新となります。

🔑 **重要**
更新拒絶の正当事由の判断は、当事者が建物の使用を必要とする事情（主たる要素）、賃貸借に関する従前の経過、建物の利用状況、建物の現況、立退料の給付の申出（従たる要素）等を考慮して、総合的に行う。

🔍 **参照**
正当事由 ➡ 本章❷1
②正当事由の有無の判断の仕方

❗ **注意**
転借人の使用継続は、賃借人の使用継続とみなされる。

第4編 賃貸住宅の賃貸借に関する事項

出た! H27・R1

出た! H27・29・R4

参照
本章❷⑦借地借家法の
適用がない賃貸借の終了、
本編第1章❶⑤民法と
特別法

④ 借地借家法の適用がない場合の更新等

　借地借家法が適用されるのは、建物の賃貸借および建物所有目的の土地の賃貸借です（居住を目的としない賃貸借にも借地借家法は適用される）。これら以外を対象とする賃貸借には、借地借家法は適用されず、民法が適用されます。

> 例 平面駐車場（土地上のスペースにそのまま駐車するもの）、立体駐車場（建物にあたらないもの）などの場合は、借地借家法の適用対象ではない。

【借地借家法の適用がなければ】

1. 期間の定めがない契約の場合

　土地の賃貸借（建物所有を目的としないもの）は、1年前に申入れをすることにより、解約できます。

2. 期間の定めがある契約の場合

　契約期間満了により契約は終了します。ただし、賃借人がそのまま利用を続け、それに対し、賃貸人がそのことを知っていたにもかかわらず直ちに異議を述べなかったときは、期間の定めがなく、従前と同一の契約条件により契約が更新されたものと推定されます（民法619条）。

3. 賃貸人からの更新拒絶

　賃貸人から契約を終了させる（更新拒絶など）ために、正当事由は必要ありません。

4. 契約を終了させる手順

　契約を終了させる手順を、当事者間の合意により、民法や借地借家法の定めとは異なる手順に定めることができます。

コメント
建物の賃貸借は、すべてに借地借家法の適用がある。

コメント
建物の使用貸借は、期間が定められていれば期間の満了によって契約は終了し、法定更新することはない（R4問28）。

❷ 賃貸借契約の終了

出た! H27・29・30・R1・3

① 契約期間の満了

① 更新拒絶等の通知

1. 当然には契約は終了しないこと

　建物賃貸借（普通建物賃貸借）は、契約期間が満了して

も当然には終了しません。期間満了によって契約を終了させるには、更新拒絶等の通知が必要です。賃貸人から終了させるにも、賃借人から終了させるにも、両方とも通知が必要です。

2. 賃貸人からの通知

> ア．通知期間における更新拒絶等の通知 ＋ 正当事由
>
> イ．期間満了後に賃借人が使用していれば、異議を述べること

が必要です。どちらかが否定されれば法定更新となり、契約は終了しません。

> 　期間満了後に使用が継続され、これに対して賃貸人が遅滞なく異議を述べないときは、契約は更新されたものとみなされます（借地借家法26条2項）。
> 　転貸借が行われている場合、建物の転借人がする建物の使用継続は、賃借人がする建物の使用継続とみなされ、転借人の使用継続に賃貸人が遅滞なく異議を述べなかったときも法定更新されます（同条3項）。

3. 賃借人からの通知

　賃借人からの通知には正当事由は不要です。更新拒絶の通知をして、必要な期間が経過すれば契約は終了します。

4. 更新拒絶に関する特約

　更新拒絶に関する特約は、賃借人に不利なものは無効です。逆に、賃借人に有利なものは有効になります。

例　賃借人からの通知を不要としたり、通知期間を短くする特約
　　➡無効

　　賃借人からの通知を不要としたり、通知期間を短くする特約
　　➡有効

② 正当事由の有無の判断の仕方

1. 主たる要因

　正当事由の有無については、賃貸人の必要性と賃借人の必要性の比較が基本的な判断基準です。

重要

民法のルールでは、契約期間を定めていれば、期間の満了により契約は当然に終了する。契約期間を定めていなければ、予告期間を置いた解約の申入れ（土地は1年、建物は3か月）によって、契約は終了する。借地借家法はこの民法のルールを修正している。

コメント

民法のルールでは、期間満了後、賃借人が使用を継続し、賃貸人がこれを知りながら異議を述べないときは、従前の賃貸借と同一の条件で更に賃貸借をしたものと推定される（民法619条1項本文。民法上の法定更新）。

コメント

正当事由は、契約期間の定めがない場合の解約申入れ（借地借家法27条、28条）および期間内解約条項に基づく解約申入れによる契約終了にも適用される（判例）。

コメント

必要な期間について、建物賃貸借では3か月になる（民法617条1項2号、618条）。

コメント

不動産の利用契約の終了に正当事由が必要なのは、借地借家法の適用がある契約である。使用貸借については、借地借家法の適用はなく、定められた契約期間が満了すれば正当事由がなくても、契約は終了する（R1問15）。

!注意

賃貸人が建物の使用を必要としている事情のひとつとして、建物の老朽化により大規模な修繕や建替えが必要となっていることがある。

コメント

賃貸人が転貸を承諾している場合には、賃貸人の更新拒絶における正当事由の判断には、転借人の事情が考慮される（H27問10）。

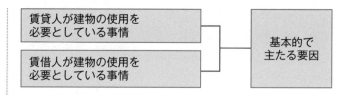

2. 従たる要因

基本的要因の比較では判断ができないときに、判断に副次的要因を加えて判断されます。

【正当事由の有無を判断するための要因】

賃貸借に関する従前の経過	契約締結とその後の経緯や権利金等の支払いの有無、金額、契約上の義務の履行など
建物の利用状況	賃借人の利用状況、用法違反はないかなど
建物の現況	建物の老朽化により大規模な修繕あるいは建替えが必要になっていることや、建物の敷地を利用する権利の喪失によって建物の利用が困難になるなど

コメント

正当事由を認めるためのほかの要因がないのに、立退料だけで正当事由が認められることはない（H27問21）。

3. 立退料は補充的な要因

ほかの要因で正当事由がある程度認められるが、一部不足しているときに、立退料の支払いを加えることによって、正当事由が認められます。立退料は金銭以外の場合もあります。

③ 正当事由を具備すべき期間

正当事由は、更新拒絶等の通知および解約申入れのときに存在し、かつ、その後6か月間持続していなければなりません（最高裁昭和28年1月30日判決）（図表①）。

ただし、通知時点では正当事由が存在しなくとも、通知

後に事情が変わって正当事由が具備され、その状態が事情変更時点から6か月間持続した場合も、解約の効果は生じます（最高裁昭和41年11月10日判決）（図表②）。

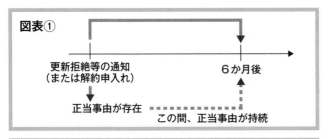

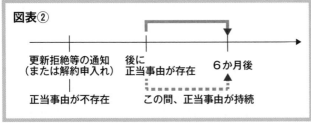

② 解約申入れ

出た! H29・30・R1・2

① 期間の定めがない賃貸借の解約申入れ

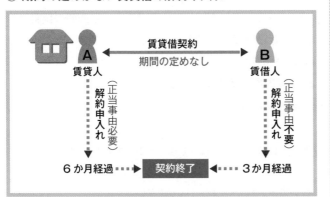

　期間の定めがない賃貸借においては、賃貸人と賃借人のいずれからも、解約申入れができます。

第4編　賃貸住宅の賃貸借に関する事項

賃貸人からの申入れ	➡ 6か月経過で契約終了（借地借家法27条1項）。正当事由が必要
賃借人からの申入れ	➡ 3か月経過で契約終了（民法617条1項2号）。正当事由は不要

② 期間の定めがある賃貸借の解約申入れ

1. 期間内解約条項がある場合

コメント

賃借人に中途解約を認める特約は、定期建物賃貸借契約でも普通建物賃貸借契約でも有効（R1問13）

期間の定めあり

＋

期間内に解約申入れできるとの特約（中途解約特約）がある場合

⬇

賃借人が解約できるとする特約は有効

　予告期間の定めがなければ、賃借人からの申入れから3か月経過で契約は終了します（民法618条・617条1項2号）。

　予告期間をこれと異なる期間とする特約は有効です。

➡ 賃貸人が解約できるとする特約の有効性については争いがある。仮に有効であるとしても正当事由が必要

　解約予告期間が不足している場合、不足期間の賃料に対応する金銭の支払いによって、中途解約できるという取決めも一般的です。

2. 期間内解約条項がない場合

コメント

期間内解約を禁止する条項があれば、期間内解約はできない（期間内解約を禁止する条項は期間内解約ができないことを確認するための規定）。

期間の定めあり

＋

期間内に解約の申入れができるとの特約がない場合

⬇

解約の申入れを行うことはできない

　賃貸人も賃借人も、いずれからも解約の申入れはできません。

3 契約解除（解除事由）

出た! H27・28・29・30・R2・5

① 信頼関係の破壊

　賃借人の債務が履行されない場合、相当の期間を定めた催告をして期間内に履行がなければ、賃貸人は契約を解除できます（民法541条）。

　ただし、賃貸借では、解除ができるのは信頼関係が破壊されているときです。なぜなら、賃貸借は継続的な契約関係であって、信頼関係に基礎をおいており、賃借人の生活や営業の基盤だからです。

② 賃料不払い

1. 解除原因

　賃借人の賃料不払いは解除原因になります。

　ただし、賃料が支払われない場合でも、賃貸人と賃借人の間の信頼関係を破壊しない事情があると判断されるときは、解除は否定されます。

> 　どの程度の不履行があれば信頼関係が破壊されたといえるかは、事案ごとに判断されます。
> 　賃料不払いの程度・金額、不払いに至った経緯、契約締結時の事情、過去の賃料支払状況等、催告の有無・内容、催告後あるいは解除の意思表示後の賃借人の対応等が、総合的に斟酌されます。

コメント
不払額が何か月分の賃料に相当するかということも、判断要素のひとつ

コメント
１か月分でも滞納すれば無催告で解除できるという特約は、「解除するに当たり催告をしなくてもあながち不合理ではないという事情が存する場合」に限って有効（判例）

2. 家賃債務保証業者の賃料支払い

　賃借人が賃料を支払っていない場合、家賃債務保証業者が賃料を支払っていても解除が認められます（最高裁平成26年6月26日判決）。賃貸人と賃借人の間の信頼関係は、すでに破壊されていると考えられるためです。

③ 用途・用法義務違反

　賃借人は、契約に定められた使用目的（用途）と使用方法（用法）に従って、建物を使用しなければなりません。用途違反・用法違反は解除原因となります。

　なお、信頼関係が破壊されていなければ解除できません。

信頼関係が破壊されているかどうかの判断には、使用の態様、賃貸人の被る損失や建物の損壊の程度、他の賃借人や近隣への迷惑などが考慮されます。

> 例 建物を暴力団事務所として利用すること
> ➡ 使用目的（用途）違反、解除事由となる。
> ほかに、無断増改築や長期不在、ペット禁止の特約に違反した飼育、大量のゴミの放置なども解除事由になる。

④ 賃借権の無断譲渡・無断転貸

賃借人は、賃貸人の承諾なく、賃借権を譲渡し、あるいは転貸してはなりません。無断で賃借権の譲渡・転貸をして、第三者に使用させた場合、解除原因となります。

なお、用途・用法義務違反などと同じく、信頼関係が破壊されていなければ解除できません。

4 契約解除（解除の方法と効果）

① 解除の意思表示

1. 解除は意思表示

解除は意思表示です。意思表示は相手方に到達した時点で効力が生じるので、解除も、解除の意思表示が相手方に到達した時に、その効力が生じます。

相手方が正当な理由なく意思表示の通知が到達することを妨げたときは、その通知は、通常到達すべきであった時に到達したものとみなされます（民法97条2項）。

解除は口頭で行うことも可能です。ただし、一般的には文書で行われます。多くは配達証明付内容証明郵便によります。解除は撤回することができません。

🖉コメント
賃貸借契約にペット飼育禁止の定めがなくても、許容範囲を超えるペットの飼育があると、解除が認められる（H28問19、H29問18）。

出た! H27・29・30・R1・2・5

❗注意
意思表示は、表意者が通知を発した後に死亡し、意思能力を喪失し、または行為能力の制限を受けたときであっても、そのためにその効力を妨げられない（民法97条3項）。

🆙発展
一方的意思表示により法律関係の変動を生じさせることのできる権利を形成権という。解除権は形成権である。

内容証明郵便

　内容証明郵便は、いつ、いかなる内容の郵便物を、誰が誰に宛てて差し出したかを郵便局（日本郵便株式会社）が証明する制度です。謄本は郵便局に5年間保管されます。

　インターネットを通じた申込みによって送付を行う電子内容証明の制度もあります。24時間受け付けています。

　内容証明郵便は、相手方への到達の有無と到達時期の証明にはなりません。そのため、実務では、配達証明と併用して利用するのが通例となっています。

　また、内容証明郵便を利用しても、文書の内容の真実性が証明されるものではありません。

Column

2. 相手方不在の場合の到達

　不在により書留内容証明郵便が返還された場合であっても、留置期間の満了により意思表示の到達を認めた裁判例があります（東京地裁平成5年5月21日判決）。

3. 賃貸人が共同相続した場合（賃貸借の目的物が共有物となる場合）の解除権行使

　過半数の共有持分を有する共有者は解除権を行使することができます（最高裁昭和39年2月25日判決）。その理由は、共有物の管理に関する事項は共有持分の価格に従い、その過半数で決すると定められており（民法252条1項本文）、賃貸借契約の解除に関する事項は共有物の管理に関する事項にあたるからです（最高裁昭和47年2月18日判決）。

　したがって、建物を共同相続することによって賃貸人が複数となった場合には、共有持分の価格の過半数を有する者が解除権を行使することができることになります。

② 催告

1. 催告の必要性

　解除の意思表示をするには、催告が必要です。解除するために催告を要するのは、債務者に債務不履行状態を是正する機会を与えるためです。ただし、是正の機会を与える

📝コメント

賃借人が死亡し、複数の相続人が共同相続した場合には、賃料不払いによって賃貸人が解除をしようとするときには、複数の賃借人の全員に対して解除の意思表示をしなければならない（民法544条1項）。（R1問14）

📝コメント

催告は、法律上は書面ではなく、口頭で行ってもよい。

必要がないほど義務違反が重大であって、賃貸借の継続が困難な状況であるならば、例外的に、催告せずに解除が可能です。

極めて長期にわたり賃料が不払いとなっていれば、催告をせずに解除ができます（最高裁昭和42年３月30日判決）。

2. 無催告解除の特約

賃借人に債務不履行があったときに、催告をしなくても解除をすることができるという特約（無催告解除の特約）は、無効ではありませんが、次の判例のとおり、限定された範囲で有効とされます。

【最高裁昭和43年11月21日判決】

１か月滞納すれば、賃貸人が催告を経ずに賃貸借契約を解除できる旨の特約

催告をしなくてもあながち不合理ではないという事情が存する場合には、無催告で解除権を行使することが許される旨を定めた約定であると解するのが相当である。

3. 停止条件付きの契約解除

「期間内に支払いがない場合には、本書をもって建物賃貸借契約を解除します」と記載して、解除の意思表示を行うことも可能です（停止条件付きの契約解除）。

※ 解除権は単独行為であり、単独行為には原則として条件を付することができない。しかし、条件の内容が相手方に不利益を課すものではない場合、条件の付与も可能であるとされている。解除権に条件を付与しても、相手方に不利益は生じないため、停止条件付きの契約解除も有効となる。

③ 解除の効果

一般的には契約が解除されると、契約ははじめから存在しなかったのと同じ効果が生じます（遡及効）。

しかし、賃貸借契約の解除については、遡及効は否定され、解除の効果は将来に向かって生じます（民法620条本文）。

参考
単独行為
当事者の一方的行為で行う意思表示をいう。単独行為に条件を付けると、法律関係が不安定になるので、単独行為に条件を付けることはできないのが原則

⑤ 合意解除

合意解除とは、当事者の合意により賃貸借契約を終了させることであり、このようにして契約を終了させることもできます。当事者の合意により契約を解除することは、「合意解約」ともいいます。

⑥ 建物の滅失と朽廃

建物が火災や地震等により全部滅失した場合や朽廃し効用を失った場合、賃貸人の義務は履行不能となり消滅し、建物賃貸借契約は終了します。

民法には、「賃借物の全部が滅失その他の事由により使用および収益をすることができなくなった場合には、賃貸借は、これによって終了する」と定められています（民法616条の2）。

⑦ 借地借家法の適用がない賃貸借の終了

借地借家法が適用されるのは、建物または土地（建物所有目的の場合）の賃貸借です。これ以外を対象とする賃貸借には、借地借家法は適用されず、民法が適用されます。したがって、期間満了や解約申入れによって契約を終了させる場合にも、正当事由や立退料は不要です。

> 🔲 平面駐車場（土地上のスペースにそのまま駐車する）、立体駐車場（建物にあたらないもの）などの場合には、借地借家法の適用対象ではない。

出た! R1

🔑 **重要**
賃貸借契約の解約および建物明渡しの合意については、法律上書面で行うことが必要とされていない（R1問9）。

出た! H29・30

 発展
一方の当事者が滅失に帰責性がある場合には、損害賠償の問題となる。

出た! H27・29

🔍 **参照**
本編第1章❶⑤民法と特別法

第4編
賃貸住宅の賃貸借に関する事項

民法のルール

① 期間

　民法上、賃貸借の存続期間は、50年を超えることができません。契約でこれより長い期間を定めたときであっても、その期間は50年となります（民法604条1項）。

② 契約の終了

　ア．期間の定めがあるとき

　　契約期間満了により契約は終了します。ただし、賃借人がそのまま利用を続け、それに対し、賃貸人がそのことを知っていたにもかかわらず直ちに異議を述べなかったときは、期間の定めがなく、従前と同一の契約条件により契約が更新されたものと推定されます（民法619条）。

　イ．期間の定めがないとき

　　各当事者は、いつでも解約の申入れをすることができます。解約の申入れの日から次の期間が経過することによって契約は終了します（民法617条1項）。

　　a．土地の賃貸借…1年

　　b．建物の賃貸借…3か月

　　c．動産および貸席の賃貸借…1日

③ 更新　　🔍参照 本章❶②④借地借家法の適用がない場合の更新等

第4章 定期建物賃貸借

重要度ランク **S**

攻略ポイント

●定期借家の意義と契約締結時・契約終了時の手続き

●定期借家に関連する特約の効力

1 定期借家とは

出た! H27・R2・5

① 意 義

定期建物賃貸借契約（定期借家）は、更新がない賃貸借です。期間満了により、契約は終了します。判例でも、「契約は期間満了によって確定的に終了する」とされています（東京地裁平成21年3月19日判決）。

たとえ更新をする合意をしても、更新はしません。

ただし、更新がない点と賃料の不減額特約の効力が認められることを除くと、一般の賃貸借（普通建物賃貸借ともいわれる）と違いはありません。

② 切替え

普通建物賃貸借（定期建物賃貸借ではない建物賃貸借。普通借家）は、合意により、定期建物賃貸借に切り替えることができます。ただし、居住用建物の普通建物賃貸借契約については、2000（平成12）年3月1日より前に締結されていた場合には、合意により、これを終了させて、新たに定期建物賃貸借契約を締結することはできません。

事業用の普通建物賃貸借であれば、定期建物賃貸借への切替えは制限されません。

出た! H27・28・29・30・R1・2・3・4・5

📖コメント
契約書に期間を記載しただけでは、更新否定条項を一義的に明示したことにはならない（R4問24）。

📖コメント
電磁的記録によって契約を締結することもできる（R5問24肢ア）。
事前説明を電磁的記録によって行うこともできる。賃借人の承諾が必要（R5問24肢イ）

❶注意
H28年問14は、「定期建物賃貸借契約の事前説明は、『更新がなく、期間の満了により契約が終了する』旨を記載した書面を交付することで足り、別途、口頭で説明する必要はない」という肢を、誤りとしている。

② 契約成立の要件

定期建物賃貸借契約が成立するには、次の要件を満たすことを要します。

① 期間の定め

期間の始期と終期（あるいは始期と期間）が定められていることが必要です。

② 更新を否定する条項（更新否定条項）

期間の満了によって契約が終了し、更新されることがないとの定めが必要です。更新否定条項は、契約書において一義的に明示されていなければなりません。

③ 書面による契約

書面により契約をしなければなりません（要式行為）。書面によらなければ、更新がないという定期建物賃貸借としての効力は認められません（書面によらなくても普通建物賃貸借契約としての効力は認められる）。この場合の書面は、公正証書でなくてもかまいません。

④ 事前説明

あらかじめ、更新がないことを説明することが必要です。書面（説明書面）を交付して説明をしなければなりません。

説明書面は、契約書とは別個独立の書面であることが必要です（最高裁平成24年9月13日判決）。別個独立の書面の必要性は、賃借人の認識にかかわりありません（賃借人が更新がないことを認識していても、別の説明書面が必要）。

Column

事前説明と宅建業法上の重要事項説明

宅建業者が仲介者の立場で行う宅建業法第35条の重要事項説明は、定期建物賃貸借の事前説明とは別の説明です。

要点

ポイント整理

📁 定期建物賃貸借の法的な性格

　本来、借地借家法の更新に関する規定は一方的強行規定であり、特約によっても排除することができない＝普通建物賃貸借の場合には、前記②の条項は効力が否定されます。

　これに対して、定期建物賃貸借は、前記①③④の要件を満たせば、②の効力が肯定される契約です。

　なお、③の要件（書面による）または④の要件（事前説明）を満たさない場合

➡ 賃貸借契約の効力は否定されません。

　定期建物賃貸借ではなく、普通建物賃貸借として成立します。

【普通建物賃貸借と定期建物賃貸借】

	普通建物賃貸借	定期建物賃貸借
更新の有無	あり	なし
契約方法	口頭でも可	書面が必要
1年未満の契約	期間の定めがない契約	有効
不増減額特約	不減額特約は無効 不増額特約は有効	有効

③ 終了通知

① 終了通知の重要性

　期間が1年以上の場合、賃貸人は、期間満了の1年前から6か月前までの間（通知期間）に、期間満了により賃貸借が終了する旨の通知をする必要があります。この通知がされない場合、契約の終了を賃借人に対抗することができません。

　なお、法律上は、終了通知は書面により行うことまでは求められていません。

② 対抗不可

　通知期間に通知をしなければ、期間が満了しても賃借人

出た! H28・29・R5

❗注意
期間が1年未満の場合には、終了通知は不要（期間が1年の場合には、終了通知は必要）（H29問12，R5問24）

📝コメント
通知がなくても、契約が終了しないことになるのではない。「終了通知がなくとも契約は期間満了によって確定的に終了する」（判例）。

に対して賃貸借の終了を対抗できません。

③ 通知期間経過後の通知

通知期間を経過した後でも、改めて契約が終了する旨の通知をすれば、通知後6か月経過後に契約の終了を賃借人に対抗できます。

【定期建物賃貸借における終了通知】

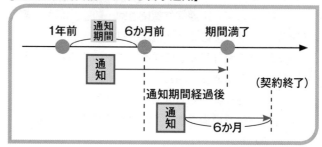

出た! R2

④ 居住用建物の中途解約

居住用建物について、賃借人からの中途解約の申入れが認められます。ただし、次の①②を満たすことが条件です。これと異なる特約を設けても、無効です。

コメント
やむを得ない事情
転勤・療養・親族の介護その他自己の生活の本拠として使用が困難になった場合

> ① 床面積200㎡未満の居住用建物
> ② やむを得ない事情により、建物を生活の本拠として使用することが困難となった場合

申入れ後1か月の経過により賃貸借契約が終了します。

出た! R1・4

⑤ 不増減額特約

普通建物賃貸借では、賃料増額請求をしないという不増額特約は有効ですが、賃料減額請求をしないという不減額特約は無効です。

これに対し、定期建物賃貸借では、不増額特約（増額請求をしないという特約）と不減額特約（減額請求をしないという特約）のいずれも有効です。

参照
第3編第1章❷⑥不増減額特約

6 再契約

　期間の満了の後、さらに同一の賃借人が物件を賃借する場合、再契約を締結することになります。再契約は新たな契約締結です。

　賃貸人が再契約をするか否かは自由です。再契約の内容は自由に決められます（従前の契約の内容に拘束されない。普通建物賃貸借とすることもできる）。

> 　再契約の代理・媒介は、新たな契約ですから宅建業法の重要事項説明が必要であり、また、宅建業法の報酬規程に従わなければなりません（両当事者から合計で賃料の1.1か月分（消費税相当分を含む）が上限）。

　なお、国土交通省が平成30年3月に改定・公表した「定期賃貸住宅標準契約書」では、再契約の際には明渡し・原状回復義務の規定は適用しないとしています。

　また、従前の契約期間中の使用によって生じた毀損（きそん）等に対する原状回復の債務は、再契約が終了した際に履行をすべきものであることを契約書上も明らかにすることが有用です。定期賃貸住宅標準契約書でもその旨規定しています（同契約書18条2項）。

出た! H27・28・29

コメント
定期建物賃貸借契約の契約期間が満了すれば、従前の保証契約は効力を失う。再契約後の賃借人の債務を保証するには、新たに書面を作成して保証契約を締結することが必要になる（H28問14、H29問12）。

第4編　賃貸住宅の賃貸借に関する事項

第5章

転貸借（サブリース）

重要度ランク
S

攻略ポイント

●サブリース事業では、原賃貸人Aはサブリース業者Bに対して賃貸人としての権利を有する

●サブリース業者Bと転借人Cの転貸借において、BはCに対して賃貸人（転貸人）としての権利を有する

出た！ H29・30・R1・2

コメント
サブリース事業における原賃貸借契約も賃貸借契約である。したがって、普通建物賃貸借契約であれば、その契約成立には書面の作成や引渡しは不要（H29問8）。原賃貸借契約が定期借家契約であれば、その契約成立には書面の作成が必要

注意
サブリース事業では、サブリース業者にとって転借人（入居者）の選択は、自らが賃貸人としてその契約の相手方を選ぶ行為となる（管理受託方式では、賃借人の選択は、賃貸人が相手方を選ぶ行為であって、管理業者の業務は、賃貸人への協力である）（H29問8）。

1 契約関係

　サブリース事業は、サブリース業者Bが原賃貸人（所有者）Aから賃貸住宅を借り受け、Aの承諾を得て、自らが転貸人となって第三者に転貸する法形式を利用して行う事業です。AとC（転借人）との間には契約関係は生じません。

　Bは賃貸借の当事者（原賃借人・転貸人）となって業務を行います。

ポイント整理
📁 サブリース事業の契約関係

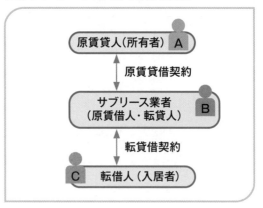

出た！ H27・28・29・R2

2 原賃貸人とサブリース業者の関係

　原賃貸人Aとサブリース業者Bの関係は、賃貸借です。

AはBに対して賃貸人としての権利を有します。

　Aは転借人Cに対しても、直接に権利をもちますが（民法613条）、AのBに対する権利と、AのCに対する権利は両立します。

　Cは原賃貸借におけるBの履行補助者なので、Cの故意・過失はBの故意・過失と同視されます。Cが過失によって物を損傷させ（火災など）、Aに損害を与えた場合には、Aとの関係ではBが債務不履行責任を負います。

> 原賃貸借が期間満了によって終了するときのAからの更新拒絶、およびAからの解約申入れには、正当事由が必要です。正当事由の有無の判断においては、Cの事情が、Bの事情として考慮されます。　要点

③ サブリース業者と転借人の関係

　サブリース業者Bと転借人Cの関係は賃貸借（転貸借）です。BはCに対して賃貸人（転貸人）としての権利を有します。

　CはBに対する義務とともに、Aに対する義務も負いますが、Bへの義務を履行すればAへの義務を免れ、また、Aへの義務を履行すればBへの義務を免れる、という関係になります（Aの債権とBの債権は、連帯債権）。

> 原賃貸借がBの債務不履行により解除され終了した場合、転貸借は、AがCに対して賃貸物件の返還を請求したときに、BのCに対する債務の履行不能により終了します。　要点

④ 原賃貸人と転借人の関係

① 直接の義務（転借人の義務）

　原賃貸人Aと転借人Cの間には、契約関係はありません。しかし、民法によって、CはAに対して直接の義務を負

☕ 参考
AとBの間の原賃貸借契約を「サブリース契約」ということがある。サブリース契約に借地借家法の適用があるかどうかがかつて争いとなったが、最高裁は、AとBの賃貸借契約も建物の賃貸借契約であるから、借地借家法の適用があると判断した（最高裁平成15年10月21日判決、同平成15年10月23日判決）。なお、最近では、AとBの間の原賃貸借契約については、「マスターリース契約」という場合が多い。

出た！ R1

🔖 コメント
BとCの間の賃貸借は、Aが承諾しているかどうかにかかわらず、有効である（R1問20）。

⤴ 発展
原賃貸人とサブリース業者（転貸人）間に紛争がある場合には、転借人が債権者を確知できないとして、賃料を供託することが認められる場合もある。

出た！ H27・29・30・R1・2

います（法定の義務）。仮に、転貸借が無断転貸でも、無断転貸行為が原賃貸人に対する背信的行為ではない特段の事情があり、解除権を行使できない場合には、直接の義務があります。

ＣのＡに対する義務の内容には、賃料支払い、保管義務、保管義務違反による損害賠償、賃貸借が終了した場合の目的物返還などが含まれます。

コメント
ＣはＢが賃料を支払っていないことを知れば、Ｂに代わってＡに対する賃料を支払うことができる。

ＡはＣに対して権利はありますが、義務（修繕・敷金返還等）は負いません。

また、Ｂの賃料不払いに対してＡが解除しようとするときにも、Ｃに通知をすることなく、Ｂに対して支払いの催告や契約解除をすることができます。

出た！ H27・29・30・R1

② 転借人の原賃貸人に対する賃料支払義務

原賃貸人Ａが転借人Ｃに請求することができる賃料の範囲は、原賃貸借（ＡＢ間の賃貸借）の賃料と転貸借（ＢＣ間の賃貸借）の賃料とを比較して、より低額なほうの賃料となります。

Ｃはサブリース業者Ｂに対する賃料の前払いをもって、Ａに対抗することができません。前払いとは、転貸借契約で定められた支払期を基準とする前払いを意味します。

コメント
ＢＣ間の転貸借契約で、毎月の賃料は前月末に支払うという前払いの特約があった場合、Ａとの関係で対抗できない前払いになるかどうかを具体的にみると、Ｃが３月分の賃料を２月末にＢに支払うことはＡとの関係の前払いにならないが、Ｃが３月分の賃料を１月末以前に支払うことは、Ａとの関係の前払いとなる。

ワンポイント講座

ＡはＣに対して直接の義務を負いませんから、建物の修繕が必要なときにも、ＣはＡに対して修繕を求めることはできません。

これに対し、ＣはＡに対して直接に義務を負いますから、ＡはＣに対して直接に賃料の支払いを請求することができます。

出た！ H29・R1・2

③ 借地借家法第34条第１項の通知

ＡＢ間の原賃貸借が期間の満了または解約の申入れによって終了するとき、ＡはＣにその旨の通知をしなければ、その終了をＣに対抗できません（借地借家法第34条第１

項の通知）。

　AがCに対して、原賃貸借終了を通知した
とき、通知後6か月で、転貸借が終了します。

④ 原賃貸借の終了と転借人保護

　原賃貸借終了（Bの債務不履行による解除など）のとき
は、原則として、CはAに対して転貸借を主張することが
できません。

　例外として、次のアとイの場合には、CはAに対して、
転貸借を主張することができます。

　ア．AとBが原賃貸借を合意解除した場合

　イ．信義則によって主張が制限される場合

　　🔲 サブリース業者を信頼して、Cが建物を永年利用しているなどの
　　場合

　AB間の原賃貸借が合意解除となっても、
解除の当時、AがBの債務不履行による解除
権を有していたときには、CはAに転貸借を
対抗できません（民法613条3項ただし書）。

出た! H27・29・30
・R1・2

🚩コメント
転貸借は、原賃貸借の上
に成立しており、原賃貸
借が終了すれば、存立の
基盤を失う。賃貸人が、
転借人に対して返還を求
めた場合には、原則的に
は、返還請求に応じなけ
ればならない（H27問10）。

第4編　賃貸住宅の賃貸借に関する事項

契約終了の事由	AはCに契約終了を対抗できるか？
ア．期間満了	通知＋6か月で対抗できる
イ．Bの債務不履行による解除	直ちに対抗できる
ウ．AB間の合意解除	対抗できない（AがBの債務不履行による解除権を有していたときは対抗できる）
エ．信義則による制限	対抗できない

⑤ 原賃貸借の期間満了と解約申入れの際の異議

住宅の賃貸借において期間満了後（あるいは、解約申入れから6か月経過後）も、賃借人が建物の使用を継続している場合、賃貸人が異議を述べなかったときには、賃貸借は法定更新となります。転借人Cの建物の使用の継続は、賃借人Bの使用の継続とみなされます。

また、AがBに対して、期間満了による更新拒絶（あるいは、解約申入れ）を行っても、期間満了後（あるいは、解約申入れから6か月経過後）にCが建物の継続使用をしていてAがこれに異議を述べなければ、AB間の原賃貸借は法定更新します。

⑥ 原賃貸借契約終了時の地位の移転

AB間の原賃貸借契約において、原賃貸借契約が終了した場合には、Aが転貸借契約を承継し、転貸借におけるBの地位を承継するという特約が設けられることがあります。このような特約は有効です。

出た! H29・R2

↑UP 発展
AB間でこのような特約が設けられ、原賃貸借契約が終了したときには、Cが特約を援用すれば、原賃貸人は転貸人の地位を承継する。CがBに差し入れた保証金（敷金）については、Aが返還義務を負う。

第6章

対抗力・地位移転

重要度ランク **A**

攻略ポイント

● 建物の所有権が移転した場合の賃貸人の地位
● 競売により建物が買い受けられた場合の6か月間の建物明渡猶予制度

1 対抗力

民法上、賃借人は賃借権の登記をすれば、所有者から建物を購入した第三者に対して賃借権を対抗することができます。ところが、賃貸人には賃借権の登記に協力する義務がないので、賃借権の登記は実際にはほとんど行われません。

そこで、借地借家法では、登記のほか、建物の引渡しに対抗力を認めました。

例 次の図のように賃借人Bが建物の引渡しを受けた場合、Bは、Aから建物を購入した第三者Cに対しても、借家権を対抗することができる。

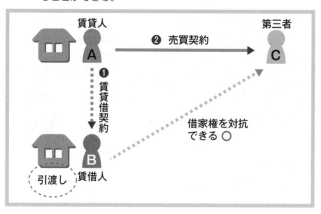

出た！ H28・R3・4

🗒 コメント
強制競売によって建物が買い受けられた場合にも、賃借人は、対抗力を備えていれば買受人に対して賃借権を主張できる（H28問17）。

📖 参考
不動産の賃借人が賃借権に対抗要件を備えた場合には、次の①②の請求をすることができる（民法605条の4）。
① その不動産の占有を第三者が妨害しているときの第三者に対する妨害の停止の請求
② その不動産を第三者が占有しているときの第三者に対する返還の請求

⬆ 発展
使用貸借では、対象建物が売却された場合、借主は使用貸借を対抗することができない（H28問17）。

231

2 建物の所有権の移転

① 賃借権に対抗力がある場合

1. 当然承継

　所有者Aが賃貸人として賃貸していた建物が譲渡された場合、賃借人Bが賃借権の対抗力（賃借権の登記または建物の引渡し）を備えていれば、賃貸人の地位は、旧所有者から新所有者Cに当然承継されます。賃借人の承諾は不要です。

　その結果、CとBとが賃貸借の関係に立ちます。

【建物の所有権の移転】

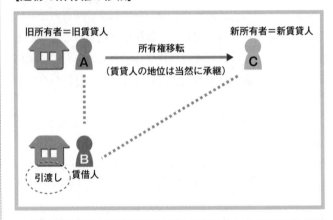

　契約上の地位が承継されるのは、賃貸借の場合です。管理受託契約については、契約上の地位は承継されません。

　委託者である建物所有者が管理業者との間で管理受託契約を締結しているとき、建物の所有権を第三者に譲渡しても、第三者は管理受託契約の委託者の地位を承継しません。

2. 敷　金

　Cは、敷金関係（敷金返還義務）も当然に承継します。

　預託金のうち、敷金としての性質を有しないものは、承継されません。

3. 地位の留保

　AとCの間で、賃貸人たる地位をAに留保し、Cが賃貸人

コメント
CがBに対して賃料を請求するためには、Cには建物の所有権移転登記が必要（民法605条の2第3項）

参考
Bが賃貸借による賃借人ではなく、使用貸借による借主の場合、CはAB間の契約を引き継がない。

発展
賃貸人の地位の留保が認められていた場合でも、譲渡人と譲受人の間の賃貸借が終了したときは、譲渡人に留保されていた賃貸人たる地位は、譲受人に復帰する（民法605条の2第2項後段）。

たる地位を承継しないとする合意（地位の留保の合意）がある場合、CはBに対して敷金返還義務を負うでしょうか。

　賃貸人の地位の権利義務は、特段の事情がない限り、当然承継されるのであり、CはBに対して敷金返還義務を負います（最高裁平成11年3月25日判決）。

> 　なお、賃貸人の地位の旧所有者への留保については、民法改正によって、「譲渡人および譲受人が、賃貸人たる地位を譲渡人に留保する旨およびその不動産を譲受人が譲渡人に賃貸する旨の合意をしたとき」には譲受人に地位が移転しないという定めが設けられました（民法605条の2第2項前段）。
> ＡＣ間の賃貸人の地位留保の合意＋ＣからＡへの賃貸の合意があれば、賃貸人の地位の留保が認められ、敷金返還義務も、Ｃに移転することなく、Ａのもとに残されます。 要点

② 賃借権に対抗力がない場合

1. 承継されない原則

　Bに賃借権の対抗力がない場合（Bに対抗力があっても、Cに劣後する場合を含む）、賃貸人の地位は移転しません。

　BはCに対して賃借権を主張できず、Cから明渡しを求められると、明渡しを拒むことはできません。

2. 新所有者と旧所有者との合意による賃貸人の地位の移転

　賃借人に対抗要件がなくても、新所有者は旧所有者との合意をすれば、賃貸人の地位の移転を受けることができます（民法605条の3）。この場合、賃貸人の地位の移転のためには賃借人の同意を要しません。

③ 抵当権と賃借権

① 抵当権が実行された場合の法律関係

　抵当権が実行されて、競売で買受人が建物を競落すると、建物の所有権は、新所有者（買受人）に移転します。

コメント
Cに賃貸人の地位が移転しない以上は、CがBに対する敷金返還義務を承継することもない（R4問25）。

出た！ H28・29・R2・4・5

コメント

賃借権の対抗力取得後の債権者の差押え、競売

賃借権の対抗力取得後に、賃貸人の債権者が建物を差し押さえ、建物が競売されて買受人に建物の所有権が移転した場合にも、賃借人は買受人に対して賃借権を主張することができ、賃貸人の地位は買受人に移転する（H28問15、H29問14）。

アドバイス

対抗できるかどうかは、引渡しが先、抵当権設定登記が後➡○対抗できる

引渡しが抵当権設定登記よりも後であれば、競売による買受けよりも前であっても➡×対抗できない

発展

建物引渡猶予制度は、建物の賃貸借契約に限られる。土地の賃貸借契約（借地）については、対抗力のない賃借人を保護する制度はない。土地の賃借人は、競売によって土地が買い受けられた場合、賃借権が抵当権に対抗できないものであれば、買受人に対して直ちに土地を引き渡さなければならない。

抵当権が実行された場合の賃借人と新所有者（買受人）との優劣は、抵当権設定登記と賃借権の対抗力取得との先後によって決まります。

建物賃貸借においては、抵当権設定登記の前に賃貸借契約が締結されている場合（引渡しを受け、入居している場合）には、賃借人は新所有者（買受人）に賃借権を対抗できます。

他方で、抵当権が賃借権の対抗力取得前に設定登記されていれば、賃借人は、賃借権を抵当権に対抗することができません。新所有者（買受人）から明渡しを求められれば、これを拒むことはできません。

② 建物引渡猶予制度

1. 6か月間の引渡し猶予

競売により建物が買い受けられたときには、賃借権を対抗できない場合にも、競売手続開始前から建物を使用している賃借人は、買受けから6か月間は引渡しが猶予されます（民法395条1項）。

この制度のもとにおいては、新所有者（買受人）が賃貸人の地位までを承継するわけではないので、買受人には敷金返還義務がありません。買受人に対して、敷金返還を求めることはできません。

2. 建物使用の対価の支払い

抵当建物使用者は、買受人に対して、買受けの時より後に建物の使用をしたことの対価を支払わなければなりません。支払いがないときには、買受人が抵当建物使用者に対し相当の期間を定めてその1か月分以上の支払いの催告をし、期間内に履行されない場合、建物引渡猶予制度は適用されません（民法395条2項。買受人に対して直ちに建物を引き渡さなければならない）。

滞納処分による差押え後の建物引渡猶予

　抵当建物の使用開始が滞納処分による差押
えがなされた後であっても、競売手続の開始
前であれば、建物引渡猶予の保護を受けます
（最高裁平成30年4月17日判決）。

Column

④ 賃借人の地位の移転

出た！ H30・R5

　賃借人は、賃貸人の承諾を得ずに、賃借権を第三者に譲
渡することができません。賃貸人の承諾を得れば、賃借権
を第三者に譲渡することができます。

　賃貸人の承諾を得て賃借権が譲渡された場合、旧賃借人
の賃貸人に対する権利義務は、新賃借人が承継します。

　ただし、旧賃借人が預託した敷金については、新賃借人
に承継されません（最高裁昭和53年12月22日判決）。

📖 **参考**
旧賃借人が預託した敷金
を新賃借人が承継しない
のは、新賃借人の債務ま
で従来の敷金で担保する
ことは、敷金を預託した
旧賃借人に不測の損害を
生じさせるおそれがある
ためである。

第4編　賃貸住宅の賃貸借に関する事項

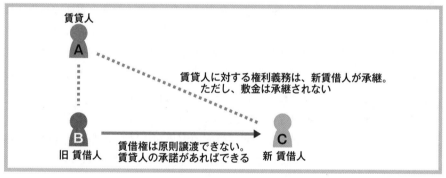

賃貸人
A

賃貸人に対する権利義務は、新賃借人が承継。
ただし、敷金は承継されない

B
旧 賃借人

賃借権は原則譲渡できない。
賃貸人の承諾があればできる

C
新 賃借人

第7章 保証

重要度ランク S

攻略ポイント

●保証契約の書面性と特質
●保証契約が対象とする範囲、更新後の債務
●家賃債務保証業者が賃料を支払った場合の契約解除の可否

出た! H28・29・R2・3・4

📝**コメント**

保証人の責任は保証人の全財産に及ぶ。なお、抵当権設定者の責任は抵当不動産に限られる（R3問27）。

🔑**重要**

根保証とは、一定の枠内で被保証債権が変動する（増減する）保証である。建物賃借人の保証は根保証であって、保証契約に極度額を定める（書面で定める）ことが必要

❗**注意**

法人が保証人となる場合には、極度額の定めは必要ない。

📝**コメント**

保証契約が電磁的記録で行われたときは、書面によって行われたものとみなされる。

📖**参考**

保証契約は、賃借人から委託を受けることなく、賃貸人と保証人が保証契約を締結することもある。

1 保証契約の成立

　保証契約は、債権者（賃貸借であれば、賃貸人A）と保証人Cの契約です。債務者（賃貸借であれば、賃借人B）は保証契約の当事者ではありません。Bが反対しても、保証契約は有効です。

　保証契約は書面で行うことを要します（書面でしなければ、効力は生じない）。賃貸借契約書に保証人が保証の意思を表わし、書面性を満たしていれば、保証は有効です。

　個人根保証では、保証人は極度額（責任の上限）を限度として、その履行をする責任を負います。個人根保証契約（建物の保証などの契約）は、極度額を書面で定めることが必要です（書面の定めがなければ契約は無効）（民法465条の2第2項・3項）。賃貸人は、請求金額が極度額の範囲内であれば、保証人に対して請求する回数や請求の累積額についての制約を受けません。

　個人根保証に極度額の設定が必要になるのは、令和2年4月1日以降に締結される保証契約です。それより前に締結されていた保証契約については、極度額が設定されていなくても、保証の効力は生じており、保証人に対して保証債務の履行を請求することができます。

Column

ポイント整理

📁 **情報提供①（保証契約前。賃借人→保証人）**

　賃借人が保証人（個人保証の場合）に、事業のために負担する債務を主債務とする委託をするときは、賃借人は、次の（1）～（3）の情報提供をしなければなりません。

（1）財産および収支の状況

（2）主たる債務以外に負担している債務の有無ならびにその額および履行状況

（3）主たる債務の担保として他に提供し、または提供しようとするものがあるときは、その旨およびその内容

　賃借人が情報を提供しなかったり、誤った情報提供をした場合で、このことを賃貸人が知りまたは知ることができたときは、保証人は、保証契約を取り消すことができます（民法465条の10）。

情報提供②（保証契約締結後。賃貸人→保証人）

　委託を受けて保証をした保証人は、賃貸人に対して、賃料その他の賃借人の債務について、不履行の有無、利息、違約金、損害賠償などの額について、情報提供を求めることができる（R4年問27）。

② 保証契約の特質

出た! H29・30・R2・3

　保証契約には、附従性、随伴性、補充性という3つの特質があります（連帯保証の場合には、補充性を除いた附従性と随伴性）。

① 附従性（ふじゅうせい）

　保証債務には、主たる債務に対する従たる債務であるという特質（附従性）があります。附従性は、成立における附従性、消滅における附従性、内容における附従性という3つの内容を持つ概念です。

　まず、主たる債務が存在しない限り、保証は成立しません（成立における附従性）。

　次に、主たる債務が消滅すれば、保証は消滅します（消滅における附従性）。

　さらに、保証債務は主たる債務よりも内容が重くなるこ

とはありません（内容における附従性）。

主たる債務者の債務のうち、一定の枠内の債務（債務が入れ替わる）を保証するものを根保証といいます。根保証では、不特定の債務を保証します。賃借人の債務を保証する賃貸借における保証は根保証です。

Column

② 随伴性

随伴性とは、主たる債務の債権者が変更した場合、これに伴い、保証債務が新債権者に移転することです。賃貸人が変わった場合には、保証人は新賃貸人に対する賃借人の債務を保証することになります。

③ 補充性

補充性とは、保証人への請求、執行に先立って、主たる債務者に請求、執行させることです。賃貸人は保証人に対して請求、執行する前に、賃借人に対して請求、執行しなければなりません（連帯保証の場合には補充性はない）。補充性には催告の抗弁権と検索の抗弁権があり、それぞれ次の内容をもちます。

催告の抗弁権	保証人が請求を受けたときに、主たる債務者に先に催告するよう求められる
検索の抗弁権	主たる債務者に債務を弁済するだけの資力があり、かつ、執行が容易な場合には、まず先に主たる債務者に対して執行するよう求めることができる

③ 連帯保証

連帯保証は、催告の抗弁権と検索の抗弁権（保証の特質のうちの、補充性）がない保証です。主たる債務者に請求する前や同時であっても保証人に請求でき、また、主たる債務者に資力があって執行が容易でも、保証人への執行が可能です。

④ 保証債務の範囲

保証債務には、主たる債務に関する利息、違約金、損害賠償その他その債務に従たるすべてのものが含まれます。契約が終了した場合の原状回復のための債務や、契約が解除された場合の賃料相当損害金等も、保証の対象に入ります。

出た! H28・29・30

UP 発展

明渡し債務は、賃借人本人でなければ履行できない債務なので、保証債務の範囲には入らない。

⑤ 更新後の賃借人の債務

賃貸借の保証人は、更新後の賃貸借から生ずる賃借人の債務についても責任を負います。

ただし、例外的に、保証人が更新後の賃借人の債務の責任を負わないケースもあります。「保証人は賃貸人において保証債務の履行を請求することが信義則に反すると認められる場合」が、例外的に保証人が責任を負わないケースです。

出た! H28・29・30

UP 発展

例外として更新後の債務に責任を負わないケースについて、判例は、「反対の趣旨をうかがわせるような特段の事情のない限り」と表現している。

⑥ 元本の確定

根保証は、一定の枠の中に生じる債務を包括的に保証するものであり、建物賃貸借も根保証です。

一定の時点において、主債務を特定させることを元本の確定としています。元本が確定した場合、その後生じた債務は保証によって担保する債務からはずれます。

民法は、建物賃貸借において、次の①～③を元本の確定事由としています（民法465条の4第1項1号～3号）。

① 債権者が、保証人の財産に関し、金銭の支払を目的とする債権についての強制執行・担保権の実行を申し立てたとき（1号）

② 保証人が破産手続開始の決定を受けたとき（2号）

③ 主たる債務者または保証人が死亡したとき（3号）

なお、賃借人の財産について、強制執行・担保権の実行が申し立てられたこと、賃借人が破産手続開始の決定を受けたことは、どちらも元本の確定事由ではありません。

出た! R4

第4編 賃貸住宅の賃貸借に関する事項

【元本の確定】

	財産について強制執行・担保権の実行の申立て	破産手続開始の決定	死 亡
賃借人	確定しない	確定しない	確定する
保証人	確定する	確定する	確定する

出た! H27・R3・5

7 家賃債務保証業者の利用

① 意 義

かつては、多くの賃貸借契約で、賃借人の親戚や知人が保証人となって、賃貸借がなされていました。しかし、近年では親戚や知人との人間関係が希薄になり、保証人となる人をみつけるのは容易ではありません。また、外国人が賃借人となることも多くなっています。

そこで、近年は、多くの賃貸住宅で、賃料保証を業として行っている法人（家賃債務保証業者）が、賃借人の債務を保証する方法が採られています。

② 保証の方式

家賃保証については、保証契約の内容によって、その保証の範囲は一律ではありません。契約のない空室を保証するか、保証する賃料の月数に限度があるか、原状回復等賃料以外の賃借人の債務を保証するか、明渡しに係る費用を含むかなどにおいて、それぞれ異なっています。

賃料の立替え方法にも、次の2通りがあります。

ア．ひとつは賃借人が滞納した場合に賃料を立て替える方法です。家賃債務保証業者が、後日、賃借人に賃料を求償します。

イ．もうひとつは、賃借人の滞納の有無にかかわらず、家賃債務保証業者が賃貸人に賃料を支払う方法です。賃借人は、毎月の賃料を家賃債務保証業者に支払うことになります。

③ 家賃債務保証業者の賃料支払い

賃借人が賃料を支払わないときには、家賃債務保証業者

参考
家賃債務保証業者が保証をするスタイルは「機関保証」ともいわれる。

発展
終身建物賃貸借契約の場合、制度として高齢者居住支援センターが保証する仕組みがある。

参考
最高裁平成26年6月26日判決

が賃貸人に賃料を支払っていても、賃貸人は契約を解除できます。賃貸借における信頼関係を破壊されているからです。

④ 家賃債務保証業者の登録制度

　家賃債務保証業者について、家賃債務保証の業務の適正化を図るために、平成29年10月、国土交通省の告示による登録制度が創設されました。

　一定の要件を満たす家賃債務保証業者を国に登録し、その情報を公表することにより、家賃債務保証業者選択の判断材料として活用することができるようになっています。

⑤ 追い出し条項

　追い出し条項とは、1．解除権付与条項と2．明渡しみなし条項の2つです。

1．解除権付与条項

　「家賃債務保証業者は、賃借人が支払を怠った賃料等および変動費の合計額が賃料3か月分以上に達したときは、無催告にて、賃貸人と賃借人との間の賃貸借契約（原契約）を解除することができる」とする条項です。

2．明渡しみなし条項

　「家賃債務保証業者は、次の事由が存するときは、賃借人が明示的に異議を述べない限り、これをもって建物の明渡しがあったものとみなすことができる。

　二　賃借人が賃料等の支払を2か月以上怠り、家賃債務保証業者が合理的な手段を尽くしても賃借人本人と連絡がとれない状況の下、電気・ガス・水道の利用状況や郵便物の状況等から建物を相当期間利用していないものと認められ、かつ建物を再び占有使用しない賃借人の意思が客観的に看取できる事情が存するとき」とする条項です。

（最高裁の判断）

　1と2のどちらも、消費者契約法第10条違反により無効とされました（最高裁令和4年12月12日判決）。

💬 コメント

賃借人が支払を怠った賃料の合計額が賃料3か月分以上に達したとき、連帯保証人は、無催告にて賃貸借契約を解除し、賃借人の残置物がある場合はこれを任意に処分することができるという特約は、無効（R5問7肢ア）

第8章 使用貸借

重要度ランク **B**

攻略ポイント
- ●使用貸借契約と賃貸借契約のちがい
- ●期間満了等による使用貸借契約の終了

出た! H28・R1・4

❗注意
使用貸借は、以前は要物契約であったが、民法改正によって諾成契約に改められた（民法593条）（R4問28）。

📋コメント
使用貸借は、貸主が死亡しても終了しない。

👆発展
使用貸借では、貸主は、借主が借用物を受け取るまで、契約の解除をすることができる。ただし、使用貸借が書面によるときは、解除はできない（民法593条の2）。

📋コメント
期間満了等による使用貸借の終了➡民法第597条

使用貸借は、無償で物を使用する契約です（民法593条）。

【賃貸借契約と使用貸借契約の比較】

	賃貸借契約	使用貸借契約
有償性	有償	無償
借主の義務	目的物の返還、賃料支払義務	目的物の返還
通常の必要費	貸主負担	借主負担
借地借家法の適用	あり	なし
対抗要件	あり	なし
契約の終了	借主が死亡しても終了しない	借主の死亡で終了
更新拒絶、解約申入れの正当事由	必要	不要

ワンポイント講座

賃貸借は、借主が使用料（使用の対価）を支払ってモノを使用する有償契約です。使用貸借は、借主が使用料（使用の対価）を支払わないでモノを使用する無償契約です。
　使用貸借に期間の定めを設ける場合、期間の定めに制限はありません。

【期間満了等による使用貸借契約の終了】

　使用貸借では、目的物の返還について、返還時期が定められている場合と返還時期が定められていない場合のそれぞれについて、次の時期が返還の時期となります。

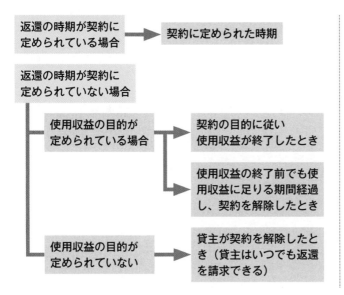

賃貸住宅管理業法に関する事項

第1章

法の概要と言葉の意味

重要度ランク **B**

攻略ポイント

- 賃貸住宅管理業法の構成は、賃貸住宅管理業者の登録制度と、サブリース事業の業務の適正化を図る制度から成る
- 管理業務とは、賃貸人から委託を受けて行う維持保全の業務、または維持保全とあわせて行う金銭管理の業務

❶ 法律の制定とその背景

出た! R4

コメント
かつてのわが国では、自ら所有する住宅に居住するというのが住生活のあり方であり、国の持ち家政策ともあいまって、住宅を賃貸するという生活様式は一時的なものであって、仮の暮らし方に過ぎないと考えられていた。

コメント
わが国で暮らす人々のうち、3分の1以上が賃貸住宅に住んでいる。

コメント
2040年には総世帯数に占める単身者世帯の割合は39.3%に達すると予測されている。単身者の多くは賃貸住宅に住んでおり、単身者世帯の割合は、今後も増加していく見通しである。

1 法律の制定とその背景

① 法律の制定

賃貸住宅管理業法は、2020（令和2）年6月12日に国会で可決成立し、2021（令和3）年6月15日に完全施行されました。法律の正式名称は、「賃貸住宅の管理業務等の適正化に関する法律」（令和2年法律第60号）です。

② 法律の制定の背景

1. 賃貸住宅の重要性の高まり

住宅ストック総数（5,361万6,000戸）に占める賃貸住宅の割合は以下のように高く、社会的に重要な住生活の基盤を形成しています（平成30年住宅・土地統計調査）。

賃貸住宅の総数		1,906万5,000戸（35.6%）
	民間賃貸住宅	1,529万5,000戸（28.5%）

また、持家よりも借地借家を希望する人の割合も増えています（平成11年：11.6%➡令和元年：21.8%）。

2. 賃貸住宅の所有者の特徴

賃貸住宅の所有者の特徴としては、以下が挙げられます。

ポイント整理

📁 賃貸住宅所有者の特徴

● 賃貸住宅はおもに個人が経営している（民間賃貸住宅の約8割）

● 会社員等との兼業が多い（44.5%）

● 賃貸住宅経営の経験が浅い（経験年数10年未満が49.8%）

● 高齢者が多い（50歳以上が58.3%）
（以上、国土交通省「賃貸住宅管理業務に関するアンケート調査（家主）」令和元年）

そのため、賃貸住宅の所有者の多くが、管理会社に管理を委託しています。

ポイント 管理業務を委託している賃貸物件所有者は、令和元年で81.5%

3. トラブルの増加

賃貸住宅管理を巡っては、近年、行政への相談件数が増加しています。

賃貸住宅管理の相談件数	2009年度：1,014件 2018年度：7,116件
サブリースを巡る相談件数	2009年度：266件 2018年度：1,004件

4. サブリース事業の破綻が社会問題化

2018（平成30）年には、1,000棟（1万2,000戸）を管理するサブリース業者の倒産があり、社会問題化しました。オーナーへの情報提供不足が原因と考えられています。

🖉 コメント
賃貸住宅管理業者の数は、推計約3万2,000社

📤 発展
全国の消費生活相談は、PIO-NET（全国消費生活情報ネットワークシステム）という仕組みによってとりまとめられている。

第5編　賃貸住宅管理業法に関する事項

② 法律の構造

賃貸住宅管理業法は、

●賃貸住宅管理業者の登録制度
●サブリース事業における業務の適正化を図る制度

の2つから成り立っています。

1. 賃貸住宅管理業者の登録制度のポイント

賃貸住宅管理業を営むためには、国土交通大臣の登録が必要です。

コメント
賃貸住宅管理業法は、国および地方公共団体には適用されない。

ポイント 管理戸数が200戸未満の場合、登録は任意

●業務管理者を事務所ごとに配置することが登録の要件
　資格者が業務管理者となる
●管理業務を行うためのルールが定められた

2. サブリース事業における業務の適正化のポイント

マスターリース契約（特定賃貸借契約）の業務について、以下の5つのルールが定められています。

●誇大広告等の禁止
●不当な勧誘等の禁止
●重要事項説明
●契約締結時書面の交付
●書類の備置きと閲覧

ポイント 管理戸数は問わない。1戸だけ管理していても、すべてのルールの遵守義務がある。

また、サブリース業者（特定転貸事業者）に加え、サブリース契約の締結を勧誘する勧誘者もルールを遵守する義務があります。

なお、サブリース事業には、参入規制は設けられていません（事業の実施自体は規制されない）。

❷ 賃貸住宅と管理業務の意味 出た! R3・4・5

1 賃貸住宅

賃貸住宅とは、次の①と②を満たす建物をいいます。

① 賃貸目的の、

② 居住用の家屋と家屋の部分（以下「家屋等」という）

- ●事業用のオフィスや倉庫等は、賃貸住宅ではない
- ●事務所としてのみ賃貸されている場合には、賃貸住宅にはあたらない
- ●入居者募集中や募集前の家屋等、建築中のものでも賃貸住宅になる（賃貸借契約の締結前でも、契約締結が予定されている場合）

　次の①〜③の3つは、賃貸住宅管理業法上、賃貸住宅から除外されます。
　① 旅館業法の許可を得て旅館業に利用される住宅 ➡ 旅館業法に基づく営業を行っていなければ、賃貸住宅になる
Column
　② 特区民泊に利用される住宅（国家戦略特別区域法）
　③ 民泊法による民泊に利用される住宅（住宅宿泊事業法）
　➡ ②③の民泊では、現に人が宿泊、宿泊の予約や募集が行われている場合に、賃貸住宅から除外されます（民泊事業の用に供されていなければ、賃貸住宅になる）

2 管理業務

　管理業務とは、以下の「A」と「B1またはB2」の両方を満たす業務です。

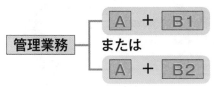

コメント
家屋とは1棟の建物全体のこと、家屋の部分とは建物の一部のこと

コメント
1棟の家屋が複数の目的によって利用されている場合、そのうち居住の用に供されている住宅部分は賃貸住宅にあたる。

発展
高齢者すまい法によって設置された住宅でも、賃貸目的の居住用の家屋等であれば、賃貸住宅にあたる。

注意
いわゆるウィークリーマンションやマンスリーマンションは、旅館業法による許可を受け、宿泊料を受けて人を宿泊させていれば賃貸住宅にはあたらないが、利用者の滞在期間が長期に及ぶなど生活の本拠として使用されることが予定されていれば、賃貸住宅にあたる（R4問33）。

コメント
自ら所有する賃貸住宅の維持保全を行う行為は、管理業務ではない。

コメント
分譲マンション等の専有部分1室のみの管理業務を受託して維持保全を行うことも、管理業務にあたる（R4問33）。

第5編 賃貸住宅管理業法に関する事項

A　賃貸住宅の賃貸人から委託を受けて行う業務であること

　B1　「維持保全」を行う業務であること

　維持保全とは、住宅の居室およびその他の部分について、点検、清掃その他の維持を行い、および必要な修繕を行うことです。点検等を行い、その結果を踏まえた必要な修繕を一貫して行うことを意味します。修繕には、維持・修繕業者への発注等を含みます。

　維持・修繕業者等への発注については、賃貸人が当事者となる契約の発注に限られません。

　　「維持保全」とは、「維持」と「保全（修繕）」の両方を行うことを意味します。「維持」あるいは「保全（修繕）」のいずれか一方のみを行う場合には、維持保全にはあたりません。
　　また、エレベーターの保守点検・修繕を行う事業者等が、賃貸住宅の「部分のみ」について業務を行う場合も賃貸住宅管理業法上の管理業務にはあたりません。

Column

　B2　「維持保全」＋「金銭管理」を行う業務であること

　家賃、敷金、共益費その他の金銭の管理が管理業務になります。ただし、B1の維持保全を行う業務と併せて行うものに限られます。金銭の管理を行うだけの場合は、管理業務にはあたりません。

　ここでの金銭は、管理受託契約によって賃借人から受領する金銭のことです。サブリース業者が賃貸人として受領する金銭は含みません。

　　金銭管理や入居者からの苦情対応のみを行い、維持保全（維持と修繕）を行っていなければ、管理業務にはあたりません。

Column

管理受託

重要度ランク
A

- ●200戸以上の賃貸住宅を管理する場合は、国土交通大臣の登録を受けなければならない
- ●登録の有効期間は5年
- ●欠格事由に該当する場合は登録できない

❶ 登録制度

① 登録制度（登録の必要性）

賃貸住宅管理業を営むには、国土交通大臣の登録が必要です（参入規制）。

ただし、賃貸住宅の管理戸数が200戸未満であれば、登録は任意です。

> 管理戸数が200戸未満でも登録はできます。登録した場合には登録制度の規律を遵守しなければなりません。
> また、管理戸数は、入居者との契約締結が想定される賃貸借契約の数によって数えます。
> 例 10部屋のシェアハウスで、4部屋について賃貸借契約が締結されて使用中であれば、残り6部屋は賃貸借契約が締結されずに空室になっていても、戸数は10戸とカウントする。
>
> 要点

☹ 罰則

- ●登録を受けずに賃貸住宅管理業の営業を行ったとき
- ●不正の手段により賃貸住宅管理業者の登録を受けたとき
  - ➡ 1年以下の懲役もしくは100万円以下の罰金（またはこれを併科）

出た! R4・5

❗ 注意
法の施行日（令和4年6月15日）以前に締結した管理受託契約に基づく管理業務についても、国土交通大臣の登録を受けなければ、業務を行うことはできない（R4問31）。

⬆ 発展
管理戸数が一時的にでも200戸以上となる見込みがあれば、登録を要する。

☕ 参考
法人の場合、登録は法人単位（R4問34）。本店および支店、支社等が登録される。
本店は必ず登録される。管理業務を行わない支店、支社等は登録は不要

📝 コメント
特定転貸事業における特定賃貸借契約の対象住戸が200戸以上でも、賃貸住宅の維持保全を行う戸数が200戸未満なら登録不要（R5問31肢2）

コメント

登録更新は、有効期間の満了の日の90日前から30日前までの間に申請書を国土交通大臣に提出する（R5問29肢4）。

コメント

登録の更新をせず登録が効力を失ったときは、業務を結了する目的の範囲内においてなお賃貸住宅管理業者とみなされる（R5問30肢ウ）。

出た！ R4

注意

未成年者の法定代理人が法人である場合、登録事項は、法定代理人である法人の商号または名称および住所ならびに役員の氏名

コメント

登録簿は一般の閲覧に供される。

発展

登録を受けた管理業者は、登録事項に変更があった場合には、その日から30日以内に、その旨を届け出る義務がある（R4問34）。

出た！ R3・4・5

② 登録の有効期間

登録の有効期間は5年です。更新しなければ、有効期間の満了によって効力を失います。

ポイント 更新後の登録の有効期間も5年

有効期間満了前に更新が申請された場合、有効期間満了日までに処分がされないときは、登録は有効期間の満了後も、処分が行われるまでの間は効力を有します。

ポイント 更新されたときは、更新後の有効期間は、従前の有効期間の満了日の翌日から起算

③ 登録簿への登録

登録（登録の更新を含む）を受けようとする者は、申請書を国土交通大臣に提出しなければなりません。

申請があったときは、賃貸住宅管理業者登録簿に以下の事項が登録されます。

- ●商号、名称または氏名、住所、法人の場合は役員の氏名、未成年者の場合は法定代理人の氏名および住所、営業所または事務所の名称および所在地
- ●登録年月日、登録番号

登録拒否事由（欠格事由）がある場合は登録されません。なお、国土交通大臣は登録を行ったときは、その旨を申請者に通知します。

④ 欠格事由（登録拒否事由）

登録の申請が行われても、申請者に欠格事由（登録拒否事由）があるときは、登録されません。欠格事由としては、**① 申請者本人に問題がある場合**、**② 申請者の関係者に問題がある場合**、**③ 申請手続きに問題がある場合**、の3つの類型に分かれます。

国土交通大臣が登録を拒否したときは、遅滞なく、その理由を示して、その旨を申請者に通知しなければなりませ

ん。

① 申請者本人に問題がある場合

申請者本人に問題があることが欠格事由になるものとして、次の1～9があります。

1．心身の故障により賃貸住宅管理業を的確に遂行することができない者

2．破産手続開始の決定を受けて復権を得ない者

3．登録を取り消され、取消日から5年を経過しない者

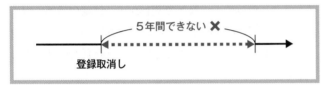

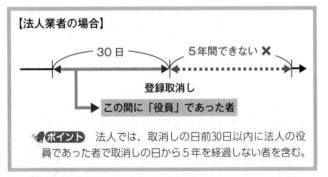

法人を動かしているのは役員なので、法人が登録を取り消された場合は、その役員も同様に登録欠格となります。

4．禁錮以上の刑に処せられ、または賃貸住宅管理業法の規定に違反して罰金の刑に処せられ、その執行を終わり、または執行を受けることがなくなった日から起算して5年を経過しない者

📝コメント

国土交通大臣は、以下の場合に登録を取り消すことができる。
- ●登録拒否事由（欠格事由）が存在するとき
- ●不正の手段によって登録を受けたとき
- ●賃貸住宅管理業に関し、法令または業務改善・停止命令に違反したとき

☕参考

「禁錮以上の刑」とは、禁錮、懲役、死刑を指す。

発展

「刑の執行を受けることがなくなった」とは、刑の時効の完成などをいう。

第5編　賃貸住宅管理業法に関する事項

参考

「拘留」「科料」に処せられたとしても、登録の欠格要件には該当しない。

　これらの刑に処せられた者は、禁錮刑または懲役刑から釈放され、または罰金を納めた日（刑の執行が終わった日）から５年間は、登録を受けることができません。

　また、罰金刑を受けた場合に登録欠格となるのは、賃貸住宅管理業法違反に限定されている点に注意しましょう。

　囫 道路交通法違反で罰金刑を受けても、登録欠格にはならない。

　その一方で、禁錮刑、懲役刑を受けた場合には、犯罪名に関係なく登録欠格になります。

　懲役刑等で執行猶予の判決を受けた場合、執行猶予の期間内は登録を受けることができません。ただし、執行猶予期間が満了した場合は、「直ちに」登録を受けることができます。刑の言渡し自体が効力を失うためです。

　なお、控訴や上告などで裁判がまだ係属中である場合には、有罪が確定しているわけではないので、たとえ第１審で懲役刑の判決を受けていても、登録を受けることができます。

　たとえば、懲役２年・執行猶予３年の判決の場合、３年の執行猶予期間が満了すれば直ちに登録を受けることができます。

　また、懲役１年の実刑判決の場合は、釈放されてから５年間欠格なので、結局６年間は登録を受けることができません。

5．暴力団員等

　暴力団員による不当な行為の防止等に関する法律に規定する暴力団員、または暴力団員でなくなった日から５年を経過しない者（「暴力団員等」という）

6．登録取消しの処分のための通知日から決定日までの間に法人の解散、賃貸住宅管理業の廃止の届出をした者で

発展

法人の場合は、通知の日前30日以内に法人の役員であった者で、届出日から５年を経過しないもの

あって、届出日から5年を経過しないもの

7．暴力団員等がその事業活動を支配する者

8．賃貸住宅管理業を遂行するために必要な財産的基礎を有しない者

　　登録の申請の日を含む事業年度の前事業年度における財産および損益の状況が良好であること

9．営業所または事務所ごとに業務管理者を確実に選任すると認められない者

② 申請者の関係者に問題がある場合

申請者の関係者に問題があることが欠格事由になるものとして、次のものがあります。

●営業に関し成年者と同一の行為能力を有しない未成年者でその法定代理人が、①の1〜6のいずれかに該当するもの

●法人であって、その役員のうちに①の1〜6のいずれかに該当する者があるもの

---

③ 申請手続きに問題がある場合

国土交通大臣は、申請書もしくは添付書類のうちに重要な事項について虚偽の記載があり、もしくは重要な事実の記載が欠けているときは、その登録を拒否しなければなりません。

---

⑤ 廃業等の届出

次の①〜⑤までの場合、それぞれ ➡ の者に届出の義務があります（法9条1項）。

ポイント整理
📁 廃業等の届出をする義務者

① 賃貸住宅管理業者である個人が死亡したとき

　➡ その相続人

（右段）

☕参考
財産および損益の状況が良好であることは、負債の合計額が資産の合計額を超えておらず、かつ、支払不能に陥っていない状態。ただし、直前2年の各事業年度において当期純利益が生じている場合などは状況が良好と認めてよい（R4問34、R5問31）。

☕参考
賃貸住宅管理業を営んでいないことは登録拒否事由ではない。現に賃貸住宅管理業を営んでいなくても、登録される。ただし、登録から1年以内に業務を開始しないと登録が取り消される（R4問34）。

出た！ R3・5

（縦書き）第5編　賃貸住宅管理業法に関する事項

② 賃貸住宅管理業者である法人が合併により消滅したとき

　➡ 法人を代表する役員であった者

③ 賃貸住宅管理業者である法人が破産手続開始の決定により解散したとき

　➡ 破産管財人

④ 賃貸住宅管理業者である法人が合併および破産手続開始の決定以外の理由により解散したとき

　➡ 清算人

⑤ 賃貸住宅管理業を廃止したとき

　➡ 賃貸住宅管理業者であった個人または賃貸住宅管理業者であった法人を代表する役員

ポイント 届出は、その日（①については事実を知った日）から30日以内（R5問29肢3）

　賃貸住宅管理業者が、上記①〜⑤のいずれかに該当することとなったときは、賃貸住宅管理業者の登録は、その効力を失います（法9条2項）。

❷ 業務処理の原則　　　　　　　　　出た！ R5

　賃貸住宅管理業者は、信義を旨とし、誠実にその業務を行わなければなりません（法10条）。

❸ 名義貸しの禁止　　　　　　　　　出た！ R5

　賃貸住宅管理業者は、自己の名義をもって、他人に賃貸住宅管理業を営ませてはなりません（法11条）。

😞 罰則

●名義貸しの禁止に違反し、他人に賃貸住宅管理業を営ませたとき

➡ 1年以下の懲役もしくは100万円以下の罰金（またはこれを併科）

❹ 業務管理者の選任と職務

① 選任義務

賃貸住宅管理業者には、営業所または事務所ごとに、1人以上の業務管理者を選任する義務があります（法12条1項）。

営業所間（事務所間）での兼任は認められません。一時的であっても、兼任は禁止です。営業所（事務所）では、業務管理者のいない状態で、管理受託契約を締結することはできません（法12条2項）。

> 営業所または事務所とは、管理受託契約の締結等の業務が行われ、継続的に賃貸住宅管理業の営業の拠点となる施設として実態を有するものをいいます。
> 業務管理者のいない状態とは、業務管理者が欠けたとき、または、業務管理者のすべてが登録拒否事由のいずれかに該当したときをいいます。

😞**罰則**
- ●業務管理者の選任義務に違反して、業務管理者を選任しなかったとき
- ●業務管理者がいないのに管理受託契約を締結したとき
➡ 30万円以下の罰金

② 業務管理者の資格

業務管理者の資格は、次の要件を満たす必要があります。

- ① 登録拒否事由に該当しないこと
- ② 実務の経験その他の要件を備えること（下記ア、かつ、イ）
    ア．2年以上の実務の経験、または、国土交通大臣が同等以上と認めたこと
    イ．下記aまたはb

📝**コメント**
必要があるときには、行政による監督処分（業務改善命令、1年以内の業務停止、登録取消し）が行われる。

☕**参考**
業務管理者がいない状態でも、賃貸住宅管理業を行うことは禁止されない（R4年問30）。

👍**発展**
宅地建物取引業を営む事務所における専任の宅地建物取引士が、賃貸住宅管理業法上の業務管理者を兼務し、賃貸住宅管理業に係る業務に従事することは、禁じられていない（R5問27肢ウ）。

☕**参考**
一般社団法人賃貸不動産経営管理士協議会による賃貸不動産経営管理士試験・登録事業は、賃貸住宅管理業法における業務管理者の知識および能力を有することを証明する事業（証明事業）として、国土交通大臣の登録を受けている（R5問42肢1）。賃貸不動産経営管理士は、賃貸不動産経営管理士試験・登録事業による賃貸不動産経営管理士試験に合格した後、登録手続を完了した者である。

第5編 賃貸住宅管理業法に関する事項

コメント

禁錮以上の刑に処せられ、または管理業法の規定により罰金の刑に処せられ、その執行を終わり、または執行を受けることがなくなった日から起算して5年を経過しない者は、業務管理者になることができない(R4問30)。

コメント

業務管理者が管理・監督すべき事項には、業務管理者の選任義務、管理業務の再委託の禁止、従業員に証明書を携帯させる義務(R4年問30)、標識の掲示義務は含まれていない。

a. 登録証明事業による証明を受けた者(賃貸不動産経営管理士資格の保有者)

b. 宅地建物取引士で、指定講習の修了者

③ 業務管理者の職務(管理・監督に関する事務)

賃貸住宅管理業者には、業務管理者に管理・監督に関する事務を行わせる義務があります。

管理・監督に関する事務は、以下の①〜⑨についての管理・監督です。

① 重要事項説明および書面交付

② 契約締結時書面の交付

③ 賃貸住宅の維持保全の実施

④ 金銭(家賃、敷金等)の管理

⑤ 帳簿の備付け

⑥ 定期報告

⑦ 秘密の保持(R4年問30)

⑧ 入居者からの苦情の処理

⑨ その他国土交通大臣が定める事項

賃貸住宅管理業法上は、業務管理者が自ら①〜⑨の事務を行うこととされいるものではありません。

❺ 再委託の禁止 <small>出た! R3・5</small>

賃貸住宅管理業者は、委託者から委託を受けた管理業務の全部を他の者に対し、再委託してはなりません(法15条)。

① 全部の再委託

コメント

賃貸住宅管理業法の施行前に締結された管理受託契約でも、管理業務の再委託は禁止される。

管理業務の全部を再委託することは禁止です。分割して再委託しても、すべてを再委託し、管理業務を一切行わないことになるのであれば、認められません。再委託先が登録業者であっても全部の再委託はできません。

② 一部の再委託

　管理業務の一部を再委託することは禁止されません。再委託先は賃貸住宅管理業者でなくてもかまいません。再委託をしても、管理受託契約上の受託者として、再委託先を指導監督する責任があります。

> **ポイント**　ただし、一部の再委託をするには、管理受託契約に再委託を認める規定があることが必要

!注意
必要があるときには、行政による監督処分（業務改善命令、1年以内の業務停止、登録取消し）が行われる。再委託禁止には罰則の定めはない。

---

❻ 証明書の携帯等

1 賃貸住宅管理業者の義務

　賃貸住宅管理業者は、従業者に、従業者であることを証する証明書を携帯させなければ、その者をその業務に従事させてはなりません（法17条1項）。

　従業員には、①非正規でも、直接の雇用関係にあって業務に携わる者、②派遣事業者から派遣される派遣社員で、業者が直接の指揮命令権を有する者を含みます。

　内部管理事務に限って従事する者については、従業者証明書を携帯させる義務はありません。

> **😣罰則**
> ●証明書を携帯させる義務に違反したとき
> ➡ 30万円以下の罰金

2 従業者の義務

　賃貸住宅管理業者の使用人その他の従業者は、業務を行うに際し、委託者その他の関係者から請求があったときは、証明書を提示しなければなりません（法17条2項）。

> **ポイント**　証明書の提示義務を負うのは、関係者から請求を受けたとき

!注意
必要があるときには、行政によって、業務改善命令、1年以内の業務停止、登録取消しによる監督処分が行われる。

↑UP 発展
従業者であることの証明書は、様式が定められている。宅地建物取引業やマンション管理業など、ほかの業の従業者証明書と一体とすることはできない。

罰則

●証明書の提示義務に違反したとき
➡ 30万円以下の罰金

⑦ 帳簿の備付け等

出た！ R3

① 概 要

賃貸住宅管理業者には、業務に関する帳簿を備え付け、委託者ごとに管理受託契約について定められた事項を記載し、これを保存する義務があります（法18条）。

帳簿は、営業所または事務所ごとに備え付ける義務があります。

帳簿の記載事項が、電子計算機に備えられたファイルや磁気ディスク等に記録され、必要に応じて紙面に表示されるときは、その記録をもって帳簿への記載に代えることができます。

帳簿は各事業年度の末日をもって閉鎖し、閉鎖後5年間保存しなければなりません。

ポイント 賃貸住宅管理業者には、帳簿を一般に閲覧させる義務はありません。

罰則

●帳簿を備え付けず、帳簿に記載せず、もしくは帳簿に虚偽の記載をし、または帳簿を保存しなかったとき
➡ 30万円以下の罰金

② 帳簿の記載事項

帳簿の記載事項は、次の①～⑥のとおりです。

① 委託者の商号、名称または氏名
② 管理受託契約を締結した年月日
③ 契約の対象となる賃貸住宅（委託の対象となる部分および維持保全の対象となる附属設備）

注意
必要があるときには、行政によって、業務改善命令、1年以内の業務停止、登録取消しによる監督処分が行われる。

注意
サプリース事業における特定転貸事業者については、業務状況調書等を事業年度経過後3か月以内に作成し、備え置かれた日から起算して3年を経過する日までの間、営業所等に備え置き、営業時間中は閲覧させることが義務づけられている。賃貸住宅管理業者の帳簿の備付け義務と、特定転貸事業者の業務状況調書等の備置きおよび閲覧の義務（法32条）とは、義務の内容が異なっている。

④ 受託した管理業務の内容
⑤ 報酬の額
⑥ 特約その他参考となる事項

　帳簿の記載事項としての管理業務の内容（④）は、管理受託契約において規定する委託業務の内容です。賃貸住宅管理業法上の管理業務（法2条2項）に限られません。

Column

📖 コメント
⑤の「報酬の額」には、管理業務のために賃貸住宅管理業者が一時的に支払い、後にその費用の支払いを賃貸人から受ける費用（水道光熱費や物品の購入費用など）の額を含む。
⑥の「参考となる事項」としては、国土交通省の標準管理受託契約書に定めのない条項など

⑧ 標識の掲示

出た！ R3

　賃貸住宅管理業者は、営業所または事務所ごとに、公衆の見やすい場所に、定められた様式の標識を掲げなければなりません（法19条）。

　標識には、様式が定められています。

😞 罰則
●標識の掲示義務に違反したとき
➡ 30万円以下の罰金

❗ 注意
必要があるときには、行政によって、業務改善命令、1年以内の業務停止、登録取消しによる監督が行われる。

📖 コメント
標識をインターネットのホームページに掲示することは認められない。

⑨ 監督処分

出た！ R4・5

　行政による監督処分には、業務改善命令、業務停止、登録の取消しがあります。業務停止命令（全部または一部）は、1年以内の期間を定めて発令されます。

　また、業務停止、登録の取消しは、本人に通知されたうえで、公告されます。

① 業務改善命令

　業務の方法の変更、その他業務の運営の改善に必要な措置の命令

📖 コメント
業務停止命令と登録取消しは公告される。業務改善命令は公告されない。

📖 コメント
国土交通大臣は、登録の有効期間満了、廃業等の届出、登録取消しの場合には、登録を抹消しなければならない。

コメント
業務改善命令の対象は、処分の日から過去5年以内に行われた違反行為（R5問30肢ア）

コメント
業務停止命令の対象は、処分の日から過去5年以内に行われた違反行為。停止を命ずることができる業務は、新たな契約締結に関するものに限る。適法に締結されている管理受託契約の履行の停止を命ずることはできない。

② 1年以内の業務停止

- 欠格事由に該当したとき
- 不正の手段によって登録を受けたとき
- 法令違反または業務改善・停止命令違反があったとき

③ 登録が取り消されるケース

- 欠格事由に該当したとき
- 不正の手段によって登録を受けたとき
- 法令違反または業務改善・停止命令違反があったとき
- 登録から1年以内に業務を開始せず、または引き続き1年以上業務を行っていないとき

☹ 罰則

- 業務改善命令に従わなかったとき
  ➡ 30万円以下の罰金
- 業務停止命令に違反したとき
  ➡ 6か月以下の懲役もしくは50万円以下の罰金（またはこれを併科）

④ 報告徴収と立入検査

国土交通大臣は、賃貸住宅管理業者に対し、業務に関し報告を求め、職員に、賃貸住宅管理業者の営業所、事務所その他の施設に立ち入り、業務の状況、設備、帳簿書類その他の物件を検査させ、もしくは関係者に質問させることができます。

立入検査をする職員は、その身分を示す証明書を携帯し、関係者に提示しなければなりません。

☹ 罰則

- 報告しない、虚偽の報告をした、検査を拒否、妨害または忌避した
- 質問に対して答弁をしない、虚偽の答弁をした
  ➡ 30万円以下の罰金

⑩ 罰　則

具体的な違反の内容と、科される罰則の種類は以下のとおりです。

📖コメント
賃貸住宅管理業法上の賃貸住宅管理業者の規律等の違反行為について、法人の代表者、使用人その他の従業者や、個人事業者の代理人が、賃貸住宅管理業務に関し、違反行為をしたときは、行為者を罰するほか、法人または個人事業者に対して罰金刑が科される（両罰規定）。

ポイント整理
📁 違反内容と罰則の種類

●無登録での営業 ●不正の手段による登録 ●名義貸しの禁止	1年以下の懲役もしくは100万円以下の罰金（またはこれを併科）
●登録取消し違反 ●業務停止命令違反	6か月以下の懲役もしくは50万円以下の罰金（またはこれを併科）
●業務管理者不選任 ●違法な契約締結 ●契約書面の不交付、 　虚偽の記載 ●証明書の携帯等違反 ●帳簿の備付け等違反 ●標識の掲示等違反 ●秘密を守る義務違反 ●業務改善命令違反 ●検査忌避 ●変更の届出違反	30万円以下の罰金
●廃業の届出違反	20万円以下の過料
●業務処理の原則 ●重要事項説明 ●再委託の禁止 ●分別管理 ●定期報告	罰則の定めなし

第5編 賃貸住宅管理業法に関する事項

第3章

特定賃貸借（サブリース）

重要度ランク
A

攻略ポイント

- サブリース業者は「特定転貸事業者」、マスターリース契約は「特定賃貸借契約」という用語が使われる
- 賃貸住宅管理業法はサブリース事業について、業を行うこと自体の規制（参入規制）ではなく、業務におけるルールを決めるという方法で規制している

① 特定賃貸借の規律の概要

出た！ R4

コメント

パススルー型のマスターリース（転借人から受領する賃料と貸主に支払う賃料が同額の場合）についても、そのことだけでは営利性（事業を営むことの要件）は否定されない（R4問35）。

1年間の海外留学期間中、第三者に転貸することを可能とする条件でされた貸主と借主との間の賃貸借契約は、特定賃貸借契約に該当しない（R4問35）。

1 特定転貸事業者

　賃貸住宅管理業法では、サブリース業者のことを「特定転貸事業者」という用語を使っています。それには、マスターリース契約に基づいて賃借した賃貸住宅を、第三者（入居者）に転貸する事業を営む者が該当します。

> 「事業を営む」とは、営利の意思をもって反復継続的に転貸することです。営利の意思の有無は客観的に判断されます。

ポイント整理

サブリース事業のしくみ

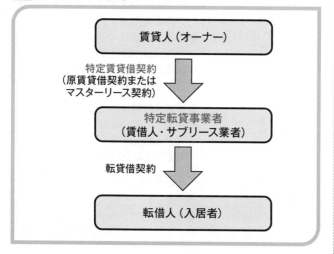

② 特定賃貸借契約

① 特定賃貸借契約の定義

　賃貸住宅管理業法では、マスターリース契約のことを「特定賃貸借契約」という用語を使っています。賃貸住宅の賃貸借契約において、賃借人が賃貸住宅を第三者（入居者）に転貸する事業を営むことを目的として締結される契約です。

　転貸借契約との関係でみれば、原賃貸借契約になります。

> 　個人が賃借した賃貸住宅を一時的に転貸する場合は、特定賃貸借契約に該当しません。また、賃貸人と密接な関係を有する場合（次の②のア～キ）も含まれません。

② 特定賃貸借契約から除外される賃貸借

　賃貸人と賃借人が次の関係にある場合、特定賃貸借契約から除外されます。

出た！ R4

📝コメント
再転貸によって賃貸住宅を第三者（入居者）に使用させる場合には、賃借人（転貸人）と転借人（再転貸人）の間の賃貸借契約が、特定賃貸借契約になる（R4問35）。

❗注意
特定賃貸借契約に基づいて入居者との賃貸借契約を締結することについては、法規制は受けない（R4問31）。

	賃貸人	賃借人
ア	個　人	●個人の賃借人では、賃貸人の親族である個人 ●法人の賃借人では、賃貸人またはその親族が役員である法人 ※親族とは、6親等内の血族、配偶者および3親等内の姻族
イ	会　社	●賃貸人の親会社、子会社、関連会社 ●賃貸人の親会社の子会社 ●賃貸人が他の会社等の関連会社である場合におけるその他の会社
ウ	登録投資法人（Jリート）	登録投資法人の資産運用会社の関係会社
エ	特定目的会社（TMKまたはSPC）	委託を受けて特定資産の管理処分業務を行う者の関係会社（資産流動化法）
オ	組　合（組合員の間で不動産特定共同事業契約が締結されている場合）	組合の業務執行者または業務執行者の関係会社（不動産特定共同事業法）
カ	特例事業者	特例事業者の委託を受けて業務を行う不動産特定共同事業者の関係会社（不動産特定共同事業法）
キ	信託の受託者	信託の委託者または受益者の関係会社等

コメント
表中のウからキまででは、賃貸人の関係会社が賃借人のときではなく、右の欄に記載したものについて、それぞれの関係会社が賃借人であることが、特定賃貸借契約からの除外事由となる。たとえばキでは、信託の受益者が賃貸人の場合には除外されない。

発展
サービス付き高齢者向け住宅についても、賃貸住宅の借り上げによる場合には、特定転貸事業者になる。

社宅代行業者が、賃貸住宅をオーナーから借り上げ、企業に転貸するケースは、以下のように判断されます。

●社宅代行業者 ➡ 特定転貸事業者にあたる

Column

●企業（転借人）➡ 一般には特定転貸事業者にあたらない

ポイント　社宅は社内規定等に基づいて従業員等に利用させているのであり、転貸する事業を営む者ではないから

③ サブリース事業の行為規制

出た！ R4

サブリース事業を行うこと自体は、規制されません（登録は必要がない）。

その一方で、サブリース事業に対しては、**遵守すべき5つの義務**を定め、規制を加えています（行為規制）。

このうち、**ア．誇大広告等の禁止**と**イ．不当な勧誘行為等の禁止**は、特定転貸事業者だけではなく、勧誘者にも義務づけられます。

ポイント整理

📁 サブリース事業における5つの義務

ア．誇大広告等の禁止 ┐
イ．不当な勧誘行為等の禁止 ┘ 勧誘者にも義務づけ

ウ．重要事項説明

エ．契約締結時書面の交付

オ．書類の備置きと閲覧

勧誘者とは、建設会社、不動産業者、金融機関等の法人やファイナンシャルプランナー、コンサルタント等の個人などです。サブリース業者が自社名の入った名刺の利用を認めているような場合も、勧誘者になります。

Column

サブリースが社会問題になったことについては、サブリース業者だけではなく、勧誘者の広告や勧誘が不当に行われていたことが背景にあったため、賃貸住宅管理業法では、勧誘者にも義務を課しました。

---

④ 勧誘者に対する規制

出た！ R3・5

① 勧誘者

勧誘者とは、サブリース業者がマスターリース契約の勧誘を行わせる者で、サブリース業者から委託されていることが必要です。その他、以下のようなポイントがあります。

📝 コメント

サブリース事業についての義務の遵守については、行政によって監督が行われ、義務違反者には、指示や業務停止の処分が行われる。また、義務違反者には、罰則（懲役、罰金）も課される（R4問29）。

第5編 賃貸住宅管理業法に関する事項

❗注意

サブリース業者から委託料を受け取っていなくても勧誘者になる。

📝 **コメント**

勧誘行為は、マスターリース契約の内容を説明することや、マスターリース契約を前提とした賃貸住宅の建設、土地の購入、資産運用の企画提案を行うこと、ワンルームマンションやアパートの購入を勧めることなど。マスターリース契約のメリットを強調して契約締結の意欲を高めれば、勧誘行為にあたる。不動産業者が土地購入の勧誘とともに特定賃貸借契約の勧誘を行う場合には、土地の購入の勧誘を行う時点で事実告知が必要 (R5問35肢4)

● サブリース業者との資本関係は不要

● 関係性は客観的に判断される

● 勧誘者から勧誘行為の再委託を受けて再勧誘をする者も、勧誘者に該当する

● 親会社であるサブリース業者とのマスターリース契約の締結を勧める子会社も、勧誘者に該当する

委託は明示である必要はなく（黙示でもよい）、委託の形式を問われません。自発的な勧誘でも委託を受けた勧誘になります。

② 勧　誘（勧誘行為）

勧誘とは、マスターリース契約締結の意思の形成に影響を与える程度に勧めることです。不特定多数の者に向けた行為も勧誘になります。契約の内容や条件等を具体的に認識できることが必要です。

■ポイント 契約の内容や条件等に触れずに、単に業者を紹介する者は該当しない。

② 誇大広告

1 概　要

サブリース業者（特定転貸事業者）および勧誘者の両者（特定転貸事業者等）には、誇大広告等（虚偽広告と誇大広告）が禁止されます（法28条）。

① 義務の主体

特定転貸事業者が主体となります（勧誘者も含まれる）。営業所等が行う広告でも、誇大広告等は禁止されます。

② 禁止行為

誇大広告等として禁止されるのは、虚偽広告と誇大広告です。

📝 **コメント**

誇大広告等の禁止は、広告の媒体の種類を問わない。新聞の折込チラシ、配布用のチラシ、新聞、雑誌、テレビ、ラジオ、インターネット等、いずれにおいても誇大広告等は禁止される。

虚偽広告	著しく事実に相違する表示。事実との相違が著しいことを要する
誇大広告	実際のものよりも著しく優良・有利とみせかけ、誤認させる表示。優良性・有利さが著しいことを要する

Column

「著しく」は、事実（実際のもの）と表示内容の相違を知っていれば、通常契約に誘引されないと判断される程度を指す表現です（R5問34肢1）。「著しく」相違するかどうか（優良性・有利さが「著しい」かどうか）は、相違の度合いの大きさだけで判断されるのでなく、また、一つひとつの文言等のみではなく、表示内容全体から受ける印象と認識により総合的に判断されます。

😞罰則

● 著しく事実に相違する表示をし、または実際のものよりも著しく優良であり、もしくは有利であると人を誤認させるような表示をしたとき
➡ 30万円以下の罰金

❗注意
必要があるときには、行政による監督処分（指示、1年以内の業務停止）が行われる。

第5編
賃貸住宅管理業法に関する事項

② 打消し表示の意義

広告において、断定的表現や目立つ表現による有利さを強調する表示は、一般に無条件、無制約にあてはまるものと受け止められてしまいます。表示内容に対する例外や短所は、通常は、予期できません。

◆ポイント そのために、例外や短所をわかりやすく表示しなければならない。

Column

有利さに対する例外や短所の表示を、「打消し表示」といいます。
広告において、長所のみを強調し（強調表示）、打消し表示をしなかったり、打消し表示を目立ちにくくすることは、誇大広告等に該当し、違法行為となります。

③ 打消し表示における留意事項

① すべての媒体に共通の留意事項（文字の大きさと位置）

文字の大きさ	●打消しが、実際に目にする状況において適切な大きさであること ●媒体ごとの特徴も踏まえること
文字の位置	●打消しの場所が適切であること ●強調表示から離れている、どの強調表示に対応するか認識できない、文字と背景との区別がつきにくいなどは、適切ではない

② 媒体ごとの留意事項

紙面広告	●打消しを強調表示に隣接させること ●文字の大きさのバランス、色、背景等から一体として認識できること
WEB広告 （PC、スマートフォン）	●打消しを強調表示に隣接させること ●同一画面にある他の表示と比べて、打消しの文字が注意を引きつけること ●文字の大きさのバランス、色、背景等から、一体として認識できること
動画広告	表示の時間が短く、読み終えられない表示になっていないこと

動画広告において、強調表示の表示後、画面が切り替わって打消し表示が表示され、打消し表示に気づかない、どの強調に対する打消し表示であるか認識できない、文字と音声の両方で表示された強調表示に注意が向けられ、文字のみで表示された打消し表示に注意が向かないような表示は不適切であり、誇大広告等にあたります。

Column

③ 体験談の留意事項

　賃貸住宅経営には賃貸住宅の立地等の個別の条件が大きな影響を与えます。それにもかかわらず、「大多数の人がマスターリース契約を締結することで同じようなメリットを得ることができる」という認識を抱いてしまうような体験談は、誇大広告等となります。

　体験談とは異なる賃貸住宅経営の実績となっている事例が一定数存在する場合等には、「個人の感想です。経営実績を保証するものではありません」といった打消し表示が明瞭に記載されていても、誇大広告となります。

④ 誇大広告等が禁止される事項

　誇大広告等の禁止の対象となる広告の項目は、次の①〜④のとおりです。

① 家賃の額、支払期日、支払方法などの賃貸条件、および賃貸条件の変更	家賃の見直しの時期、減額請求権、利回りなど
② 維持保全の実施方法	サブリース業者が行う維持保全の内容、頻度、実施期間等
③ 維持保全に要する費用の分担	費用負担者、負担割合
④ マスターリース契約の解除	契約期間、更新時期、更新拒絶等の要件（借地借家法28条）に関する事項

5 広告表示における留意事項

① 家賃の額などの賃貸条件について

「家賃保証」「空室保証」という表示をする場合には、隣接する箇所に、以下の点に注意して表示を行わなければなりません。

- 賃料は、賃料減額請求（借地借家法32条）により減額される可能性がある
- 定期的な家賃の見直しがある場合には、その旨を表示すること
- これらの表示は、文字の大きさのバランス、色、背景等から、「家賃保証」「空室保証」の表示と一体として認識できること
- 確実に利益を得られると誤解させないこと

  ポイント 利回りを保証しないのに、「利回り〇%」とのみ記載するのは誇大広告等にあたる。

② 維持保全の実施方法

- 実際には実施しない維持保全の内容の表示をしていないこと
- 実施しない場合があるにもかかわらず、実施されると誤解させないこと

③ 賃貸住宅の維持保全に要する費用の分担

賃貸人が負担する費用について、実際のものよりも著しく低額であるかのように誤解させないことが必要です。

④ マスターリース契約の解除に関する事項

解約可能であるにもかかわらず、契約期間中に解約されることはないと誤解させないことが必要です。

特に、「〇年間借り上げ保証」などの表示を行う場合は、期間中であっても、業者から解約をする可能性があることや、賃貸人からの中途解約条項がある場合であっても、賃貸人から解約する場合には、借地借家法第28条に基づき、正当な事由がなければ解約することができないことを表示

コメント
実際には毎月オーナーから一定の費用を徴収して原状回復費用にあてる、または大規模修繕積立金として毎月の家賃から一定額を差し引くにもかかわらず、「原状回復費負担なし」という表示をすることは、誇大広告等にあたる（R3問39）。

コメント
休日や深夜は受付業務のみ、または全く対応されないのに24時間対応と表示をすることは誇大広告（R5問34肢4）

コメント
禁止される表示の例
周辺相場を調査せず、「周辺相場より高い家賃で借り上げ」と表示（R3問39）。
契約を解除するには家賃数か月分を支払う必要があるのに、「いつでも借り上げ契約を解除できます」と表示（R3問39）

する必要があります。

　また、賃貸人から自由に更新を拒絶できると誤解させる
ような表示をしていないことも重要です。

　🖊️**ポイント**　借地借家法により、賃貸人からは正当事由がなけれ
ば解約できない。

❸ 不当勧誘

出た！ R3・5

① 概　要

① 義務の主体

　サブリース業者（特定転貸事業者）と勧誘者の両方（特
定転貸事業者等）が義務の主体になります。

② 不当な勧誘等

　不当な勧誘等には、事実不告知または不実告知と法施行
規則禁止行為があります。

ア．事実不告知または 　　不実告知	法律による禁止行為
イ．法施行規則による 　　禁止行為	a．威迫行為 b．迷惑時間の勧誘 c．困惑させる行為 d．再勧誘（執ような勧誘）

😞罰則

●事実不告知または不実告知については、違反者は
➡️ 6か月以下の懲役もしくは50万円以下の罰金（また
はこれを併科）
　🖊️**ポイント**　法施行規則による禁止行為には、罰則は設けら
れていない。

📄**コメント**
賃貸住宅管理業法の施行
前に締結された特定賃貸
借契約についても、不当
な勧誘等の禁止の義務の
規定は適用になる。

❗**注意**
必要があるときには、行
政による監督処分（指示、
1年以内の業務停止）が
行われる。

🗂 不当な勧誘等の禁止

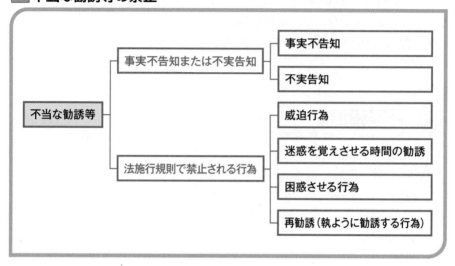

② 事実不告知または不実告知

　特定転貸事業者等は、マスターリース契約に関する事項のうち、相手方（賃貸住宅の賃貸人）の判断に影響を及ぼすこととなる重要なものにつき、事実を告げない行為を行ってはならず、または不実のことを告げてはなりません。

① 目的および時期

目 的	働きかけの時期
契約の締結をさせるため	契約締結前
契約の解除を妨げるため （解除の意思を断念させたり、意思表示をすべき時期が過ぎるように仕向けるなど）	契約締結後

② 行 為

　相手方（賃貸住宅の賃貸人）の判断に影響を及ぼす重要なものに関する事実の不告知または不実告知です。

重要なものとは、適切な情報提供が行われなかった場合、相手方等の不利益に直結するものです。
　重要なものとなる事項としては、

Column

- ●家賃の額等の賃貸の条件やその変更
- ●サブリース業者が行う賃貸住宅の維持保全の内容および実施方法
- ●長期修繕等の費用負担

が考えられます。

③ 故　意

　不当な勧誘等として禁止されるのは、故意に行われる行為です。故意がなければ、違反行為にはあたりません（単なる過失による行為は禁止行為ではない）。

　もっとも、当然に知っていると考えられる事実を告げないような場合には、故意があると判断されます。

📝コメント
故意は内心の心理状態だが、客観的な事実から判断される。

　事実不告知または不実告知が行われれば、それだけで不当な勧誘等になります。実際にはマスターリース契約が締結されなくても、また、実際には相手方が契約解除を妨げられなかったとしても、事実の不告知または不実告知があれば違法行為になります（R5問35肢3）。

Column

④ 事実不告知の例

ア．サブリース事業のメリットのみ伝え、デメリットを伝えない行為

　将来の家賃減額リスクがあること、契約期間中であっても特定転貸事業者から契約解除の可能性があることや借地借家法の規定により賃貸人からの解約には正当事由が必要であること、賃貸人の維持保全、原状回復、大規模修繕等の費用負担があること等について、あえて伝えていない。

第5編
賃貸住宅管理業法に関する事項

イ．契約更新をしない場合の条項を告げない行為

　家賃見直しの協議で合意できなければ契約が終了する条項や、一定期間経過ごとの修繕に応じない場合には契約を更新しない条項があり、それを勧誘時に告げないこと

ウ．支払い免責期間を伝えない行為

　特定賃貸借契約における新築当初の数か月間の借り上げ賃料の支払い免責期間があることについて、賃貸人となろうとする者に説明しないこと

⑤ **不実告知の例**

ア．家賃が減額されないと述べる行為

　借地借家法により、賃貸人に支払われる家賃が減額される場合があるにもかかわらず、断定的に、

「都心の物件なら需要が下がらないのでサブリース家賃も下がることはない」

「サブリース事業であれば家賃100%保証で、絶対に損はしない」

「家賃収入は将来にわたって確実に保証される」

といったことを伝える行為

イ．原状回復の負担があるのに負担はないと伝える行為

　原状回復費用を賃貸人が負担する場合があるにもかかわらず、

「原状回復費用はサブリース会社が全て負担するので、入退去で大家さんが負担することはない」

といったことを伝える行為

ウ．修繕費用が賃貸人負担になる場合があるのに賃貸人に修繕費用の負担はないという行為

　大規模な修繕費用は賃貸人負担であるにもかかわらず、

「維持修繕費用は全て事業者負担である」

といったことを伝える行為

エ．相場より高い家賃設定で賃貸できないのに、できると伝える行為

発展
支払い免責期間は、「フリーレント期間」ともいわれる。

コメント
いつでも中途解約できると誤って告知することは不実告知になる（R5問35肢2）。

276

オ．相場より低い家賃設定なのに家賃設定は相場より高いという行為

③ 法施行規則による禁止行為

特定転貸事業者等は、法施行規則によって、以下の4つの行為を行ってはならないものとされています。

① 威迫行為
② 迷惑時間の勧誘
③ 困惑させる行為
④ 再勧誘（執ように勧誘する行為）

① 威迫行為（いはくこうい）

禁止行為	禁止行為は威迫であり、威迫とは、相手に不安の念を抱かせる行為（脅迫にまで至らない行為） **ポイント** 恐怖心を生じさせるならば、威迫でなく、脅迫になる。
目　的	●マスターリース契約を締結または更新させるため 　　　または ●マスターリース契約の申込みの撤回や解除を妨げるため **ポイント** どちらかの目的がなければ、禁止行為にはあたらない。

② 迷惑時間の勧誘

禁止行為	迷惑を覚えさせる時間の勧誘
勧誘が禁止される時間	一般的には、午後9時から午前8時までの時間帯 **ポイント** 相手方等に承諾を得ている場合の勧誘は、禁止されない。

コメント

事実不告知・不実告知と威迫行為では、禁止される場面（禁止される行為の目的）が違っている。
●事実不告知・不実告知
　➡契約を締結させる目的、または解除を妨げる目的
●威迫行為➡契約を締結させる／更新させる目的、または契約の申込みを撤回／解除を妨げる目的

コメント

「なぜ会わないのか」「契約しないと帰さない」などと声を荒げ、面会を強要するなどして相手方を動揺させるような行為が、威迫になる（R5問35肢1）。

コメント

午後9時から午前8時というのは一般論。個別事案においては、迷惑を覚えさせる時間かどうかは、相手方等の職業や生活習慣等に応じ個別に判断される。

禁止される 勧誘の方法	電話と訪問（業者が自ら訪れること）による 勧誘が禁止 　**ポイント**　それ以外は禁止されない。たとえば、相手方等が業者の事務所を訪ねてきた際に勧誘することは、禁止されない。
目　的	契約の締結、契約の更新をさせる目的が必要 　**ポイント**　申込みの撤回や解除させようとする場合は、含まない。

③ 困惑させる行為

禁止行為	私生活や業務の平穏を害する方法により、困惑させる行為 　**ポイント**　相手方等に承諾を得ている場合の勧誘は、禁止されない。
目　的	契約の締結、契約の更新をさせる目的が必要 　**ポイント**　申込みの撤回や解除させようとする場合は、含まない。

深夜の勧誘、長時間の勧誘や、相手方等が勤務時間中であることを知りながら行う執ような勧誘は、困惑させる行為になります。

Column

④ 再勧誘（執ように勧誘する行為）

禁止行為	●相手方等が勧誘拒絶した後の再勧誘（執ように勧誘する行為） ●勧誘拒絶＝契約の締結、または更新をしない旨の意思の表示（再勧誘を拒む意思を含む） ●勧誘拒絶の意思＝明示的である必要がある。口頭でもよい 　**ポイント**　いったん勧誘中止後、改めて勧誘することも禁止される。
禁止される 勧誘の方法	方法や場所を問わない。電話、自宅、事務所その他いずれの場所におけるどのような種類の勧誘も許されない

！注意
迷惑時間の勧誘と困惑させる行為は、いずれも、契約を締結させる目的、契約を更新させる目的として行われることが禁じられている（申込みの撤回や解除を妨げる目的の行為は含まれない）。

コメント
その他の行為については、困惑させる行為になるかどうかは、個別事案ごとに判断される。

コメント
同一のサブリース業者の他の担当者による勧誘であっても、再勧誘になる。

> 勧誘拒絶には、「契約をしません」「更新しません」など契約締結や更新を拒むことと、勧誘について、「お断りします」「必要ありません」「結構です」「関心ありません」「迷惑です」など勧誘自体を拒むことの両方を含みます。勧誘拒絶の後の再勧誘が禁止行為になります。

Column

❹ 特定賃貸借契約重要事項説明　出た! R3・4・5

① 概　要

　サブリース業者（特定転貸事業者）は、契約締結前に、賃貸住宅の賃貸人に対し、マスターリース契約の内容および履行に関する重要事項について、書面を交付して説明しなければなりません（法30条）。

説明義務の主体	サブリース業者（特定転貸事業者） ポイント　勧誘者は含まない。
説明を行う者	特定転貸事業者自らが行う必要がある。ただし、実際に説明を行う者に制限はない。誰が説明してもかまわない
説明の方法	書面を交付して説明を行う ポイント　業務管理者が書面に記名押印をすることは求められていない。
説明の相手方	マスターリース契約締結の相手方（賃貸住宅の賃貸人）。ただし、相手方が次の者の場合、説明は不要 ① 賃貸住宅管理業者 ② サブリース業者（特定転貸事業者） ③ 宅地建物取引業者 ④ 特定目的会社 ⑤ 組合（組合員の間で不動産特定共同事業契約が締結されている場合） ⑥ 賃貸住宅に係る信託の受託者 ⑦ 独立行政法人都市再生機構 ⑧ 地方住宅供給公社 ポイント　上記①～⑧以外の場合は、たとえ相手方に専門的知識があったとしても説明が必要

第5編 賃貸住宅管理業法に関する事項

📝 コメント
表中「説明の相手方」の①～⑧は、マスターリース契約について、専門的知識および経験を有する者であることから、説明の相手方からは除外される。

	変更契約でも説明が必要
説明の時期 （事前に行う こと）	●変更契約では、変更される事項についてだけ、書面交付し、説明すれば足りる ●法施行前に締結された契約で、法施行後に説明をしていないときは、全ての事項について説明が必要。内容に変更のない更新であれば説明不要 ●契約の同一性を保ったままでの契約期間のみの延長や、組織運営に変更のない商号または名称等の変更等の形式的な変更については、説明は不要

💬 コメント
説明は法律上は契約前に行えばよい。R4問39では、特定賃貸借契約重要事項説明から特定賃貸借契約の締結までに、1週間以上の期間をおかなければならない、という肢が誤りの肢として出題されている。

💬 コメント
賃貸住宅の売却等により、賃貸人たる地位が移転する場合には、新賃貸人に当該特定賃貸借契約の内容が分かる書類を交付することが望ましい（R5問36肢2、4）。

❗注意
必要があるときには、行政による監督処分（指示、1年以内の業務停止）が行われる。

説明にあたっては、説明の相手方の属性や知識、これまでの賃貸住宅経営の実態、財産の状況、賃貸住宅経営の目的、リスク管理判断能力等に応じた対応が求められます。

Column

😣罰則
●書面を交付せず、または必要事項を記載しない書面もしくは虚偽の記載のある書面を交付したとき
➡ 50万円以下の罰金

2 マスターリース契約の説明事項

重要事項説明において説明すべき事項は、次の①〜⑭の事項です。

① サブリース業者の商号、名称・氏名、住所

② 対象となる賃貸住宅（賃貸住宅の面積を含む）

③ 家賃・敷金等の額、支払期日、支払方法等の賃貸の条件、その変更

●家賃の設定根拠、契約期間中の家賃変更の可能性
●契約当初の家賃の支払いの免責期間など

💬 コメント
「家賃の設定根拠」としては、近傍同種の家賃相場など（③の関係）

契約期間中でも、賃料減額請求権の行使によって家賃変更の可能性があることが、説明事項になります。

Column

コメント
入居率に応じて家賃が変動する場合など、家賃が一定ではない場合には、「入居者からの家賃の○％」などと書面に記載して説明すればよい。

④ **維持保全の実施方法**

- 住戸や共用部分の点検、点検等の結果を踏まえた維持、入居者からの苦情や問い合わせへの対応等
- 維持保全の回数や頻度について、可能な限り具体的に説明

コメント
修繕はサブリース業者の指定業者が施工するという条件を定める場合は、その旨が説明事項になる（④の関係）。

⑤ **維持保全費用の分担（賃貸人とサブリース業者のどちらが費用を負担するか）**

- 維持保全の設備ごとの具体的な内容
- 賃貸人負担となる経年劣化や通常損耗の修繕費用等も具体的に説明

⑥ **維持保全の実施状況の報告（賃貸人に報告する内容や頻度）**

⑦ **損害賠償額の予定と違約金**

⑧ **サブリース業者の責任と免責**

- 天災等による損害等の場合、業者が責任を負わないなら、その旨
- 賃貸人の賠償責任保険等への加入。保険で補てんされる損害は業者が責任を負わないのであれば、その旨。賃貸人が賠償責任保険に加入しないことは説明事項ではない

⑨ **契約期間**

- 普通借家契約か定期借家契約か（契約の類型）
- 契約期間は家賃が固定される期間ではないこと

コメント
家賃が支払われない場合等の債務不履行や契約の解約の場合等の損害賠償額の予定または違約金の定めが、説明事項とされている。

発展
引渡日に物件を引き渡さないのであれば、その内容が説明事項になる（R5問38肢2）。
重要事項説明時点で引渡日が決定していない場合は、引渡しが決定した時点でその旨を説明し、契約締結時書面の再交付を行う必要がある。

第5編 賃貸住宅管理業法に関する事項

⑩ 転借人の資格その他の転貸の条件

- ●反社会的勢力への転貸の禁止
- ●学生限定等の転貸の条件を定めるなら、その旨

⑪ 転借人（入居者）への維持保全の実施方法の周知

- ●業者が行う維持保全の具体的な内容を転借人（入居者）にどのように周知するか（対面、書類の郵送、メール送付等）
- ●入居者からの苦情や問い合わせへの対応の具体的な内容（設備故障、水漏れ等のトラブル、騒音等の居住者トラブル等）、対応する時間、連絡先

📝 コメント
特定賃貸借契約を定期建物賃貸借でない契約（普通物賃貸借）とした場合であって、家賃の減額請求ができないとする特約がある場合には、特約があっても家賃の減額請求をすることができるとの説明が必要である。そのような特約がない場合には、特約がある場合の説明は不要である（R4問40）。

⑫ マスターリース契約の更新と解除

- ●契約の更新の方法（協議のうえ更新できる等）、契約の解除の場合の定めを設ける場合は、その内容
- ●更新拒絶には正当事由が必要であること
- ●解除の特約があれば、その内容

⑬ マスターリース契約が終了した場合における、権利義務の承継に関する事項

- ●マスターリース契約終了の場合、賃貸人が転貸人の地位を承継することとする定めがあれば、その旨
- ●転貸人の地位を承継した場合に、正当事由なく入居者の契約更新を拒むことはできないこと、サブリース業者の敷金返還債務を承継すること等

📝 コメント
定期建物賃貸借の場合、賃料減額できない旨の特約を定めても減額請求ができることが説明事項という記述は誤り。賃料減額できない旨の特約は有効だから（R5問38肢3）

⑭ 借地借家法、その他マスターリース契約に係る法令に関する事項の概要

- ●借賃増減請求権（借地借家法 32 条 1 項）
- ●更新拒絶等の要件（同法 28 条）
- ●定期建物賃貸借（同法 38 条）

③ 説明の実施

説明は、対面および口頭で行うことが必要です。

ポイント 新規契約の重要事項説明については、電話やメールによる説明はできない。

ただし、テレビ会議等のＩＴを活用する説明は可能です。テレビ会議等の活用には、以下の①〜③の３つの条件を満たす必要があります。

① 映像の視認、音声の聞取り

説明者および重要事項の説明を受けようとする者が、図面等の書類および説明の内容について十分に理解できる程度に映像を視認でき、かつ、双方が発する音声を十分に聞き取ることができるとともに、双方向でやりとりできる環境において実施していること。

映像および音声の状況について、説明者が説明を開始する前に確認していること。

② あらかじめの書面の送付（承諾がある場合を除く）

重要事項の説明を受けようとする者が承諾した場合を除き、重要事項説明書および添付書類をあらかじめ送付していること。

③ 書面を確認しながらの説明

重要事項の説明を受けようとする者が、重要事項説明書および添付書類を確認しながら説明を受けることができる状態にあること。

④ 説明の方法

① 書面の交付

重要事項説明は、書面（重要事項説明書）を交付して行う必要があります。

ポイント 重要事項説明書と契約締結時書面を兼ねて一体のものとすることはできない（重要事項説明は契約前、契約締結時書面の交付は契約後に交付するため）。

コメント

新規のマスターリース契約の重要事項説明は、電話やメールで行うことはできない。
変更契約については、①〜③の要件を満たせば、電話で行える。
①契約締結までに書面を送付し、時間をとること
②委託者（貸主）からの依頼
③説明書等を確認できることの説明開始前の確認
④事後の確認
いったん依頼があっても、後日、対面またはＩＴによる説明をするよう申出があったときは、申出に応じなければならない。

第５編 賃貸住宅管理業法に関する事項

📁 書面の記載方法

書面の内容を十分に読むべき旨の記載	●太枠を設けてその中に記載する ●太字波下線、日本産業規格 Z8305 に規定する 12 ポイント以上の大きさ ●借地借家法第 32 条、第 28 条の適用を含めたリスク事項を記載する
文字・数字の大きさ	●日本産業規格 Z8305 に規定する 8 ポイント以上の大きさの文字および数字を用いる
家賃減額の記載	●サブリース業者が賃貸人に支払う家賃の額の記載の次に、当該額が減額される場合があること（借地借家法第 32 条に基づく減額請求など）、賃貸人は必ず減額請求を受け入れなくてはならないわけではないこと等を記載する
解約に正当事由が必要という記載	●契約期間の記載の次には、賃貸人からの解約、更新拒絶には正当事由が必要であること等を記載する（借地借家法 28 条）

② **電磁的方法による情報提供**

ア．電磁的方法による情報提供

　賃貸住宅管理業者は、本来、書面（重要事項説明書）を交付して、説明を行うことが求められます。

　しかし、重要事項説明において、書面の交付に代えて、相手方の承諾を得て、電磁的方法により情報提供をすることが認められています。相手方の承諾を得たうえで、電磁的方法により情報提供を行った場合には、書面を交付したものとみなされます。

イ．電磁的方法による情報提供の方法（4つの方法）

●電子メール等
●ウェブサイトの閲覧等
●送信者側で備えた受信者ファイル閲覧
● CD-ROM、DVD、USB メモリなど、磁気ディスク等の交付

　電磁的方法による提供は、いずれの方法であっても、改変が行われていないか確認できることが必要であり、受信者が受信者ファイルへの記録を出力することにより書面を作成できるものであることを要します。

ウ．相手方の承諾

- ●承諾を得るためには、まず、情報提供の方法（電子メール、WEB からのダウンロード、CD-ROM 等）、ファイルへの記録方法（使用ソフトウェアの形式やバージョン等）を示す
- ●承諾は記録に残る方法（電子メール、WEB による方法、磁気ディスクや CD-ROM の交付等）で得ること
- ●相手方はいったん承諾をしても、撤回することが可能

　いったん承諾を得た場合でも、相手方から書面・電磁的方法により電磁的方法による提供を受けない旨の申出があったときは、電磁的方法による提供はできません。ただし、再び承諾を得た場合は、電磁的方法による提供ができます。

❗注意
相手方の承諾があっても、重要事項説明や契約締結時書面の交付を省略することはできない。

第5編 賃貸住宅管理業法に関する事項

❺ 特定賃貸借契約の締結時書面　出た！R3・4

1 概　要

　サブリース業者（特定転貸事業者）は、マスターリース契約を締結したときは、賃貸住宅の賃貸人に対し、所定の事項を記載した書面（契約締結時書面）を交付しなければなりません（法31条）。

交付義務の主体	サブリース業者（特定転貸事業者） ポイント　勧誘者は含まない。
記名押印	業務管理者が書面に記名押印をすることは求められていない

除外される相手方	特に除外される相手方の規定は設けられていない **ポイント** 重要事項説明では、相手方が専門的知識を有する者のうち所定の者なら、説明は不要だが、契約締結時書面にはこのような規定はない。
交付の時期	マスターリース契約を締結したときは、遅滞なく交付すること 変更契約でも書面交付が必要 ●変更契約では、変更される事項についてだけ、書面を交付すれば足りる ●法施行前に締結された契約で、法施行後に書面を交付していないときは、全ての事項について書面交付が必要 ●契約の同一性を保ったままでの契約期間のみの延長や、組織運営に変更のない商号または名称等の変更等の形式的な変更については書面交付は不要
マスターリース契約書との関係	マスターリース契約書を作成していれば、その契約書の交付を契約締結時書面の交付と扱ってよい（ただし、所定の事項が記載されていることを要する）

! 注意
家賃を減額するだけでも更新内容が従前と異なれば、書面交付が必要（R3問36）

コメント
特定賃貸借契約書と、特定転貸事業者が賃貸住宅の維持保全について賃貸人から受託する管理受託契約書を兼ねることは可能である（R4問38）。

! 注意
必要があるときには、行政による監督処分（指示、1年以内の業務停止）が行われる。

☹ 罰則
●書面を交付せず、または必要事項を記載しない書面もしくは虚偽の記載のある書面を交付したとき
➡ 50万円以下の罰金

2 契約締結時書面の記載事項

契約締結時書面の記載事項は、次の①〜⑬のとおりです。

① サブリース業者の商号、名称・氏名、住所

② 対象物件

③ 家賃その他賃貸の条件に関する事項

④ 賃貸住宅の維持保全の実施方法

⑤ 契約期間

⑥ 転借人の資格その他の転貸の条件に関する事項

⑦ 更新または解除に関する定めがあるときは、その内容

⑧ サブリース業者が行う維持保全のための費用の分担に関する事項

⑨ 維持保全の実施状況の報告に関する事項

⑩ 損害賠償額の予定、違約金につき、定めがあるときは、その内容

⑪ 責任および免責につき、定めがあるときは、その内容

⑫ 入居者への維持保全の実施方法の周知に関する事項

⑬ 契約終了の場合におけるサブリース事業者の権利義務の承継に関する事項

③ 電磁的方法による情報提供

① 電磁的方法による情報提供の種類

　サブリース業者は、契約締結時書面の交付に代えて、賃貸住宅の賃貸人の承諾を得て、書面に記載すべき事項を電磁的方法により提供することができます。この場合においては、書面を交付したものとみなされます。

　電磁的方法による情報提供には、以下の4つの方法があります。

- ●電子メール等
- ●ウェブサイトの閲覧等
- ●送信者側で備えた受信者ファイル閲覧
- ● CD-ROM、DVD、USB メモリなど、磁気ディスク等の交付

　いずれの方法であっても、改変が行われていないか確認できることが必要であり、また、受信者が受信者ファイルへの記録を出力することにより書面を作成できるものであることが必要です。

要点

第5編　賃貸住宅管理業法に関する事項

② 賃貸人の承諾が必要

電磁的方法による情報提供には、賃貸住宅の賃貸人の承諾が必要です。

> ポイント整理
> ### 📁 電磁的方法による情報提供における賃貸人の承諾
> - 承諾を得るためには、まず、情報提供の方法（電子メール、WEBからのダウンロード、CD-ROM等）、ファイルへの記録方法（使用ソフトウェアの形式やバージョン等）を示す
> - 承諾は、記録に残る方法（電子メール、WEBによる方法、磁気ディスクやCD-ROMの交付等）で得ること。承諾は書面でなくてもよい
> - いったん承諾を得ても、後に電磁的方法による提供を受けない旨の申出があったときは、電磁的方法による提供をすることはできない

❻ 特定賃貸借標準契約書 出た! H28・R2・3・4・5

① 意 義

国土交通省は特定賃貸借契約（マスターリース契約）のための契約書のモデル（ひな型）として、「特定賃貸借標準契約書」を公表しています。

② 賃料（5条・6条）

📝 コメント
サブリース業者は、事前の賃貸人の書面または電磁的方法による承諾があれば、賃借権を譲渡することができる（16条1項）。反社会的勢力に関しては、「本物件の全部又は一部につき、反社会的勢力に賃借権を譲渡してはならない」（8条2項）と定められている（R5問39肢2）。

1か月に満たない期間の家賃は、1か月を30日として日割計算します（5条2項）。

貸主および借主は、家賃改定日において、協議の上、家賃を改定することができます（5条3項）。

> **ポイント** 家賃の改定は一方的な意思表示によるのではなく、協議によるものと規定されている。

賃料は引渡日から発生します。しかし、引渡日から一定期間経過後を賃料の発生日として、支払い免責期間（フリーレント期間）を設けることがあります（主に入居者の勧誘

が目的）。特定賃貸借標準契約書には、支払い免責期間の項目が設定されています（6条）。

③ 転貸の条件等（9条）

転貸には条件が付けられます。

転貸借は、普通建物賃貸借と定期建物賃貸借のいずれも選択することができますが、賃貸人とサブリース業者が合意して決めます。

民泊（住宅に人を宿泊させるサービス）の可否の欄（住宅宿泊事業法に基づく住宅宿泊事業、および国家戦略特別区域法に基づく外国人滞在施設経営事業）が設けられています。

転貸借の条件として、転貸借契約において、相手方の信用を毀損する行為をしない旨を確約すること、賃借人または転借人が契約締結後に反社会的勢力に該当した場合には、催告することなく転貸借契約を解除できるとの条項を設けることとされています（9条2項四号、一号）。

サブリース業者は、転借人から交付された敷金を、整然と管理する方法により、自己の固有財産および他の賃貸人の財産と分別して管理しなければなりません（9条3項）。

④ 維持保全のための管理業務（10条）

サブリース業者は、定められた実施方法により維持保全を行わなければなりません（10条1項）。

賃貸人は、サブリース業者の管理業務に必要な情報提供の義務を負います（10条5項）。

⑤ 費用の分担等（11条）

賃貸人とサブリース業者は、賃貸住宅の維持保全に必要な費用の分担をあらかじめ決めておかなければなりません。サブリース業者の負担と取り決められたものは、サブリース業者に責任がなくても、その費用はサブリース業者が負

📝コメント
適切な維持保全を行うために必要な事項について情報を提供する義務があるのは、サブリース業者ではなく、賃貸人（R4問41）

📝コメント
サブリース業者は、業務の全部を再委託することはできないが（10条3項）、賃貸人の承諾を得て契約書に明記することによって、清掃業務などの業務の一部を、頭書他の者に再委託することは認められる（10条2項）（R5問39肢3）。

担します。サブリース業者は修繕が必要な箇所を発見したときは、賃貸人に通知し、修繕の必要性を協議します（11条5項）。

なお、賃貸人が修繕を行う場合は、サブリース業者を通じて転借人に通知しなければなりません（11条4項）。

災害または事故等の事由により、緊急に行う必要がある業務で、賃貸人の承認を受ける時間的な余裕がないものについては、賃貸人の承認を受けないで実施することができます。この場合、速やかに書面をもって賃貸人に通知しなければなりません（11条7項）。

⑥ 転借人への通知（12条）

サブリース業者は転借人に対し、維持保全の内容およびサブリース業者の連絡先を書面または電磁的方法により通知するものとされています（12条）。

⑦ 定期報告（13条）

サブリース業者は、定期に維持保全の実施状況の報告をするものとされています（書面でなくてもよい。13条1項）。

賃貸人は、この定期報告に加え、必要があるときは、サブリース業者に対し、維持保全の実施状況に関して報告を求めることができます（13条2項）。

⑧ 保険加入状況の通知（17条）

賃貸人は、サブリース業者への損害保険の加入状況の通知が義務づけられています（17条2項）。

⑨ 契約解除（18条）

家賃を3か月分以上怠った場合において、相当の期間を定めて義務の履行を催告したにもかかわらず、その期間内に義務が履行されないときは、本契約を解除することができます（18条1項）。

📝コメント
賃貸住宅管理業法に基づく管理受託契約では、管理業者から委託者に対して、書面（管理業務報告書）による定期報告の義務がある一方、法律上はサブリース業者には、賃貸人に対する報告義務は定められていない。これに対して、特定賃貸借標準契約書では、サブリース業者に賃貸人への報告義務を課している。

📝コメント
特定賃貸借標準契約書には、原賃貸人からの期間内解約の定め（中途解約条項）は設けられていない。ただし、正当事由が必要である旨を記載して説明するのであれば、特約として中途解約条項を設けることは可能

ポイント 家賃支払義務を3か月分以上怠っている場合であっても、相当の期間を定めて履行を催告することなく契約を解除することはできません（18条1項）

10 当然終了等（19条）

物件の全部が滅失その他の事由により使用できなくなった場合、契約は当然に終了します。

11 地位の承継（21条）

賃貸中の住戸については、契約終了にあたっては、修繕を行って返還をするのではなく、賃貸人が、転貸借契約における転貸人の地位を当然に承継するという取扱いがなされます（21条1項）。

コメント
特定賃貸借契約が終了した場合において賃借人が転借人から敷金の交付を受けているときは、これを転借人との間で精算するのではなく、賃貸人に転貸人の地位を承継させ、敷金の返還義務を引き継がせることとなる（R4問41）。

コメント
転借人について反社会的勢力ではない旨の確約違反や契約違反があったときには、特定賃貸借契約が終了しても、転貸人の地位は承継されない。

7 書類の備置きと閲覧

出た！ R4

1 備置き義務

サブリース業者は、業務状況調書等を、マスターリース契約に関する業務を行う営業所または事務所に備え置かなければなりません（備置き義務。法32条）。

義務の主体	サブリース業者（特定転貸事業者） **ポイント** 勧誘者は含まない。
義務の内容	**書類を備え置くこと** **ポイント** 事業年度経過後、3か月以内に作成する義務がある。 **書類を保管すること** **ポイント** 保管期間は、備え置かれた日から、3年を経過する日までの間

注意
勧誘者には、書類の備置き、保管、閲覧は義務づけられていない（R4問37）。

第5編 賃貸住宅管理業法に関する事項

備え置く書類	業務状況調書等＝業務状況調書＋財産の状況を記載した書類（貸借対照表と損益計算書）。貸借対照表と損益計算書は、これらに代わる書面で可（有価証券報告書や外資系企業が作成する同旨の書面、商法上作成が義務づけられる商業帳簿等）
備え置く場所	マスターリース契約に関する業務を行う営業所または事務所ごと **ポイント** マスターリース契約に関する業務を行っていなければ、義務はない。

コメント
営業所または事務所ごとに備え置かなければならない。主たる事務所にまとめて備え置くのでは足りない（R4問37）。

> 記載事項が、電子計算機に備えられたファイルまたは磁気ディスク等に記録され、必要に応じて紙面に表示されるときは、その記録をもって帳簿への記載に代えることができます。

Column

😣 **罰則**
● 業務状況調書等を備え置かず、または虚偽の記載のある書類を備え置いたとき
➡ 30万円以下の罰金

2 閲覧をさせる義務

サブリース業者は、マスターリース契約の相手方または相手方となろうとする者の求めに応じ、業務状況調書等を、閲覧をさせなければなりません（閲覧をさせる義務。法32条）。

コメント
賃貸住宅管理業法の施行前に締結された特定賃貸借契約についても、業務状況調書等の備置き、閲覧の義務の規定は適用になる。

❗ 注意
必要があるときには、行政による監督処分（指示、1年以内の業務停止）が行われる。

コメント
ファイルまたは磁気ディスク等が業務状況調書等とされる場合における閲覧は、紙面または営業所または事務所に設置された入出力装置の映像面に表示する方法で行う。

義務の主体	サブリース業者（特定転貸事業者） **ポイント** 勧誘者は含まない。
閲覧の対象	業務状況調書等
義務の内容	求めに応じ、業務・財産状況記載書類を閲覧させること。閲覧をさせる義務があるのは、営業所または事務所の営業時間中である **ポイント** 閲覧の相手方は、マスターリース契約の相手方、または相手方となろうとする者

> 😣**罰則**
> ●業務・財産状況記載書類を閲覧させず、または虚偽の記
> 　載のある書類を閲覧させたとき
> ➡30万円以下の罰金

③ 備置きと閲覧をさせるべき書類（業務状況調書等）

　業務状況調書等とは、業務状況調書、貸借対照表、損益計算書のことです。

> 　業務状況調書は様式が定められています。貸借対照表と損益計算書は、これらに代わる書面（有価証券報告書、商業帳簿等）でもかまいません。

> 　これらに代わる書面としては、貸借対照表、損益計算書などが包含される有価証券報告書や外資系企業が作成する同旨の書面、または商法上作成が義務づけられる商業帳簿等が想定されています（「解釈・運用の考え方」第32条関係（2））。

❽ 監督処分と罰則

① 行政による監督処分

出た! R3

　行政による監督処分には、国土交通大臣による指示と業務停止があります。

> **ポイント**　業務停止期間は1年以内。指示と業務停止は、いずれも公表される。

ポイント整理

📁 指示または業務停止の行為者と対象者

違反行為者	指示または業務停止の対象者
サブリース業者	サブリース業者
勧誘者	サブリース業者と勧誘者

出た！ R3

📝コメント
指示処分の対象は、処分の日から過去5年以内に行われた違反行為

2 指　示

① サブリース業者の違反

　サブリース業者が業務上の義務に違反した場合、または勧誘者が誇大広告等の禁止および不当な勧誘等の禁止に違反した場合、サブリース業者に対して、必要な措置をとるべきことを指示することができます。

② 勧誘者の違反

　国土交通大臣は、勧誘者が誇大広告等の禁止および不当な勧誘等の禁止に違反した場合、勧誘者に対して、必要な措置をとるべきことを指示することができます。

> ☹️罰則
> ●サブリース業者等が指示に違反したとき
> 　➡️30万円以下の罰金

出た！ R3

📝コメント
停止を命ずることができる業務の範囲は、新たな契約締結に関するものに限る。適法に締結されている特定賃貸借契約の履行の禁止を命ずることはできない。

3 1年以内の業務停止

① サブリース業者の違反

　国土交通大臣は、サブリース業者が業務上の義務に違反した場合、勧誘者が誇大広告等の禁止もしくは不当な勧誘等の禁止に違反した場合であって、特に必要があるとき、またはサブリース業者が指示に従わないときは、サブリース業者に対し、1年以内の期間を限り、特定賃貸借契約の締結について勧誘を行いもしくは勧誘者に勧誘を行わせることを停止し、またはその行う特定賃貸借契約に関する業務の全部もしくは一部を停止すべきことを命ずることができます。

② 勧誘者の違反

　国土交通大臣は、勧誘者が誇大広告等の禁止もしくは不当な勧誘等の禁止に違反した場合であって、特に必要があるとき、または勧誘者が指示に従わないときは、勧誘者に対し、1年以内の期間を限り、特定賃貸借契約の締結について勧誘を行うことを停止すべきことを命ずることができます。

> 😞**罰則**
> ●サブリース業者等が業務停止命令に違反したとき
> ➡ 6か月以下の懲役もしくは50万円以下の罰金（またはこれを併科）

4 大臣への申出、報告徴収と立入検査
① 国土交通大臣に対する申出

　特定賃貸借契約の適正化を図るため必要があると認めるときは、誰でも国土交通大臣に対し、その旨を申し出て、適当な措置をとるべきことを求めることができます。

　国土交通大臣は、申出があったときは、必要な調査を行い、申出の内容が事実であると認めるときは、この法律に基づく措置その他適当な措置をとらなければなりません。

② 報告徴収と立入検査

　国土交通大臣は、特定転貸事業者等（サブリース業者および勧誘者）に対し、業務に関し報告を求め、職員に、特定転貸事業者等の営業所、事務所その他の施設に立ち入り、業務の状況、設備、帳簿書類その他の物件を検査させ、もしくは関係者に質問させることができます。

> 😞**罰則**
> ●サブリース業者等が、報告しない、虚偽の報告をした、検査を拒否・妨害・忌避した、質問に対して答弁をしない、虚偽の答弁をしたとき
> ➡ 30万円以下の罰金

⬆**発展**
申出を行うことができるのは、直接の利害関係者に限らない。個人、法人、団体を問わず、誰でも申出ができる。
また、申出は様式が決められており、原則、電子メールを送付する方法によることとされている。

📋**コメント**
立入検査をする職員は、その身分を示す証明書を携帯し、関係者に提示しなければならない。

⑤ 罰　則

ポイント整理

📁 サブリース規制における罰則規定

	罰　則（刑罰）		勧誘者を含むか
	懲　役	罰　金	
誇大広告等の禁止（法28条）	なし	30万円以下	勧誘者を含む
不当な勧誘等の禁止（法29条）	6か月以下の懲役（ただし、事実の不告知または不実告知に限る）	50万円以下（ただし、事実の不告知または不実告知に限る）	事実の不告知または不実告知には勧誘者を含む
重要事項説明（法30条）	なし	50万円以下	勧誘者は含まない
契約締結時書面の交付（法31条）			
書類の備置き、閲覧（法32条）		30万円以下	

📝 コメント

従業員が法人の業務に関して違反行為をしたときは、両罰規定によって、法人は処罰されるが、代表者は処罰されない（R4問32）。

📝 コメント

勧誘者の従業員が業務に関して違反行為をした場合であっても、特定転貸事業者は処罰の対象にはならない（R4問32）。

　罰則（刑罰）については、法人の代表者または法人もしくは人の代理人、使用人その他の従業者が、その法人または人の業務に関し違反行為をしたときは、行為者を罰するほか、その法人または人に対して各本条の罰金刑が科されます（両罰規定。法45条）。

Column

第6編

管理業務その他の賃貸住宅の管理の実務に関する事項

第1章

賃貸住宅管理の意義

重要度ランク
S

攻略ポイント

- わが国の総住宅数、借家数、人口の状況などのマクロの観点からの賃貸管理の把握
- 賃貸住宅の管理状況とトラブル

❶ 社会経済全体の状況

出た！ H27・29

重要
空き家のうち、賃貸用住宅が432万7千戸で空き家全体の半数超となっている。

コメント
令和5年には、総住宅数は6502万戸（平成30年比4.2%増。過去最高）、空家数900万戸（平成30年比51万戸増）となった。空き家のうち、賃貸用の空き家は443万戸となっている（平成30年比10万7千戸増）（令和5年住宅・土地統計調査　住宅数概数集計（速報集計）結果）。

コメント
空き家問題に対しては、①空き家対策法、②住宅セーフティネットの制度（住宅困窮者のために空き家を利用）、③DIY型賃貸借、④売買の代理・媒介に関する報酬の特例などの方策が講じられている。

1 住宅数と空き家数

平成30年の住宅・土地統計調査によれば、日本の住宅数および空き家数は、次の表のとおりとなっています。

総住宅数	6,240万7千戸（平成25年比2.9%増）
居住世帯のある住宅	5,361万6千戸 ※総住宅数に占める割合は85.9%
空き家数	848万9千戸（平成25年比3.6%増） ※総住宅数に占める割合（空き家率）は13.6%
空き家のうち賃貸用の住宅	432万7千戸（平成25年比0.8%増） ※総住宅数に占める割合は6.9%

また、居住世帯のある住宅を所有の関係別にみると、次の表のとおりです。

持ち家数		3,280万2千戸（平成25年比0.5%減） ※住宅総数に占める割合（持ち家住宅率）は61.2%
借家数		1,906万5千戸（平成25年比0.1%増） ※住宅総数に占める割合は35.6%
	民間賃貸住宅	1,529万5千戸（平成25年比0.5%増） ※住宅総数に占める割合は28.5%
	公営の借家	192万2千戸（平成25年比0.2%減） ※住宅総数に占める割合は3.6%
	給与住宅	110万戸（平成25年比0.1%減） ※住宅総数に占める割合は2.1%
	都市再生機構（UR）・公社の借家	74万7千戸（平成25年比0.2%減） ※住宅総数に占める割合は1.4%

② 空き家対策

① 空き家対策の現状

　空き家問題は深刻な問題です。空き家への対処は撤去と有効活用ですが、いずれも進んでいません。

　撤去が進まない理由としては、建物を撤去すると住宅用宅地の課税標準が $\frac{1}{6}$ に減額される固定資産税軽減措置を受けられなくなることや、相続などによる権利関係の複雑化などが考えられます。

② 空き家対策法

　空き家対策のために、平成26年11月に空き家対策法（空家等対策の推進に関する特別措置法）が制定されました（平成27年2月施行）。空き家対策法には、次の内容が定められています。

●国による基本方針の作成、市町村による基本計画の策定
●空き家とその跡地の活用
●倒壊等著しく保安上危険となるおそれのある状態等にある空き家に対する除去等の勧告・命令等
●特定空き家の指定による固定資産税軽減措置の適用排除

　空家対策法は、令和5年に改正され（同年12月施行）、空家等活用促進区域、財産管理人による所有者不在の空家の処分、支援法人制度などの仕組みが設けられました。また、空家の状態の把握、代執行の円滑化、財産管理人による空家の管理・処分（管理不全空家、特定空家等）など、特定空家の除却等を推進する方策も採用されています。

③ 住宅セーフティネットの制度

　空き家が増える一方で、住宅に困窮する社会的弱者（住宅確保要配慮者）が増加しています。

　この不均衡を解消し、空き家対策を講じるとともに、住宅確保要配慮者に住宅を提供するための制度が創設されました。

出た! H28・29・R4・5

📝コメント
空き家を有効活用する場合、賃貸不動産として利用することは有力な選択肢であるが、建物所有者に賃貸住宅経営の経験がないケースが多いこと、修繕義務の所在など契約関係について特別な取り扱いが考慮される場合があること、現在賃貸市場に供給されていない不動産であることなどが阻害要因となっている（R5問48ア）。

📝コメント
空き家となっている賃貸住宅が犯罪に利用されるなどの状況も発生している（H28問26）。

📝コメント
空き家対策法の対象となる空き家には、賃貸用の建物が含まれる（H28問37）。

参照
本編第4章❾①「住宅
セーフティネット法」

コメント
国土交通省は、DIY型
賃貸借を、工事費用の負
担者が誰かにかかわらず、
借主の意向を反映して住
宅の改修を行うことがで
きる賃貸借契約やその物
件を指すものと定義づけ
ている（H29問32）。

参照
第4編第1章❸③DI
Y型賃貸借
出た！ H27・29

【制度の骨子】

住宅確保要配慮者向けの賃貸住宅の登録制度	住宅確保要配慮者の入居を拒まない住宅を登録し、これを公示する
登録住宅の改修・入居への経済的支援	家賃や家賃債務保証料の低廉化など
要配慮者のマッチング・入居支援	住宅確保要配慮者の円滑な入居を支援するための居住支援法人の指定など

④ DIY型賃貸借

　借主が自らの意向を反映して改修できるものとする賃貸借で、住生活基本計画上、多様な賃貸借の形態を活用した既存住宅の活用促進が施策のひとつとされています。

　DIY型賃貸借は空き家対策としての役割も担っており、国土交通省によって普及が図られています。

3 賃貸住宅供給

　貸家の建築工事は、バブル期後は長期にわたって減少しました。新設住宅着工戸数のうち、近年の貸家の着工戸数は年々減少傾向にありましたが、過去2年は増加したものの令和5年は前年度比0.3％減の34万3,894戸で、3年ぶりの減少となりました。

【新設住宅着工戸数の推移】

年　度	総戸数	貸　家
2019（令和元）	883,687戸	334,509戸
2020（令和2）	812,164戸	303,018戸
2021（令和3）	865,909戸	330,752戸
2022（令和4）	859,529戸	345,080戸
2023（令和5）	819,623戸	343,894戸

出た！ H27・30

4 人口の状況と高齢化社会

　日本の総人口は、2023（令和5）年9月の確定値では、約1億2,434万8千人、2024（令和6）年2月1日の概

算値は約1億2,399万人と減少傾向にあります（総務省統計局人口推計）。

　今後は、2053年に9,924万人（1億人以下となる）、2065年に8,808万人になると予測されています。

　老齢人口（65歳以上の人口）と高齢化率（65歳以上の人口の割合）については、2015（平成27）年に3,347万人、26.3%であるところ、2042年に、3,935万人と老齢人口がピークを迎え、2065年には3,381万人で高齢比率が2015年から12.1%上昇して38.4%に達すると予想されています。

【老齢人口と高齢化率】

2015（平成27）年	3,347万人。26.3%
2042年の予想	3,935万人（約600万人増加） 35.3%（9.0%上昇）
2065年の予想	3,381万人 38.4%（12.1%上昇）

⑤ 住生活基本法と住生活基本計画

　2006（平成18）年6月8日に「住生活基本法」が公布・施行され、その後、住宅政策の基本法となっています。住生活基本法では、かつて採られていた住宅の量を確保するための政策から転換が図られ、住生活の「質」の向上を図ることが政策の目的とされています。

　同法に基づき住生活基本計画が作成されています。現在の住生活基本計画は、2021（令和3）年3月19日に閣議決定され、**令和3年度から令和12年度までを計画期間**とするものです。既存住宅中心の施策体系への転換を進め、ライフスタイルに合わせて人生で何度も住み替えが可能となるような住宅循環システムの構築を進めるという方向性が示されています。

　この計画における目標と施策は、次のとおりです。

コメント
高齢化社会に対応し、サービス付き高齢者向け住宅（サ高住）の制度が設けられている。サ高住は居住者の安否などの状況把握や生活支援の相談サービスなどを提供する住宅であり、賃貸住宅の場合と有料老人ホームの場合がある（H30問40）。

出た！ R1・2・3・5

コメント
かつてのわが国の住宅政策では、新築住宅の建設を促進して住宅を量的に拡大し、国民に住宅を取得させて、購入をゴールにする、いわゆる「住宅すごろく」の考え方を採っていた。新しい住宅政策は、量ではなく質の向上を図ることを目的としており、かつての考え方とは方向性が異なっている（R1問1）。

第6編

管理業務その他の賃貸住宅の管理の実務に関する事項

目標1	「新たな日常」やＤＸ*1の進展等に対応した新しい住まい方の実現
	（基本的な施策） ●住宅内テレワークスペース等を確保し、職住一体・近接、在宅学習の環境整備、宅配ボックスの設置等による非接触型の環境整備の推進 ●空き家等の既存住宅活用を重視し、賃貸住宅の提供や物件情報の提供等を進め、地方、郊外、複数地域での居住を推進 ●計画的な修繕や持家の円滑な賃貸化など、子育て世帯等が安心して居住できる賃貸住宅市場の整備 ●持家・借家を含め、住宅に関する情報収集から物件説明、交渉、契約に至るまでの契約・取引プロセスのＤＸの推進 ●ＡＩ*2による設計支援や試行的なＢＩＭ*3の導入等による生産性の向上等、住宅の設計から建築、維持・管理に至る全段階におけるＤＸの推進
目標2	頻発・激甚化する災害新ステージにおける安全な住宅・住宅地の形成と被災者の住まいの確保
	●ハザードマップの整備・周知等による水災害リスク情報の空白地帯の解消、不動産取引時における災害リスク情報の提供 ●今ある既存住宅ストックの活用を重視して応急的な住まいを速やかに確保することを基本とし、公営住宅等の一時提供や賃貸型応急住宅の円滑な提供
目標3	子どもを産み育てやすい住まいの実現
	●民間賃貸住宅の計画的な維持修繕等により、良質で長期に使用できる民間賃貸住宅ストックの形成と賃貸住宅市場の整備 ●防音性や省エネルギー性能、防犯性、保育・教育施設や医療施設等へのアクセスに優れた賃貸住宅の整備 （成果指標） 民間賃貸住宅のうち、一定の断熱性能を有し遮音対策が講じられた住宅の割合 　約１割（平成30年度）➡ ２割（令和12年度）
目標4	多様な世代が支え合い、高齢者等が健康で安心して暮らせるコミュニティの形成とまちづくり
	●エレベーターの設置を含むバリアフリー性能やヒートショック対策等の観点を踏まえた良好な温熱環境を備えた住宅の整備、リフォームの促進 ●サービス付き高齢者向け住宅等について、地域の需要や医療・介護サービスの提供体制を考慮した地方公共団体の適切な関与を通じての整備・情報開示を推進 （成果指標） 高齢者の居住する住宅のうち、一定のバリアフリー性能および断熱性能を有する住宅の割合 　17％（平成30年度）➡ 25％（令和12年度）

目標5	住宅確保要配慮者が安心して暮らせるセーフティネット機能の整備
	●緊急的な状況にも対応できるセーフティネット登録住宅の活用を推進。地方公共団体のニーズに応じた家賃低廉化の推進
	●地方公共団体と居住支援協議会等が連携して、孤独・孤立対策の観点も踏まえ、住宅確保要配慮者に対する入居時のマッチング・相談、入居中の見守り・緊急対応等の実施
	●賃借人の死亡時に残置物を処理できるよう契約条項を普及啓発。多言語の入居手続に関する資料等を内容とするガイドライン等を周知
	（成果指標）居住支援協議会を設立した市区町村の人口カバー率 25％（令和2年度）➡ 50％（令和12年度）
目標6	脱炭素社会に向けた住宅循環システムの構築と良質な住宅ストックの形成
	●長期優良住宅の維持保全計画の実施など、住宅の計画的な点検・修繕および履歴情報の保存を推進
	●耐震性・省エネルギー性能・バリアフリー性能等を向上させるリフォームや建替えによる、良好な温熱環境を備えた良質な住宅ストックへの更新
目標7	空き家の状況に応じた適切な管理・除却・利活用の一体的推進
	●所有者等による適切な管理の促進。周辺の居住環境に悪影響を及ぼす管理不全空き家の除却等や特定空き家等に係る対策の強化
	●空き家・空き地バンクを活用しつつ、古民家等の空き家の改修・ＤＩＹ[*4]等を進め、セカンドハウスやシェア型住宅等、多様な二地域居住・多地域居住を推進
目標8	居住者の利便性や豊かさを向上させる住生活産業の発展
	●ＡＩによる設計支援やロボットを活用した施工の省力化等、住宅の設計・施工等に係る生産性や安全性の向上に資する新技術開発の促進
	●住宅の維持管理において、センサーやドローン等を活用した住宅の遠隔化検査等の実施による生産性・安全性の向上

【用語解説】

＊1　**ＤＸ** (Digital Transformation)：デジタルトランスフォーメーション。将来の成長、競争力強化のために、新たなデジタル技術を活用して新たなビジネスモデルを創出・柔軟に改変すること

＊2　**ＡＩ** (Artificial Intelligence)：人工的な方法による学習、推論、判断等の知的な機能の実現および人工的な方法により実現した当該機能の活用に関する技術のこと

＊3　**ＢＩＭ** (Building Information Modeling)：コンピュータ上に作成した主に三次元の形状情報に加え、室等の名称・面積、材料・部材の仕様・性能、仕上げ等、建物の属性情報を併せ持つ建物情報モデルを構築するシステムのこと

＊4　**ＤＩＹ** (Do it yourself)：専門業者に頼らず、自らの手で補修や組み立て等を行うこと

❷ 賃貸住宅と賃貸住宅管理の状況

📝コメント
令和5年住宅・土地統計調査(住宅数概数集計(速報集計) 結果) によれば、日本の総住宅数は6502万戸となっている。

出た! H29・30・R1・3

📝コメント
賃貸住宅の管理では、情報化社会が進展し、また、新たな契約の制度が創設され、さらに空き家対策を考慮することが必要になるなど、専門的知識の重要性が高くなっている(H29問37)(H30問1)。賃貸住宅管理業者は、賃貸人の賃貸住宅経営を総合的に代行する資産運用の専門家である。非常事態における賃借人のサポートなどの役割も担っている(R3問42)。

1 賃貸住宅の重要性

　平成30年住宅・土地統計調査によれば、日本の総住宅数は6,240万7千戸で、そのうち居住世帯のある住宅は5,361万6千戸です。居住世帯のある住宅のうち借家は1,906万5千戸で、住宅総数に占める割合は35.6%です。日本人のおおよそ35%が賃貸住宅に住んでいます。

2 賃貸住宅管理業の重要性

① 賃貸住宅管理業者の数

　わが国の賃貸住宅管理業者の数は、約3万2,000社程度と推計されています。

② 賃貸住宅管理業者の賃貸住宅管理戸数

　主要な賃貸住宅管理業者の賃貸住宅の管理戸数の一覧からみると、管理戸数上位100社までの賃貸住宅管理業者が、民間賃貸住宅の4割超を管理していることになります。

③ 賃貸住宅の所有と管理の現状

　民間賃貸住宅の8割以上は個人経営で、民間賃貸住宅を経営する個人のうち6割が60歳以上の高齢者です。

　賃貸住宅所有者の経営の規模については、保有戸数20戸以下の小規模な賃貸住宅所有者が6割を占めます。賃貸住宅の管理形態は、契約も管理もすべて委託が65.2%となっています(以上、国土交通省「民間賃貸住宅に関する市場環境実態調査」平成22年)。

　賃貸住宅の管理形態については、次の調査結果があります。

🔑重要
家主が所有する賃貸住宅の管理形態としては、管理業務の全部または一部を賃貸住宅管理業者に委託している割合が約8割となっている。

入居者募集から契約、それ以降の管理もすべて業者に委託	28.2%
入居者募集から契約までを業者に委託し、それ以外の管理も一部は業者に委託	25.9%
入居者募集から契約までを業者に委託し、それ以外は自己管理	25.5%

業者に任せず、すべて自己管理	18.5%
入居者募集は自ら実施し、それ以外の管理は業者に委託	1.5%
入居者募集は自ら実施し、それ以外の管理も一部は業者に委託	0.4%

国土交通省「賃貸住宅管理業務に関するアンケート調査」（令和元年12月）

　不動産業は、不動産取引業と不動産賃貸業・管理業に大別される。不動産取引業には、建物売買、土地売買およびその代理・媒介があり、不動産賃貸業・管理業には、不動産賃貸業、貸家・貸間業、駐車場業、不動産管理業がある。賃貸管理は、マンション管理業とともに、駐車場業、不動産管理業に含まれ、管理対象が住宅である賃貸住宅管理業（貸主委託）とビル・店舗の管理がある（日本標準産業分類）。
Column

第6編　管理業務その他の賃貸住宅の管理の実務に関する事項

③ 賃貸不動産の管理は、誰のために、どのように行っていくべきか

① 投資家を含めた貸主の賃貸経営のためという視点

　賃貸管理は、貸主からの委託に基づき賃料収納等を行うことを出発点として形成されてきたという歴史的な経緯があります。これを踏まえれば、投資家を含めた貸主の賃貸経営のためという視点を基本にすえる必要があります。

② 入居者・利用者の利益

　しかし、賃貸不動産は限られた有用な資源です。適切な利用等が促進されることは、貸主の利益だけではなく、入居者・利用者の利益でもあります。入居者・利用者（また、入居・利用しようとする者）を含めて（消費者保護の観点）、すべての関係者の利益に配慮し、中立公平に賃貸管理を行うべきです。また、契約の相手方に不利となる情報であっても、管理業者には、契約締結前に情報を提供する責任があります。

出た！ H27・28・29・30・R1・2・3・4

❗注意
賃貸住宅の管理は、居室部分と共用部分の両方を対象とする（R3問42）。

③ コンプライアンスの観点

　管理業者は、法令や契約など明示的に定められたルールを守らなければならないのはもちろんですが、さらに、明示されていなくても、社会常識や契約の趣旨から導かれる事項なども遵守しなければなりません。

出た！ H27・29

④ 賃貸住宅をめぐるトラブル

① 消費生活相談

1. 賃貸アパート・マンションに関する相談件数

　2021（令和3）年度に全国の消費生活センター等が受け付けた消費生活相談の中で、賃貸アパート・マンションに関する相談件数は32,707件となっており、年度別にみた商品・役務等別の相談件数で例年上位を占めています。

【賃貸アパート・マンションに関する相談件数の推移】

年　度	件　数
2017（平成29）	31,936 件
2018（平成30）	32,475 件
2019（令和元）	31,411 件
2020（令和2）	32,604 件
2021（令和3）	32,707 件

資料：独立行政法人国民生活センター「消費生活年報2022」

2. 管理会社等をめぐる相談件数

　全国消費生活情報ネットワークシステム（PIO-NET）によれば、賃貸住宅等における管理会社等をめぐる相談件数は年々増加傾向にあり、そのうちサブリースをめぐる相談件数も年々増加しています。

【賃貸住宅における管理会社等をめぐる相談件数の推移】

年　度	管理会社をめぐる相談	サブリースをめぐる相談
2015（平成27）	4,950件	639件
2016（平成28）	5,905件	697件
2017（平成29）	6,107件	854件
2018（平成30）	7,116件	1,004件

資料：国土交通省

3. 敷金・原状回復トラブル

　全国消費生活情報ネットワークシステム（PIO-NET）に登録された「賃貸住宅の敷金・原状回復トラブル」に関する相談件数は、2020（令和2）年度で12,061件となっています。

　相談内容としては、借主が賃貸住宅を退去する際に、

●ハウスクリーニングやクロス張替え等の原状回復費用に充てるとして、敷金が返還されない
●敷金を上回る原状回復費用を請求された

などとなっています。

【賃貸住宅の敷金・原状回復トラブルの相談件数の推移】

2021年12月31日現在

年　度	2017（平成29）	2018（平成30）	2019（令和元）	2020（令和2）
相談件数	13,120件	12,500件	11,799件	12,061件

資料：独立行政法人国民生活センター

第6編　管理業務その他の賃貸住宅の管理の実務に関する事項

【賃貸住宅に関する相談内容別件数・割合（平成29年度）】

	件　数	割　合
◎原状回復	1,535 件	32%
◎瑕疵・欠陥問題	686 件	14%
◎契約の更新	220 件	5%
契約の解除	578 件	12%
契約の成立、申込金等	302 件	6%
敷金・礼金	81 件	2%
重要事項説明（等）	375 件	8%
報酬の請求・支払い	56 件	1%
その他	940 件	20%
合計	4,773 件	100%

資料：一般財団法人不動産適正取引推進機構

平成29年度における賃貸住宅に関する相談内容の内訳

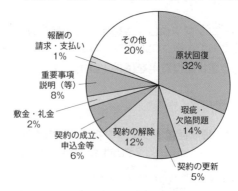

📖コメント

賃貸管理には、賃貸借契約の契約期間中や退去時にトラブルが生じないようにする役割も求められる。

出た！ R2・5

5 不動産業ビジョン2030

2019年4月、国土交通省から発表された「不動産業ビジョン」の考え方と概要は、次のとおりです。

【不動産業ビジョンの考え方】

不動産業は、人口減少、ＡＩ・ＩｏＴ等の進展など社会経済情勢の急速な変化が見込まれる次の10年において、成長産業としての発展が期待される。

→不動産業の発展のため、将来像や目標を認識し、官民共通の指針とする。

【業態固有の役割】

① 管理

- ●資産価値の維持・向上を通じたストック型社会の実現
- ●コミュニティ形成、高齢者見守りなど付加価値サービスの提供
- ●エリアマネジメント推進

② 賃貸

- ●"所有から利用へ"の中、多様化するニーズを的確に把握し、民泊など公的活用も視野に
- ●新規賃貸物件の供給は的確な事業リスク判断のもとで実施

（不動産投資・運用）

- ●ESGに沿った中長期的な投資を多様な投資家から呼び込める不動産開発、再生、投資環境整備を
- ●人生100年時代に向け長期的な資産形成ができる投資環境の整備を

③ 流通

- ●的確な情報提供による取引の安全性確保
- ●消費者の多様なニーズに対応するコンサルティング能力の強化
- ●地域の守り手として地域活性化を支える存在に

第6編 管理業務その他の賃貸住宅の管理の実務に関する事項

第2章

賃貸不動産経営管理士

重要度ランク
S

攻略ポイント
- ●倫理憲章制定の目的
- ●倫理憲章の各条項の理解

① 賃貸不動産経営管理士「倫理憲章（りんりけんしょう）」の本文

出た! H27・28・29・30・R1・2・4

　　賃貸不動産経営管理士は、一般社団法人賃貸不動産経営管理士協議会によって運営される資格制度であり、同協議会によって、賃貸不動産経営管理士のあり方に関し、倫理憲章が定められています。

（前文）

　賃貸不動産経営管理士は賃貸不動産所有者、居住者、投資家等のステークホルダーおよび賃貸管理業界との間に確かな信頼関係を構築することにより、その社会的使命を全うする役割を担っている。

　そのために、各々が高い自己規律に基づき、誠実公正な職務を遂行するとともに、依頼者の信頼に応えられる高度な業務倫理を確立しなければならない。

　ここに、賃貸不動産経営管理士の社会的地位の向上、社会的信用の確立と品位保持、資質の向上を図るため、賃貸不動産経営管理士倫理憲章を制定する。

（一）公共的使命

　　賃貸不動産経営管理士のもつ、公共的使命を常に自覚し、公正な業務を通して、公共の福祉に貢献する。

（二）法令の遵守と信用保持

　　賃貸不動産経営管理士は関係する法令とルールを遵守し、賃貸不動産管理業に対する社会的信用を傷つけるような行為、および社会通念上好ましくないと思われる行為を厳に慎む。

（三）信義誠実の義務

　　賃貸不動産経営管理士は、信義に従い誠実に職務を執行することを旨とし、依頼者等に対し重要な事項について故意に告げず、又は不実のことを告げる行為を決して行わない。

（四）公正と中立性の保持

賃貸不動産経営管理士は常に公正で中立な立場で職務を行い、万一紛争等が生じた場合は誠意をもって、その円満解決に努力する。

（五）専門的サービスの提供および自己研鑽の努力

賃貸不動産経営管理士はあらゆる機会を活用し、賃貸不動産管理業務に関する広範で高度な知識の習得に努め、不断の研鑽により常に能力、資質の向上を図り、管理業務の専門家として高い専門性を発揮するよう努力する。

（六）能力を超える業務の引き受け禁止

賃貸不動産経営管理士は、自らの能力や知識を超える業務の引き受けはこれを行わない。

（七）秘密を守る義務

賃貸不動産経営管理士は、職務上知り得た秘密を正当な理由なく他に漏らしてはならない。その職務に携わらなくなった後も同様とする。

❷ 各条文の解説

（一）公共的使命

賃貸不動産経営管理士のもつ、公共的使命を常に自覚し、公正な業務を通して、公共の福祉に貢献する。

（二）法令の遵守と信用保持

賃貸不動産経営管理士は関係する法令とルールを遵守し、賃貸不動産管理業に対する社会的信用を傷つけるような行為、および社会通念上好ましくないと思われる行為を厳に慎む。

賃貸不動産経営管理士は、独立したポジションに立つプロフェッションであるという位置づけです。管理業者が、不正不当な管理業務の手法を取ろうとしたときには、正確な法令知識等に基づいて適切な対応を取るように求めなければなりません。

倫理憲章に違反したときは、賃貸不動産経営管理士協議会による処分の対象となります。自己の所属する管理業者の立場のみではなく、賃貸不動産管理業全体に対する社会的信用を保持するようにしなければなりません。

（三）信義誠実の義務

　　賃貸不動産経営管理士は、信義に従い誠実に職務を執行することを旨とし、依頼者等に対し重要な事項について故意に告げず、又は不実のことを告げる行為を決して行わない。

（四）公正と中立性の保持

　　賃貸不動産経営管理士は常に公正で中立な立場で職務を行い、万一紛争等が生じた場合は誠意をもって、その円満解決に努力する。

　賃貸不動産経営管理士は、公共の福祉への貢献がその本来的な使命であり、賃貸不動産管理に関連する人々全体のコーディネートをする役割を担う立場にあります。そのために、公正、中立でなければならないことを明示しました。したがって、常に依頼者の立場に立って対応することが必要であるとはいえません。

　また、万一紛争等が生じた場合には、法令を遵守しつつ、その円満解決に尽力することも賃貸不動産経営管理士に求められています。

（五）専門的サービスの提供および自己研鑽の努力

　　賃貸不動産経営管理士はあらゆる機会を活用し、賃貸不動産管理業務に関する広範で高度な知識の習得に努め、不断の研鑽により常に能力、資質の向上を図り、管理業務の専門家として高い専門性を発揮するよう努力する。

（六）能力を超える業務の引き受け禁止

　　賃貸不動産経営管理士は、自らの能力や知識を超える業務の引き受けはこれを行わない。

　自らの能力や知識を超える業務を引き受けるなら、法的な責任を負うことになる可能性が生まれるとともに、社会的にも個人としての賃貸不動産経営管理士が信頼を失うだけではなく、賃貸不動産管理業全体に対する信用をも害することになります。そのために、業務を引き受ける際には、その内容が自らの能力や知識で対応し得るものかを十分に精査しなくてはならず、能力等を超える場合には、業務を引き受けてはならないものとされています。

　自らの能力や知識を超える業務であれば、再委託も許されないと考えるべきです。

（七）秘密を守る義務

　　　賃貸不動産経営管理士は、職務上知り得た秘密を正当な理由なく他に漏らしてはならない。その職務に携わらなくなった後も同様とする。

　賃貸不動産経営管理士は、その職務遂行上、秘密に接することが多くなります。守秘義務は、専門家が信頼を得るための基盤です。管理業者を退職して管理業務に携わらなくなったり、賃貸不動産経営管理士ではなくなったりしたなどの場合も、引き続き守秘義務を負います。

　なお、法令上の提供義務がある場合など、正当な理由があれば秘密を守る義務からは免れます。

第6編　管理業務その他の賃貸住宅の管理の実務に関する事項

313

第3章 **募集広告・仲介**

重要度ランク **S**

●賃貸人が自ら賃貸借契約を締結する場合、宅建業法の適用がない
●表示規約により、広告のルールが決められている
●入居審査、媒介報酬

① **募集と広告のルール**

出た! H27・29・R2・3・4・5

① 宅建業法の適用

　貸借の代理・媒介（契約締結の代理・媒介）には、宅建業法が適用されます。

　売買・交換・貸借に対する宅建業法の適用関係については、次の表のとおりです。

宅建業法の適用があるかどうか（○＝適用がある、×＝適用がない）	取引態様	売 買	交 換	貸 借
	自 ら	○	○	×
	媒 介	○	○	○
	代 理	○	○	○

　代理は、代理権を授与され、相手方との間で代理人として行為を行うことです。媒介は、たとえば賃貸借であれば、賃貸人または賃借人の依頼により、双方の間に立って、契約成立に向けて尽力することです。一般に「仲介」と呼ばれます。

　自ら賃貸する行為には宅建業法は適用されません。サブリース事業者が行う転貸は自ら賃貸に当たるため、宅建業法は適用されません。

　また、管理受託方式の管理を時系列と賃貸借の種類で分析的にみると、宅建業法の適用関係は次のとおりです。

コメント
貸借の媒介においても重要事項説明を行わなければならない。建物状況調査に関する事項は説明事項になる。

発展
重要事項説明では、テレビ会議システムなどによるＩＴ重説も可能とされている（すべての宅建業者が行うことができる）。ただし、重要事項説明書の交付が必要である。また、説明にあたっては宅地建物取引士証を画面で視認できたことを確認しなければならない。

契約成立（入居）までの募集行為	➡ 宅建業法が適用される
契約成立（入居）後の行為 ※更新の代理・媒介を含む	➡ 宅建業法は適用されない
定期借家の再契約の 代理・媒介 （＝契約締結の代理・媒介）	➡ 宅建業法が適用される

　宅建業法の適用がある場合、業務には宅建業の免許が必要です。

　たとえ免許のある宅建業者と共同で行うにしても、無免許営業は禁止されますし、また、賃貸人の承諾があっても、無免許では営業できません。

　なお、貸借の代理・媒介の契約については、宅建業法上、媒介契約書面の作成・交付は宅建業者の義務ではありません。ただし、宅建業法上不要とはいえ、実務上、契約書は有用です。そこで、国土交通省により貸借の代理・媒介の契約のモデル（ひな型）として「標準媒介契約約款」が公表されています。

② 宅建業法による広告のルール

ア．誇大広告等の禁止

　宅建業者は、その業務に関して広告をするときは、著しく事実に相違する表示や、実際のものよりも著しく優良であり、または有利であると人を誤認させるような表示をしてはなりません（宅建業法32条）。

> ☹ **罰則**
> ●誇大広告等の禁止の規定に違反
> ➡ 指示、業務停止の処分、6か月以下の懲役、100万円以下の罰金、またはこれの併科

イ．おとり広告

　おとり広告とは、取引（売ったり・貸したり）する意思のない物件や、取引することのできない物件について広告を行うことです。広告を見て集まる客に対し、「物件

参考

宅建業者の免許は、2以上の都道府県の区域内に事務所を設置してその事業を営もうとする場合にあっては国土交通大臣の免許、1つの都道府県の区域内にのみ事務所を設置してその事業を営もうとする場合にあってはその事務所の所在地を管轄する都道府県知事の免許となる。

参考

売買・交換の代理・媒介では、宅建業法により、媒介契約書面の作成・交付が必要

出た！ H29・R1・3

! 注意

実際の被害や誤認があったかどうかに関係なく、表示すること自体が違反行為となることに注意

コメント

おとり広告も誇大広告に該当して宅建業法に違反するため、指示、業務停止の処分がなされ、罰則が科される（R3問44）。

はすでに売れてしまった」「借り手がついてしまった」な
どと言って、他の物件を押しつけるような行為は、広告
で売買または賃貸すると表示した物件と、現実に売買ま
たは賃貸しようとする物件とが異なるので、著しく事実
に相違するものとして誇大広告に該当し、宅建業法違反
になります。

！ 注意

規制される広告媒体に制
限はなく、新聞チラシ等
のほか、インターネット
等も規制の対象となる。

> 物件がすでに契約済みで、取引できなく
> なっているにもかかわらず、そのまま広告表
> 示を続けることは、おとり広告にあたります
> （R5問44肢4）。特に、インターネット広告
> Column
> によるおとり広告が社会問題になっており、国土交通省か
> ら繰り返し注意喚起されていますが、状況は改善していま
> せん。
>
> なお、実際には存在しない架空の物件を広告することは
> 「虚偽広告」であり、おとり広告とは区別されています。

③ 表示規約による広告のルール

　不動産広告については、不動産の表示に関する公正競争
規約（表示規約）にも従わなければなりません。

　表示規約は、不動産業界が自主的に定め、不当景品類及
び不当表示防止法（景品表示法）の規定に基づき公正取引
委員会の認定を受けたルールです。

アドバイス

新築賃貸マンション
新築のマンションであっ
て、住戸ごとに賃貸する
もの
新築賃貸アパート
マンション以外の新築の
建物の一部であって、住
戸ごとに賃貸するもの

ア．建物の表示	【新　築】 建築工事完了後1年未満で、居住の用に供されたことがないもの 【中　古】 建築工事完了後1年以上経過、または居住の用に供されたもの
イ．部屋の用途の表示	【ダイニング・キッチン（DK）】 台所と食堂の機能が1室に併存している部屋。居室（寝室）数に応じ、広さ、形状、機能が必要 【リビング・ダイニング・キッチン（LDK）】 居間と台所と食堂の機能が1室に併存している部屋。居室（寝室）数に応じ、広さ、形状、機能が必要

ウ．各種施設までの距離または所要時間	【団地（一団の宅地または建物）と駅その他の施設との間の距離または所要時間】 施設ごとにその施設から最も近い区画を起点として算出した数値とともに、最も遠い区画を起点として算出した数値も表示する 【徒歩による所要時間】 道路距離80mにつき1分間を要するものとして算出した数値を表示すること。1分未満の端数が生じたときは、1分として算出する
エ．面　積	・メートル法により表示する ・畳数で表示する場合、畳1枚当たりの広さは1.62㎡（各室の壁心面積を畳数で除した数値）以上の広さがあるという意味で用いること

　規約の違反に対しては、公正取引協議会が、必要な措置を直ちに採るべきこと等を警告し、違約金を課すことができます（表示規約27条参照）。

④ 宅建業法による禁止行為

【宅建業法第47条による禁止行為】
ア．勧誘に際し、申込みの撤回、解除などを妨げるため、重要な事項について、故意に事実を告げず、または不実のことを告げること
イ．不当に高額の報酬の要求

【宅建業法第47条の2第1項による禁止行為】
・勧誘に際し、宅建業者の相手方等に対し、利益を生ずることが確実であると誤解させるべき断定的判断を提供する行為
【宅建業法第47条の2第2項による禁止行為】
・契約を締結させ、または申込みの撤回、解除を妨げるため、相手方等を威迫すること
【宅建業法第47条の2第3項および宅建業法施行規則第16条の11による禁止行為】
・契約の締結に関する行為または申込みの撤回もしくは解除の妨げに関する行為であって、宅建業法施行規則で定めるものをしてはならない。

コメント
道路距離または所要時間を算出する際の物件の起点は、物件の区画のうち駅その他施設に最も近い地点。マンション・アパートにあっては、建物の出入口が起点となる（R5問44肢3）。

注意
自転車による所要時間の表示については、道路距離を明示して、走行に通常要する時間を表示する。

出た！ H28・30

❷ 建築物省エネ法の表示制度

　2024年（令和6年）4月より、建築物省エネ性能表示制度が開始されました。

① 義務の主体

　販売または賃貸を行う事業者（賃貸物件のオーナー）で、法人と個人の両方を含みます。ただし、仲介業者、管理業者は義務者にはなりません。

② 義務の内容

　販売・賃貸するとき、ラベルの表示義務が課されます。努力義務ですが、表示を怠れば勧告され、事業者名が公表されます。

③ 対象となる建築物

　2024年（令和6年）4月以降に建築確認申請を行う建築物です（それ以前の物も表示が推奨されます）。

　また、住宅と非住宅の両方が対象ですが、自用の住宅や自社ビルには義務は課されません。

　省エネ性能ラベルには、ア．省エネ性能（エネルギー消費性能）と断熱性能（★マークや数字）、イ．目安光熱費が表示されます。

❸ 入居審査

出た! H27・30・R4

① 確認事項

　入居者の募集を行って申込みがあった場合には、入居の審査を行います。審査にあたって確認すべきことは、次の**ア～ウ**の事項などです。

ア．個人の場合、氏名・住所。法人の場合、名称・所在地

　申込みを実際に行っている人が、入居申込書の申込者と同一人かどうかの本人確認です。

イ．職業・年齢・家族構成・年収など

　物件の条件からみて妥当であるかなど、物件の条件と適合しない場合には、将来トラブルが発生する可能性が高く、契約交渉を進めるべきではありません。

ウ．反社会的勢力に該当する者ではないかどうか

　反社会的勢力とは暴力団を意味します。暴力団員または暴力団の関係者と取引をしてはなりません。

② 確認方法と取扱い

ア．個人の氏名・住所、法人の名称・所在地

　個人の氏名・住所、法人の名称・所在地は、申込者本人からの申告に加えて、次の方法によって確認をとります。

- ・個人の場合、住民票（または、運転免許証などの公的書類）
- ・外国人の身元確認は、パスポートまたは住民票
- ・法人の場合、会社案内・商業登記記録（登記事項証明書）
- ・住宅地図で所在を確認

ポイント整理
📁 外国人の住民票について

　外国人についても住民票が発行される（適法に3か月を超えて在留する外国人がおもな対象）。

かつては、外国人登録制度があり、この制度に基づいて外国人登録証明書が発行されていましたが、現在では、外国人登録制度は廃止され、外国人登録証明書は発行されなくなっています。

Column

イ．職業・年齢・家族構成・年収など

職業・年齢・家族構成・年収などを、住民票や会社の資料で確かめ、物件の条件との関係で妥当かどうかをチェックします。

次の事項も確認事項です。

- ●勤務地との距離
- ●転居の理由
- ●同居人の属性
- ●勤続年数

ワンポイント講座

住民票の写し等の交付を請求するためには、本人確認が求められます。

ウ．そのほか

- ●反社会的勢力のチェック（反社会的勢力に該当する者ではないか、賃借人である本人、賃借人が法人である場合の法人の関係者などを調査）
- ●事故歴（信用調査機関などで事故歴の確認）
- ●過去に隣人とトラブルなど、近隣関係に問題を生じさせていた情報

出た！　H29・30・R4

③ 入居審査と最終決定

ア．考え方

いったん賃貸借契約が成立すると継続的な関係となりますから、賃借人の決定には慎重な判断を要します（契約解除は容易ではない）。

コメント
申込者が高齢の場合、「高齢者の居住の安定確保に関する法律」の精神にかんがみ、理由なく入居を拒んではならない（H27問12）。

コメント
障害があるというだけで正当な理由なく入居を拒むことは、障害者差別解消法に違反する。

コメント
入居希望者の年収と募集賃料とのバランスなどからみて、契約者ではない同居人の年収の申告を求めることが必要になる場合もある（R4問47）。

入居審査における管理業者の立場は、管理の方式によって異なっています。

管理受託方式の管理における入居審査	➡	入居者を決定するのは委託者である賃貸人。管理業者は、賃貸人の審査への協力をする
サブリース方式の管理における入居審査	➡	自らが賃貸人として賃貸借契約をする相手方を選択する

イ．入居者決定まで

入居者を募集し、借受希望者からの問い合せがあった後、入居者決定までのプロセスは、次のとおりです。

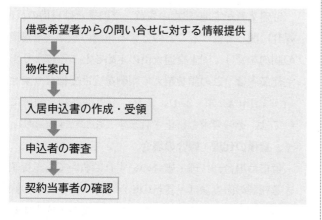

🖉 コメント

入居を断る場合には、個人情報保護の観点から入居申込書等の書類を返却する（H29問11、R4問47）。個人情報に関しては、他の目的に使用してはならない（H30問11）。

【入居者決定から契約締結まで】

入居者が決定したときには、借受希望者に審査結果を報告し、契約締結日およびその際に必要な書類等に関して打合せを行い、契約の締結を準備することになります。

第6編　管理業務その他の賃貸住宅の管理の実務に関する事項

借受希望者への審査結果の報告

↓

契約締結日およびその際に必要な書類等を連絡

❹ 媒介報酬

① 宅建業法の報酬額の規制

ア．報酬について

　宅建業者が宅地・建物の売買、交換または貸借の代理・媒介に関して受けることのできる報酬の額は、宅建業法の制約を受け、国土交通大臣の定めるところによります。宅建業者は、この額を超えて報酬を受けてはなりません（宅建業法46条1項・2項）。また、不当に高額な報酬については、その要求も禁止されます（宅建業法47条2号）。

イ．貸借の代理・媒介の場合

　貸借の場合、代理・媒介のいずれにおいても、受領できる報酬の限度額は、賃料の1か月分です。複数の媒介業者が関与している場合にも、複数の業者の取得する報酬の合計額が1か月分を超えてはなりません。貸借の代理・媒介の報酬には次の2つの例外があります。

a．居住用建物の貸借の媒介

　居住用建物の貸借の媒介の場合、依頼者の一方から受領できる限度額は、**賃料1か月分の$\frac{1}{2}$**となります。ただし、**依頼者の承諾があるときは、賃料1か月分**となります。

b．権利金がある居住用建物以外の貸借の代理・媒介

　宅地や店舗の貸借のように、居住用建物以外の貸借の代理・媒介の場合で、権利金（権利設定の対価として支払われるもので、返還されないもの）の授受がある場合は、権利金の額を売買代金とみなして「基本の

参考

報酬の上限となる賃料の1か月分というのは、厳密にいうと、消費税額が勘案されて、賃貸借契約で定められる賃料の額の1.1倍の額ということになる。

アドバイス

居住用建物

もっぱら居住の用に供する建物を指し、店舗その他居住以外の用途を兼ねるもの（兼用住宅）は含まれない。

コメント

依頼者の承諾

宅建業者が媒介の依頼を受ける前に、あらかじめ得ておくことが必要。依頼後に承諾を得ても、ここでいう「承諾」とはいえない。

計算式（売買での報酬額）」で計算した金額と、賃料
1か月分とを比較して、高額のほうが報酬限度額とな
ります。

【基本の計算式（売買での報酬額）】

取引金額	計算式(消費税を含まない)
200万円以下の金額	権利金の額×5％
200万円を超え400万円以下の金額	権利金の額×4％＋2万円
400万円を超える金額	権利金の額×3％＋6万円

ポイント整理
📂 貸借の報酬額の規制

取引形態	依頼者の一方からの限度額	1取引当たりの限度額
貸借の代理・媒介	1か月分の借賃 ➡ 「A」とする	A
居住用建物の貸借の媒介	依頼者の承諾なし ➡ A×$\frac{1}{2}$ 依頼者の承諾あり ➡ A	A
居住用建物以外の貸借の代理・媒介	権利金の額×3％＋6万円 ➡ 「B」とする AとBを比較して高額のほう＊	Bの2倍とAとを比較して高額のほう

※いずれも消費税は別途考慮。権利金等は税抜価格が400万円を超える場合の例
＊代理の場合は、Bの2倍とAとを比較して高額のほう

Column

　空き家対策として、売買・交換に関して、低廉な空き家等に関する
報酬の特例が設けられています。低廉な空き家等の報酬の額について
は、通常の報酬額に加え、現地調査等に特別に要する費用を含めて報
酬を請求することが可能になっています。
　特例が適用になるのは売主から受ける報酬（買主から受ける報酬には不適用）で、
低廉な空き家等は宅地もしくは建物の価額が400万円以下であること、報酬額の上
限は18万円の1.1倍に相当する金額であり、あらかじめ報酬額について空き家等の
売主・交換の依頼者に対して説明し、合意をしておく必要があります。

② 広告料等、報酬以外の費用

広告の費用は、報酬の中から支出しなければなりません。

ただし、特別の依頼を受けた広告宣伝費は、報酬とは別に請求できます。

報酬とは別に請求できる広告宣伝費は、次のア～ウの要件を満たすことが必要です。

> ア．委任者（賃貸人）から特別の依頼を受けたこと
> イ．実費の範囲であること
> ウ．報酬の範囲内で賄うことが相当ではない多額の費用を要するものであること
> 例 大手新聞への広告掲載料

一般に宅建業者が土地・建物の取引の媒介にあたって通常必要とされる程度の広告宣伝費用は、営業経費として報酬の範囲に含まれています（判例）。

広告宣伝費の範囲の拡大解釈や、媒介に関する相談を理由に報酬以外にコンサルティング料等の名目で請求することは、宅建業法違反となります。

Column

❺ 宅建業者による人の死の告知ガイドライン 出た！ R4・5

① ガイドラインの制定

対象不動産において過去に生じた人の死に関する事案について、調査や告知に係る判断基準がいままで存在しませんでした。そこで、令和３年10月に国交省が、「宅地建物取引業者による人の死の告知に関するガイドライン」を公表しました。

ガイドラインは、宅建業法上負うべき義務の解釈について、裁判例や取引実務に照らし、一般的に妥当と考えられるものを整理してとりまとめたものです。

② 調査義務

仲介業者は、売主・賃貸人に対し、過去に生じた人の死について、告知書等に記載を求めることで、通常の情報収集と

しての調査義務を果たしたことになります。

③ 告知義務

　原則として、取引の相手方等の判断に重要な影響を及ぼすと考えられる場合には、告知の義務があります。

【告知が不要となるもの】

売買・賃貸借	●対象不動産で発生した自然死、日常生活の中での不慮の死（転倒事故、誤嚥など） ●取引の対象不動産の隣接住戸または日常生活において通常使用しない集合住宅の共用部分で発生した自然死等ではないもの、または特殊清掃等が行われた自然死等
賃貸借	●賃貸借の対象不動産、日常生活において通常使用する必要がある集合住宅の共用部分で発生した自然死等でないもの（他殺・自殺）で、事案発生から概ね３年が経過している場合 ●特殊清掃等が行われた場合の自然死で、事案の発生から概ね３年が経過している場合

❗注意

人の死の発生から経過した期間や死因に関わらず、買主・賃借人から事案の有無について問われた場合や、社会的影響の大きさから買主・賃借人において把握しておくべき特段の事情があると認識した場合等は、告げる必要がある。

コメント

宅地建物取引業者が人の死について告知する際は、事案の発生時期、場所、死因および特殊清掃等が行われた場合にはその旨を告げるものとし、具体的な死の態様、発見状況等を告げる必要はない（R4問43）。

コメント

特殊清掃

孤独死などが発生した住居において、原状回復のために消臭・消毒や清掃を行うサービス

第4章 諸法令（コンプライアンス）

攻略ポイント

- ●管理業務における差別的な取扱いの禁止と合理的配慮提供の義務
- ●非弁行為となる他人の法律事務
- ●個人情報の保護、消費者契約の取消し、建設業の許可

❶ 障害者差別解消法

出た！ R3・5

① 差別的取扱いの禁止

事業者は、障害を理由として障害者でない者と不当な差別的取扱いをしてはなりません（障害者差別解消法8条1項）。

コメント

障害者とは、身体障害、知的障害、精神障害（発達障害を含む）その他の心身の機能の障害ある者であって、障害および社会的障壁により継続的に日常生活又は社会生活に相当な制限を受ける状態にあるものをいう。

> ポイント整理
>
> 📁 **禁止される行為**
> - ●障害があるというだけで、正当な理由なく、サービスの提供を拒否する
> - ●サービスの提供の場所・時間帯などを制限する
> - ●障害者でない者に対しては付さない条件を障害者に付ける行為　　　　　　　　　　　　　　　など

② 合理的配慮提供の義務

事業者は、障害者から現に社会的障壁の除去を必要としている旨の意思の表明があった場合において、その実施に伴う負担が過重でないときは、社会的障壁の除去の実施について必要かつ合理的な配慮をしなければなりません（同法8条2項）。

なお、合理的配慮提供の義務もいわゆる努力義務ではなく、法的な義務です。

コメント

差別的取扱いの禁止および合理的配慮提供の義務に違反した事業者には主務大臣によって報告が求められ、また助言・指導・勧告がなされる。報告を求められたのに報告をせず、または虚偽の報告をした者は、20万円以下の過料に処される（障害者差別解消法12条・26条）。

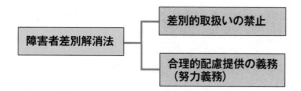

③ 国土交通省によるガイドライン

　国土交通省は、不動産管理業者の具体的な対応について、障害を理由とする差別の解消の推進に関する対応指針（ガイドライン）を公表しています（令和5年11月改正、令和6年4月施行）。

（1）不当な差別的取扱い

① 正当な理由がなく、不当な差別的取扱いにあたると想定される事例

- 契約の相手方に障害者が含まれることを理由に、管理業務の受託や特定賃貸借契約の締結を拒否する。
- 物件一覧表や物件広告に「障害者不可」などと記載する。
- 「当社は障害者向け物件は取り扱っていない」として話も聞かずに門前払いする。
- 障害があることを理由として、言葉遣いや接客の態度など一律に接遇の質を下げる。
- 障害があることや車椅子の利用等の社会的障壁を解消するための手段の利用等のみを理由として、客観的に見て正当な理由が無いにもかかわらず、賃貸物件への入居を希望する障害者に対して敷金や保証金等を通常より多く求める。
- 障害者が介助者を伴って窓口に行った際に、障害者本人の意見を全く確認せず、介助者のみに対応を求める。
- 一律に、障害者に対して必要な説明を省略する、または説明を行わない。
- 緊急時に電話による連絡ができないという理由のみをもって入居を断る。

・契約の締結等の際に、必要以上の立会者の同席を求める。

② **障害を理由としない、又は、正当な理由があるため、不当な差別的取扱いにあたらないと考えられる事例**

・合理的配慮を提供等するために必要な範囲で、プライバシーに配慮しつつ、障害者に障害の状況等を確認する。

（2）合理的配慮
① 合理的配慮の提供の事例

・ゆっくり話す、手書き文字（手のひらに指で文字を書いて伝える方法）、筆談を行う、分かりやすい表現に置き換える、IT機器（タブレット等による図や絵）の活用等、相手に合わせた方法での会話を行う。
・文章を読み上げたり、書類の作成時に書きやすいように手を添える。
・書類の内容や取引の性質等に照らして特段の問題が無いと認められる場合に、自筆が困難な障害者からの要望を受けて、本人の意思確認を適切に実施した上で、代筆対応する。
・契約内容等に係る簡易な要約メモを作成したり、必要となる費用の詳細を分かりやすく提示したりする等、契約書等に加えて、相手に合わせた書面等を用いて説明する。
・重要事項説明や契約条件等の各種書類をテキストデータで提供する、ルビ振りを行う、書類の作成時に大きな文字を書きやすいように記入欄を広く設ける等、必要な調整を行う。

② 合理的配慮の提供義務違反に該当すると考えられる事例

- 重要事項の説明等を行うにあたって、知的障害を有する者やその家族等から分かりづらい言葉に対して補足を求める旨の意思の表明があったにもかかわらず、補足をすることなく説明を行った。
- 電話利用が困難な障害者から直接電話する以外の手段（メールや電話リレーサービス等の手話を介した電話又は保護者や支援者・介助者の介助等）により各種手続が行えるよう対応を求められた場合に、自社マニュアル上、当該手続は利用者本人による電話のみで手続可能とすることとされていることを理由として、具体的に対応方法を検討せずに対応を断る。
- 建物内の掲示又は各戸に配布されるお知らせ等について、障害者やその家族・介助者等から文章の読み上げやテキストデータによる提供を求める旨の意思の表明があったにもかかわらず、具体的に対応方法を検討せずに対応を断る。

③ 合理的配慮の提供義務違反に該当しないと考えられる事例

- 歩行障害を有する者やその家族等に、個別訪問により重要事項説明等を行うことを求められた場合に、個別訪問を可能とする人的体制を有していないため対応が難しい等の理由を説明した上で、当該対応を断ること。

❷ 弁護士法（非弁行為）

出た！ R1・2

① 非弁行為の禁止

弁護士法は、弁護士ではない者が他人の法律事務処理を

行うこと（非弁行為）を禁止しています（弁護士法72条）。非弁行為は違法行為であり、刑罰が科されます。非弁行為禁止について、禁止の対象者および禁止される行為などは、次の表のとおりです。

禁止の対象者	弁護士または弁護士法人ではない者
目的の要件	報酬を得る目的がある場合に禁止される。目的がなければ禁止されない
禁止される行為	他人の法律事件に関して、鑑定、代理、仲裁もしくは和解その他の法律事務を取り扱い、またはこれらの周旋をすることを業とすること
業とすること	業として行う場合に禁止される。業とするものでなければ禁止されない

② **非弁行為の例**

判例では、次の行為が非弁行為にあたるとされています。

- 合意解除および明渡しの実現を図るための交渉（最高裁平成22年7月20日決定）
- 建物賃貸借契約の解除および賃借人の立退交渉をすること（広島高裁平成4年3月6日決定）
- 債権取立ての委任を受けてする請求、弁済の受領、債務の免除行為をすること（最高裁昭和37年10月4日決定、福岡高裁昭和28年3月30日判決）

③ **サブリース事業における法律事務**

非弁行為として禁止されるのは、他人の法律事務です。自らの法律事務であれば、これを行うことができます。サブリース業者は自らが賃貸借契約の当事者となりますから、一切の事務処理が可能です。

④ **訴訟における代理人**

訴訟では、弁護士以外は代理人になることはできません。

例外的に、簡易裁判所（訴額が140万円以下）では、裁判所の許可を得た者が代理人になることができます（許可代理。民事訴訟法54条1項ただし書）。

📝コメント
非弁行為として禁止される法律事務には、法律上の効果を発生・変更する事項の処理、および法律上の効果を発生・変更するものではないが、法律上の効果を保全・明確化する事項の処理の両者を含む。

📝コメント
賃貸不動産経営管理士協議会は、管理業者が、賃借人に対して、管理業者の名前で未収賃料回収のための内容証明郵便を発信することは許されないという立場を採用している（R1問23・27）。

📝コメント
管理受託方式の場合は、管理業者は、賃借人に対する関係では、賃貸人の代理人などとなる。賃貸人の法律事務を取り扱い、あるいは、訴訟を提起したりすることは、弁護士法に抵触する。

❸ 個人情報保護法

① 法律の目的と概要

個人情報保護法は、個人情報の保護を目的として、平成15年５月に制定され、平成17年４月に施行された法律です。法律の制定後も、改正が繰り返し行われています。

② 用語の意味と対応するルール

① 個人情報

個人情報とは、生存する個人に関する情報であって、

ア．情報に含まれる氏名、生年月日その他の記述（文書・図画・電磁的記録）に記載・記録され、または音声、動作その他の方法を用いて表された一切の事項により特定の個人を識別することができるもの（他の情報と容易に照合することができ、それにより特定の個人を識別することができることとなるものを含む）

または、

イ．個人識別符号が含まれるもの

のいずれかに該当するものです（個人情報保護法（以下「法」と略す）２条１項１号・２号）。

個人識別符号（こじんしきべつふごう）

旅券（パスポート）の番号、基礎年金番号、免許証の番号、住民票コード、個人番号（マイナンバーなど）（法２条１項２号、法施行令１条）

Column

個人情報のルールには、以下のものがあります。

出た! H27・28・R1・2・4

📝 **コメント**
既に死亡している個人の情報や、会社などの情報は、個人情報にはあたらない（R１問４）。

📝 **コメント**
個人情報は特定の個人を識別することができることをその特性として有する個人の情報である。プライバシーとは必ずしも一致しない。

☕ **参考**
人の声や動作についても、記載、記録されたものであれば個人情報にあたる場合がある。

発展

他人に知られることを望まない私的な情報を「プライバシー」という。個人情報とは重複する部分もあるが、別の概念である。たとえば、不動産会社が、賃貸住宅において過去に自殺した人の実名をあげて入居希望者にこれを伝えることは、プライバシーの侵害として許されない。

重要

人種は要配慮個人情報であるが、国籍は要配慮個人情報には含まれない。

参考

刑事事件に関する手続きには、逮捕、捜索、差押え、勾留、公訴の提起を受けたことのほか、不起訴、不送致、微罪処分等の情報が含まれる。

参照

→p.339のコラム「オプトアウト」

ポイント整理

📁 個人情報のルール

- ●利用目的の特定（法17条）
- ●利用目的による制限（法18条）
- ●不適正な利用の禁止（法19条）
- ●適正な取得（法20条）
- ●取得に際しての利用目的の通知等（法21条）
- ●苦情の処理（法40条）

② 要配慮個人情報

要配慮個人情報とは、本人の人種、信条、社会的身分、病歴、犯罪の経歴、犯罪により害を被った事実その他本人に対する不当な差別、偏見その他の不利益が生じないようにその取扱いに特に配慮を要するものをいいます。

ア．要配慮個人情報となるもの（法2条3項、法施行令2条）

a．心身の機能の障害があること
b．健康診断等の結果
c．健康診断等の結果に基づき、または疾病、負傷その他の心身の変化を理由として、医師等により指導・診療・調剤が行われたこと
d．被疑者または被告人として、逮捕、捜索、差押え、勾留、公訴の提起その他の刑事事件に関する手続きが行われたこと
e．少年法第3条第1項に規定する少年またはその疑いのある者として、調査、観護の措置、審判、保護処分その他の少年の保護事件に関する手続きが行われたこと

イ．要配慮個人情報についてのルール

要配慮個人情報の取得や第三者提供には、原則として本人の同意が必要です（法20条2項）。オプトアウトによる第三者提供は認められません（法27条2項）。

③ 個人情報データベース等

個人情報データベース等とは、個人情報を含む情報の集合物であって、次のアまたはイにあてはまるものです（法16条1項）。

> ア．特定の個人情報を電子計算機を用いて検索することができるように体系的に構成したもの
> イ．アのほか、特定の個人情報を容易に検索することができるように体系的に構成したものとして政令で定めるもの

④ 個人情報取扱事業者

個人情報取扱事業者とは、個人情報データベース等を事業の用に供している者をいいます（法16条2項本文）。個人情報取扱事業者が取り扱う個人情報の数についての下限はなく、取り扱っている個人情報が1つであっても規制の対象となります。

個人情報保護法は、個人情報取扱事業者を規制する法律です。個人情報取扱事業者でない者は、個人情報保護法上の義務はありません。

⑤ 個人データ

個人データは、個人情報データベース等を構成する個人情報です（法16条3項）。

📄コメント

イは、個人情報を一定の規則に従って整理することにより特定の個人情報を容易に検索することができるように体系的に構成した情報の集合物であって、目次、索引その他検索を容易にするためのものを有するものをいう（法施行令4条2項）。コンピュータを使わず、顧客カードや名刺を50音順に並べるなどして紙の上に表された情報を体系的に構成したものなど（H27問2）

📄コメント

国の機関、地方公共団体、独立行政法人等、地方独立行政法人は個人情報取扱事業者にはあたらない（法16条2項ただし書）。

ポイント整理
📁個人データを取り扱う際のルール
- データ内容の正確性の確保等（法22条）
- 安全管理措置（法23条）
- 従業者の監督（法24条）
- 委託先の監督（法25条）
- 漏えい等の報告等（法26条）
- 第三者提供の制限（法27条）

【個人情報と個人データの関係】

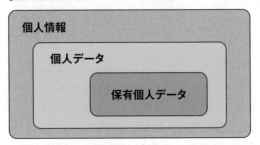

個人情報

　個人データ

　　保有個人データ

　個人データの漏えい、滅失、毀損（漏えい等）したときは、個人情報保護委員会への報告義務がある。報告の対象は、

- ●要配慮個人情報
- ●財産的被害が発生するおそれがある場合
- ●不正アクセス等故意によるもの
- ● 1,000 人を超える漏えい等

である。また、漏えい等は、本人に対しても通知をしなければならない。

注意
2022年4月施行の法改正によって、6か月以内で消去するものでも、保有個人データに含まれることになった。

⑥ 保有個人データ

　保有個人データとは、個人情報取扱事業者が、開示などの権限を有する個人データです（法16条4項）。

> 例 悪質なクレーマーによる不当要求の被害等を防止するために事業者が保有している場合、その行為を行った者を本人とする個人データは、保有個人データから除外される。

　保有個人データは個人データですから、個人データを取り扱う際のルールに従います。これに加え、保有個人データの場合、次のルールが付加されます。

ポイント整理

📁保有個人データに付加されるルール

- ●公表等（法32条）
- ●開示（法33条）
- ●訂正等（法34条）
- ●利用停止等（法35条）
- ●理由の説明・開示等の請求等に応じる手続・手数料・事前の請求（法36条～39条）

```
┌─────────────────────────────────┐ ┄┄┐
│          保有個人データ             │   ┆
│ 内容の訂正、追加または削除等を行う権限を有するもの │   ┆
│ ┌─────────────────────────────┐ │   ┆─ 個人データ
│ │          除 外               │ │   ┆
│ │ 存否が明らかになることにより公益等が害さ │ │   ┆
│ │ れるもの                     │ │   ┆
│ └─────────────────────────────┘ │   ┆
└─────────────────────────────────┘ ┄┄┘
```

③ 個人情報の取得と利用

出た！ H27・R2・4

① 利用目的の特定

個人情報を取り扱うには、利用目的をできる限り特定しなければなりません（法17条1項）。

> 例 利用目的を「当社の提供するサービスの向上」とするだけでは特定されたとはいえない。

② 利用目的による制限

あらかじめ本人の同意を得ないで、利用目的の達成に必要な範囲を超えて、個人情報を取り扱ってはなりません（法18条1項）。合併などにより事業を承継することに伴って個人情報を取得した場合は、あらかじめ本人の同意を得ないで、承継前における個人情報の利用目的の達成に必要な範囲を超えて、個人情報を取り扱ってはなりません（法18条2項）。

利用目的による制限は、次の場合、例外として適用がありません（法18条3項）。

📝コメント

個人情報の取扱いについての利用目的は、変更できる。ただし、利用目的を変更する場合には、変更前の利用目的と関連性を有すると合理的に認められる範囲内であることが必要（法17条2項）

※前記ア〜エの利用目的による制限に関する例外は、
・要配慮個人情報の取得方法（法20条2項、次項③適正な取得）
・個人データの第三者提供の禁止（法27条1項、後出⑥個人データの第三者提供）
における例外にもなっている。

③ 適正な取得

偽りその他不正の手段により個人情報を取得してはなりません（法20条1項）。

また、要配慮個人情報は、あらかじめ本人の同意を得ないで取得してはなりません（法20条2項）。

ただし、次の場合、例外として、要配慮個人情報を本人の同意なく取得できます。

● 前記②ア〜エの場合
● 要配慮個人情報が、本人、国の機関、地方公共団体等により公開されている場合

④ 取得に際しての利用目的の通知等

個人情報を取得した場合は、あらかじめその利用目的を公表している場合を除き、速やかに、その利用目的を、本人に通知し、または公表しなければなりません（法21条1項）。

契約書その他の書面（電磁的記録を含む）に記載された個人情報を取得する場合その他本人から直接書面に記載された本人の個人情報を取得する場合は、あらかじめ、本人

に対し、その利用目的を明示しなければなりません（本人
への通知、または公表では足りない）(法21条2項本文)。

次の場合には、例外として、利用目的の通知等の定め（法
21条1項〜3項）は適用されません（法21条4項）。

【利用目的の通知等の定めが適用されない場合】

ア．本人に通知し、または公表することにより本人または
　第三者の生命、身体、財産その他の権利利益を害するお
　それがある場合

イ．本人に通知し、または公表することにより個人情報取
　扱事業者の権利または正当な利益を害するおそれがある
　場合

ウ．国の機関または地方公共団体が法令の定める事務を遂
　行することに対して協力する必要がある場合であって、
　本人に通知し、または公表することにより当該事務の遂
　行に支障を及ぼすおそれがあるとき

エ．取得の状況からみて利用目的が明らかと認められる場
　合

---

④ 個人データの保管等

① データ内容の正確性の確保等

利用目的の達成に必要な範囲内において、個人データを
正確かつ最新の内容に保ち、利用する必要がなくなったと
きは、個人データを遅滞なく消去するよう努めなければな
りません（法22条）。

② 安全管理措置

個人データの漏えい、滅失または毀損の防止その他の個
人データの安全管理のために必要かつ適切な措置を講じな
ければなりません（法23条）。

③ 従業者または委託先の監督

従業者に個人データを取り扱わせるには、個人データの
安全管理が図られるよう、当該従業者に対する必要かつ適
切な監督を行わなければなりません（法24条）。

🚩コメント
人の生命、身体または財産の保護のために緊急に必要がある場合は利用目的の明示は不要（法21条2項ただし書）

🚩コメント
個人情報の利用目的を変更することは可能。ただし、利用目的を変更した場合は、変更された利用目的について、本人に通知し、または公表しなければならない（法21条3項）。

また、個人データの取扱いの全部または一部を委託する場合、個人データの安全管理が図られるよう、委託を受けた者に対する必要かつ適切な監督を行わなければなりません（法25条）。

出た! R4

⑤ 漏えいの報告と通知

　個人データに漏えい、滅失、毀損等（漏えい等）が生じたときには、報告と通知の義務があります（法26条）。

① 報告義務

　個人情報保護委員会に報告しなければなりません。

2種類の報告	「速報」➡速やかに行う 「確報」➡30日（不正アクセス等故意の場合は60日）以内
報告の対象（報告が必要となる場合）	・要配慮個人情報の漏えい等 ・財産的被害が発生するおそれがある場合 ・不正アクセス等故意によるもの ・1,000人を超える漏えい等
報告事項	漏えい等が発生した（発生のおそれがある）個人データの項目、本人の数、原因など

② 通知義務

　本人に通知しなければなりません。

　報告事項➡漏えい等が発生した（発生したおそれがある）個人データの項目、原因、二次被害またはそのおそれの有無

出た! H28・R1・4

コメント
法令に基づく第三者提供の例として、刑事訴訟法197条2項によって捜査関係事項の照会が行われた場合の情報の提供がある。

⑥ 個人データの第三者提供

① 第三者提供の制限

　個人データは、あらかじめ本人の同意を得ないで、第三者に提供してはなりません（法27条1項）。

　例外として、前出③②ア〜エは、第三者提供の制限は受けません。

　また、次のア〜ウの場合、個人データの提供を受ける者は、第三者にあたらないとされます（法27条5項）。

【第三者提供にあたらないとされる場合】

ア．利用目的の達成に必要な範囲内において個人データの取扱いの全部または一部を委託することに伴って個人データが提供される場合

イ．合併その他事業の承継に伴って個人データが提供される場合

ウ．共同して利用される個人データが特定の者に提供される場合であって、その旨、個人データの項目、共同利用する者の範囲、利用目的・管理責任者の氏名・名称・住所（法人の場合には代表者の氏名）について、あらかじめ、本人に通知し、または本人が容易に知り得る状態に置いているとき

オプトアウト

　第三者に提供される個人データについて、本人の求めに応じて第三者提供を停止することとしている場合であって、次のア～クについて、あらかじめ、本人に通知し、または本人が容易に知り得る状態に置き、かつ、個人情報保護委員会に届け出たときは、個人データを第三者に提供することができます（法27条2項）。

ア．第三者への提供を行う事業者の氏名、名称（法人の場合には代表者の氏名）、住所
イ．第三者への提供を利用目的とすること
ウ．第三者に提供される個人データの項目
エ．第三者に提供される個人データの取得の方法
オ．第三者への提供の方法
カ．本人の求めに応じて本人が識別される個人データの第三者への提供を停止すること
キ．本人の求めを受け付ける方法
ク．その他、個人情報保護委員会規則で定める事項

コメント

共同利用の場合に個人データの管理について責任を有する者の氏名、名称もしくは住所または法人にあっては、その代表者の氏名に変更があったときは遅滞なく、個人データを利用する者の利用目的または当該責任を有する者を変更しようとするときはあらかじめ、その旨について、本人に通知し、または本人が容易に知り得る状態に置かなければならない（法27条6項）。

注意

要配慮個人情報、および不正な手段によって取得したものである場合については、オプトアウトは認められない。

↑up 発展
トレーサビリティの確保

確認・記録義務は、名簿売買が多発していることなどから、個人データの不正な使用を防ぎ、また、不正な使用が行われるようなことがあった場合に後日事実関係を確かめること(トレーサビリティ)を目的として、設けられた仕組み

② 第三者提供における確認と記録義務

ア．記録義務

個人データを第三者に提供したときは、個人データを提供した年月日、第三者の氏名または名称その他の事項に関し、記録を作成しなければなりません(法29条1項)。

イ．確認義務

第三者から個人データの提供を受けるに際しては、所定の事項を確認しなければなりません(法30条1項)。

7 違反に対する措置等

① 報告、勧告命令

個人情報取扱事業者が、適切に個人情報を取り扱っていない場合には、個人情報保護委員会は、必要に応じ報告の徴収・勧告命令の措置をとることができます(法146条~148条)。命令に違反すると、1年以下の懲役または100万円以下の罰金に処せられます(法178条)。

② 個人情報データベース等の不正提供

個人情報取扱事業者(その者が法人である場合にあっては、その役員、代表者または管理人)もしくはその従業者またはこれらであった者が、その業務に関して取り扱った個人情報データベース等(その全部または一部を複製し、または加工したものを含む)を自己もしくは第三者の不正な利益を図る目的で提供し、または盗用したときは、1年以下の懲役または50万円以下の罰金に処せられます(法179条)。

📝コメント

法人の代表者などが個人情報保護委員会の命令に違反し、および個人情報データベース等不正提供罪にあたる行為を行ったときは、行為者が罰せられるほか、法人についても1億円以下の罰金刑に処せられる(法184条)。

	対　象	罰　金
個人情報保護委員会からの命令違反	行為者	100万円以下
	法人等	1億円以下
個人情報データベース等の不正提供等	行為者	50万円以下
	法人等	1億円以下

消費者契約法

出た! R3

① 目的と概要

ア．目 的

　消費者契約法は、事業者と消費者では、情報の質・量、交渉力に大きな差があるという前提に立ち、消費者の利益を保護することを目的とする法律です。

イ．概 要

　消費者側に契約を取り消す権利を与え、または不当な内容の条項を無効とすることなどを定めています。

② 定 義

消費者契約法は、次の表のとおり語句を定義しています。

消費者契約	事業者と消費者との間で締結される契約
事業者	●法人その他の団体 ●事業としてまたは事業のために契約の当事者となる場合における個人
事 業	一定の目的をもってなされる同種の行為を反復継続的に遂行すること。アパートの賃貸や投資向けのマンションの賃貸も一般的に事業に該当する（経営規模や事業者の専門的知識の有無を問わない）
消費者	個人（事業としてまたは事業のために契約の当事者となる場合におけるものを除く）。個人であっても、事業としてまたは事業のために契約の当事者となる場合には、消費者とならない。居住目的で物件を借りる場合には、個人の賃借人は消費者に該当する

③ 取消し

　取消し事由には、誤認類型、困惑類型、契約内容過量の類型という3つの類型があります。

1. 誤認類型

ア．不実告知

　重要事項について、事実と異なることを告げ、その行為により告げられた内容が事実であるとの誤認をし、契約をしたとき。故意過失を問いません。

📝 コメント
個人でも、事業のために契約の当事者となる場合には、事業者となる。

📝 コメント
個人であっても事業として物件を賃貸していれば事業者である。たとえ賃貸物件が1部屋だけであっても、消費者契約法では、事業者として扱われる。

❗ 注意
新聞広告をすることも勧誘になる（判例）。

第6編 管理業務その他の賃貸住宅の管理の実務に関する事項

例 南隣りにマンションが建設されることを知りながら「陽当たり
良好」などと伝え、成約に至った場合など

イ．確定的判断の提供

将来における変動が不確実な事項につき断定的判断
を提供し、その断定的判断が確実と誤認し、契約をし
たとき。故意過失を問いません。

ウ．利益事実を告知し、かつ不利益事実の不告知

重要事項について、消費者の利益となる旨を告げ、
かつ、消費者の不利益となる事実を告げず、その事実
が存在しないと誤認し、契約をしたとき。故意または
重過失を要しますが、軽過失は含みません。

2. 困惑類型

次のア～コの行為で困惑し、契約したこと

ア．事業者に住居等からの退去を求めたのに退去しな
い

イ．事業者が勧誘の場所から退去させない

ウ．勧誘をすることを告げずに、退去困難な場所に同
行し勧誘

エ．相談の連絡の妨害

オ．進学、就職、結婚等の不安の利用

カ．恋愛感情その他の好意の感情の利用

キ．加齢等による判断力の低下の不当な利用

ク．霊感等の特別な能力による知見の利用（霊感商法）

ケ．契約締結前の債務の内容実施等

コ．損失補償請求等の告知

3. 契約内容過量の類型

消費者にとっての通常の分量等を著しく超えるものにつ
いての勧誘をしたとき

④ 無　効 （不当条項の無効）

消費者契約は、次の**ア～ウ**の場合、無効（不当条項の無
効）となります。

ア．8条無効（事業者の損害賠償の責任を免除する条項等の無効）

- 事業者の債務不履行による損害賠償責任の全部免除
- 事業者の債務不履行（故意または重大な過失によるものに限る）による損害賠償責任の一部免除
- 事業者の不法行為による損害賠償責任の全部免除
- 事業者の不法行為（故意または重大な過失によるものに限る）による損害賠償責任の一部免除
- 事業者が自らの責任を自ら決める条項（8条および8条の2）
- 事業者に対し、消費者が後見、保佐、補助開始の審判を受けたことのみを理由とする解除権を付与する条項（8条の3）

イ．9条無効（損害賠償の予定額、違約金の合算額が平均的な額を超える場合の超過部分の無効）

- 損害賠償の額の予定、違約金の合算額が、事業者に生ずべき平均的な損害の額を超えるものについて、その超過部分
- 支払期日までに債務を支払わない場合における損害賠償の額の予定、違約金の合算額が、その日数に応じ、年14.6％の割合を乗じて計算した額を超えるものについて、その超過部分

   例 滞納賃料にかかる遅延損害金が年14.6％（日歩4銭）を超えるときには、その超える部分は無効

ウ．10条無効（消費者の利益を一方的に害する条項の無効）

　法令中の公の秩序に関しない規定の適用による場合に比して消費者の権利を制限し、または義務を加重する条項であって（10条前段要件）、信義則に反して消費者の利益を一方的に害するもの（10条後段要件）は無効

UP 発展

消費者契約法の最高裁判決

　賃借人と保証業者との間の家賃保証委託契約での①②の条項は、両方とも消費者契約法第10条違反で無効（最高裁令和4年12月12日判決）
① 保証業者は、賃借人の3か月分以上賃料不払のときに賃貸借を無催告解除できるとの解除権付与条項（R5問7肢イ）
② 賃借人と連絡がとれなくなって賃料不払いとなり、建物を相当期間利用していないときには建物を明け渡したとみなす条項

第6編　管理業務その他の賃貸住宅の管理の実務に関する事項

❺ 建設業の許可

1 建設業法による建設業の許可

　建設業を営むには、許可を要します。個人・法人、元請・下請のいずれであっても許可が必要です。

　許可の有効期間は5年です。5年ごとにその更新を受けなければなりません。

　建設業の許可は、建設工事の種類ごとに分けて許可されます。自家用の建物や工作物を施工する場合には、許可の必要はありません。

　◀ポイント▶　建設業は、業として、建設工事の完成を請け負うこと

⇧ 発展
建設工事の種類は、27の専門工事と土木一式、建築一式の計29の種類に分類されている。

📋 コメント
許可権者は、営業所が、2以上の都道府県にある場合は国土交通大臣、1つの都道府県内のみにある場合は都道府県知事。この区別は営業所による区別、営業区域は制限されない。

2 軽微な建設工事は許可不要

　軽微な建設工事のみを請け負う場合、建設業の許可は不要です。

　軽微とは、工事一式の代金が、

建築一式工事	1,500万円に満たない、または延べ150㎡未満の木造住宅
建築一式工事以外の建設工事	500万円未満

　代金とは、工事を分割して請け負うときは、その合計額です。なお、注文者が材料を提供するときは、その材料費等を含む額になります。

3 一般建設業と特定建設業

	一般建設業	特定建設業
発注者から請け負う工事の全部または一部を下請けに出す場合の下請工事代金1件の工事	右の工事以外	・建築工事業では6,000万円以上 ・それ以外では4,000万円以上

発注者から直接に工事を請け負うのではなく、下請けとして請け負う場合には、一般建設業と特定建設業の区別はありません。

❻ 不動産登記

① 不動産の特定

土地の単位は「筆」です。

地番は、土地の1単位（＝1筆）ごとに付された番号です。

※住居表示：住居などの所在を示すもので、地番とは異なる（R3問50肢1）。

住居表示に対応する地番を調査する方法

「ブルーマップ」という住居表示と地番を対応させる地図があり、法務局などで調べられます。ブルーマップが発行されていない地域では、市町村・法務局に問い合わせます。また、一般財団法人民事法務協会の行うインターネット登記情報提供サービスの中に、地番検索サービスがあります。

 コメント
住居がない山林地域や田畑などについては、住居表示は決められていない。1筆の土地上に複数の住居が存在する場合には、地番ひとつに対し複数の住居表示がある。

② 不動産登記

出た! R1・3

① 登記の種類と機能

種　類	機　能
表示に関する登記	ア．土地の権利対象としての単位の確定
権利に関する登記	イ．物権変動の公示 ウ．権利取得の対抗要件 エ．権利の推定

ア．土地の権利対象としての単位の確定（不動産登記の単位の特定）

土地の単位である筆が、現地で実際にどのような位置

に、どのような形状や広がりをもって存在しているのか
を明らかにしようとするのが地図です（不登法14条）。地
図が未整備な地域が存するために、公図がその役割を補
完しています。

イ．物権変動の公示

　不動産の円滑な取引のために、権利変動を公簿上で示
しています。現在では、公簿はデジタル情報化されてい
ます。

ウ．権利取得の対抗要件

　不動産に関する物権の得喪および変更は、登記をしな
ければ、第三者に対抗することができません（民法177条）。
登記を経れば、第三者に対して権利主張をすることがで
きます。

　なお、登記名義人が実際には権利を有していない場合
に、登記を信頼して権利を譲り受けた者の権利を肯定す
ることを、公信力といいます。不動産登記には公信力は
認められておらず、登記を信頼して権利を譲り受けても、
譲渡人が無権利者であるならば、権利の取得は認められ
ません。

エ．権利の推定

　不動産登記を経ている場合には、登記名義人は権利者
であると推定されます（不動産登記の推定力）。

② 登記の仕組み

ア．登記所における事務

　登記所における事務は、登記官が取り扱います（不登
法9条）。

イ．登記記録

　電磁的に記録されている登記に関する記録の内容です
（不登法2条5号）。1筆の土地または1個の建物ごとに1
登記記録が設けられます（一不動産一登記記録の原則）。

！注意
1筆の土地の上に2棟以
上の建物が存在する場合
もある。

ポイント整理
📁 一不動産一登記記録の原則
- 同一不動産について2以上の登記記録が設けられることはない
- 1個の不動産の一部分に関する登記はできない
- 同一の登記記録には2以上の不動産が登記されることはない

ウ．登記簿

　登記記録が記録される媒体を指し示す概念です。登記簿は、磁気ディスクをもって調製されます（不登法2条9号）。

　表題部と権利部に分かれ（不登法2条7号・8号）、権利部には甲区と乙区があります（不動産登記規則4条4項）。

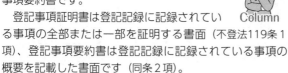

　コンピュータ化された登記記録を第三者が認識しうる仕組みが、登記事項証明書と登記事項要約書です。
　登記事項証明書は登記記録に記録されている事項の全部または一部を証明する書面（不登法119条1項）、登記事項要約書は登記記録に記録されている事項の概要を記載した書面です（同条2項）。

③ 表示に関する登記

　登記の表題部には、物理的現況が表示されます（不登法2条7号）。

　土地の表題部には、所在、地番、地目、地積等（不動産登記規則別表1）が、建物の表題部には、所在、家屋番号、種類、構造、床面積等（不動産登記規則別表2）が、それぞれ記録されます。

👆Up 発展
不動産登記において建物の床面積は、壁その他の区画の中心線で囲まれた部分の水平投影面積により計算する（R3問46）。

🖊 コメント
不動産を相続しても相続登記がなされないことが所有者不明土地の発生要因になっていたので、不動産（土地建物）を相続した場合には、相続で土地建物を取得したことを知ったときから3年以内に相続登記をすることが義務化された（2024年（令和6年）4月施行。施行日以前の相続にも適用される）。登記をしなければ過料に処される。なお、相続登記の義務を履行するための簡易な方法として、相続人申告登記の制度も設けられた。

④ **権利に関する登記**

　ア．権利部

　権利部は、甲区と乙区に分かれます。

甲　区	所有権に関する登記
乙　区	賃借権、その他所有権以外の権利に関する登記

　イ．権利に関する登記

　権利に関する登記には、主登記と付記登記があります。

主登記	すでにされた権利に関する登記
付記登記	主登記について変更もしくは更正し、または所有権以外の権利にあってはこれを移転し、もしくはこれを目的とする権利の保存等をするもので、主登記と一体のものとして公示する必要があるもの（不登法4条2項、不動産登記規則3条）。

　ウ．抹消の登記

　既存の登記に対応する実体関係が欠けている場合に、その登記を法律的に消滅させる目的で行われる登記です。登記上の利害関係を有する第三者がある場合には、第三者の承諾が必要とされます（不登法68条以下）。

　エ．共同担保目録

　担保権が「二以上の不動産に関する権利を目的とするときは、当該二以上の不動産および当該権利」が登記事項となります（不登法83条1項4号）。共同担保の法律関係を明らかにしつつ、一覧性を確保するため、登記官が共同担保目録を作成できるものとされています（同条2項）。

Up 発展
保存の登記
未登記の不動産について、初めてするときの所有権（または権利一般）の登記（不登法74条）（R元問33肢2）

共同抵当
<ruby>きょうどうていとう</ruby>

Column

　債権者が同一の債権の担保として数個の不動産につき抵当権を有する場合において、同時にその代価を配当すべきときは、不動産の価額に応じて、その債権の負担を按分するものとされます（民法392条１項）。同一の債権を担保するために、複数の不動産に抵当権などの担保を設定するときは、民法第392条の適用を受けることになりますので、共同抵当であることを公示しておくことが必要になります。

 # 公的な土地の価格

出た！ R1

　公的な土地の評価には、①公示価格（公示地価）、②基準地の標準価格、③路線価（相続税路線価）、④固定資産税評価額（固定資産税課税標準額）の４種類の価格があります。

① 公示価格（公示地価）

　一般の土地の取引価格に対する指標の提供、公共用地の取得価格の算定基準、収用委員会による補償金額の算定などのため、地価公示法によって地価について調査決定し、公表される価格です。相続税評価、固定資産税評価の基礎資料としても用いられます。

決定者	土地鑑定委員会
プロセス	各標準地について２人以上の不動産鑑定士によって行われた鑑定評価を基礎とする
公　表	毎年１月１日時点の価格を３月に公表
標準地	都市計画区域その他の土地取引が相当程度見込まれるものとして定められた区域内で実施。令和６年は26,000地点

② 基準地の標準価格

　都道府県が地価調査を行い、これを公表する制度（都道府県地価調査）によって調査された価格です。国土利用計

第6編
管理業務その他の賃貸住宅の管理の実務に関する事項

画法による土地取引規制に際しての価格審査などのために用いられます。

決定者	都道府県知事
プロセス	各基準地につき1名以上の不動産鑑定士の鑑定評価を求め、これに対し審査・調整する
公　表	毎年7月1日時点の価格が9月に公表される（R元問33肢3）
基準地	令和5年は21,381地点

③ 路線価（相続税路線価）

相続税・贈与税の課税における宅地の評価を行うために設定される価格（取得の時における時価）です。公示価格水準の80％程度となります（R3問50肢4）。

時価の評価の原則と各種財産の具体的な評価方法は、財産評価基本通達に定められます。

決定者	国税庁（国税局長）
プロセス	売買実例価額、公示価格、不動産鑑定士による鑑定評価額（不動産鑑定士が国税局長の委嘱により鑑定評価した価額）、精通者意見価格等に基づく
公　表	毎年1月1日時点の価格が7月に公表される（R元問33肢4）

④ 固定資産税評価額（固定資産税課税標準額）

固定資産（地方税法341条1号）に課される固定資産税を課税するための評価額（適正な時価）で、公示価格の7割程度になります（R3問50肢3）。

基準年度の初日の属する年の前年の1月1日の時点における評価額であり、3年ごとに評価替えが行われ、固定資産税評価基準によって評価されます。

発展
財産評価基本通達には、宅地の評価につき、市街地的形態を形成する地域にある宅地については路線価方式、それ以外の宅地については倍率方式（固定資産税評価額に国税局長が一定の地域ごとにその地域の実情に即するように定める倍率を乗じて計算した金額によって評価する方式）によって行うこととされている。ここに路線価方式で示される場合の評価額が路線価である。

決定者	市町村長
プロセス	総務大臣が定めた固定資産の評価の基準、評価の実施の方法・手続（固定資産評価基準）による。3年に一度、評価替えが行われる
公　表	公表されるものではない。ただし、毎年一定期間、固定資産税の納税者の縦覧に供される

❽ 相　続

① 相続人の範囲と順位

　人が死亡すると相続が開始します。被相続人の財産に属した一切の権利義務が相続財産であり、相続人が相続財産を承継します。

　配偶者は、常に相続人になります。

子があれば	配偶者と子
子がなければ	配偶者と直系尊属
子と直系尊属がなければ	配偶者と兄弟姉妹

法定相続情報証明制度

　相続人が不動産登記の変更手続などに必要な戸籍関係の書類一式を登記所で1枚の証明書にまとめたものを、登記官が認証してくれる仕組みです。不動産登記手続などで使用できます。ただし、戸籍を取り寄せるのは相続人です。

Column

② 相続資格の喪失（そうしつ）

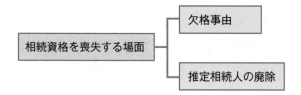

① 相続人の欠格事由

　法律上、当然に相続人になれない者（相続資格を喪失す

💬コメント
子について、実子と養子とに区別はない。

❗注意
相続人が死亡していた場合などは、代襲相続が生じる（その者の子が相続人になること）。
相続人が相続放棄をした場合には、その者の子には代襲相続は生じない（R5問45肢2）。

💬コメント
胎児は、相続については、既に生まれたものとみなされる（民法886条1項）。

🆙発展
養子にも相続権がある。相続税の節税のための養子縁組も有効（判例）

る者）は、以下のとおりです（民法891条1号〜5号。以下「❸相続」において条数のみを表示する）。

> ア．故意に被相続人または先順位・同順位にある者を死亡させ、または死亡させようとしたために、刑に処せられた者
> イ．被相続人の殺害されたことを知って、これを告発せず、または告訴しなかった者（是非の弁別がないとき、または殺害者が自己の配偶者、直系血族であったときは除く）
> ウ．詐欺または強迫によって、遺言をし、撤回し、取り消し、または変更することを妨げた者
> エ．詐欺または強迫によって、遺言をさせ、撤回させ、取り消させ、または変更させた者
> オ．遺言書を偽造し、変造し、破棄し、または隠匿した者

---

② 推定相続人の廃除

欠格事由とは異なり、法律上当然に相続人になれないわけではないが、被相続人が相続をさせたくないと感じるような非行が推定相続人にあるため、家庭裁判所の審判・調停によって相続権を奪われるケースです。

> 例 遺留分のある推定相続人が被相続人に対して虐待や重大な侮辱を加えるなどした場合には、被相続人は、その推定相続人の廃除を家庭裁判所に請求することができる（892条）。

また、被相続人が推定相続人の廃除を遺言で行った場合には、遺言執行者はその遺言が効力を生じた後、遅滞なく家庭裁判所に請求しなければならず、効力は被相続人の死亡時にさかのぼります（893条）。

なお、被相続人は、いつでも推定相続人の廃除の取消しを家庭裁判所に請求することができます（894条）。

③ 単純 承 認、放棄、限定 承 認

① 承認・放棄をする期間

　相続の開始があったことを知った時から３か月以内で、この期間は、家庭裁判所が伸長することができます（915条1項）。相続人が未成年者・成年被後見人であれば、法定代理人が知った時から起算します。承認・放棄は、撤回することができません。

② 単純承認

　単純承認とは、無限に被相続人の権利義務を承継することです（920条）。単純承認となる場合には、以下のケースがあります。

ポイント整理

📁 単純承認となるケース

●相続人が相続財産の全部または一部を処分したとき（保存行為および第602条に定める期間を超えない賃貸は除く）
●相続人が第915条第1項の期間（３か月など）以内に限定承認・放棄をしなかったとき
●限定承認・放棄後でも、財産を隠匿・消費、悪意で目録に記載しなかったとき（相続放棄により相続人となった者が承認をした場合は除く）

③ 相続の放棄

　相続を放棄した者は、初めから相続人とならなかったものとみなされます（939条）。相続の放棄をしようとする者は、家庭裁判所に申述しなければなりません（938条）。相続の放棄をした者は、放棄によって相続人となった者が相続財産の管理を始めることができるまで、自己の財産におけるのと同一の注意をもって、その財産の管理を継続しなければなりません（940条）。

④ 限定承認

　限定承認とは、相続によって得た財産の限度において債務・遺贈を弁済すべきことを留保して、相続の承認をすることです（922条）。相続人が数人あるときは、共同相続人

出た! R5

📝コメント
相続人は、その固有財産におけるのと同一の注意をもって、相続財産を管理しなければならない（918条）。限定承認および放棄の場合にも、同様に自己固有財産におけるのと同一の注意義務がある（926条1項、940条）。

第6編　管理業務その他の賃貸住宅の管理の実務に関する事項

📝コメント
相続人が限定承認をしたときは、その被相続人に対して有した権利義務は、消滅しなかったものとみなされる（925条）。

の全員が共同して限定承認を行う場合のみ可能です。

限定承認をするには、自己のために相続の開始があったことを知った時から3か月以内に、目録を作成して家庭裁判所に提出し、申述することを要します（924条）。

限定承認者は、その固有財産におけるのと同一の注意をもって、相続財産の管理を継続しなければなりません（926条1項）。

4 相続財産

① 積極財産と消極財産の承継

相続財産は、被相続人の財産に属した一切の権利義務です（896条本文）。権利と義務（負債など）の両方があり、相続開始の時から相続人が承継します。ただし、被相続人の一身に専属した権利義務は、承継しません（同条ただし書）。

また、系譜、祭具、墳墓の所有権は、慣習に従って祭祀を主宰すべき者が承継します。被相続人の指定があるときは、その者が承継します（897条1項）。慣習が明らかでないときは、家庭裁判所が定めます（897条2項）。

なお、相続人が数人あるときは、相続財産は共有となります（898条）。各共同相続人は、相続分に応じて権利義務を承継します（899条）。

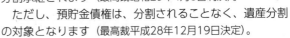

可分債権（金銭債権）は相続開始と同時に当然に各共同相続人の分割単独債権となり、遺産にはなりません（最高裁平成16年4月20日判決）。法定相続分に従って法定相続人に分割承継されます（最高裁昭和29年4月8日判決）。

ただし、預貯金債権は、分割されることなく、遺産分割の対象となります（最高裁平成28年12月19日決定）。

② 消極財産（債務の承継）について

相続財産に債務が含まれる場合、共同相続人は、法定相続分に応じて債務を負担します。

発展
利用者の死亡によって消滅するため相続されない利用権
●使用貸借上の賃借人の権利
●終身建物賃貸借における賃借権
●配偶者居住権、配偶者短期居住権

コメント
公営住宅を使用する権利は、入居者が死亡した場合に当然に承継されるものではない（判例）。

注意
個人根保証契約では、保証人の死亡が元本の確定事由になるので、賃借人の保証人の地位は承継されない。

> - ●遺言によって相続分の指定がされた場合でも同じ
> - ●債権者が共同相続人の1人に対して指定された相続分に応じた債務の承継を承認したときは、債権者の権利行使は否定される

⑤ 相続分

出た！ H30・R5

相続分とは、それぞれの相続人が、相続財産のうちの権利義務を取得する割合です。

遺言がある場合	遺言がない場合
遺言による	法定相続分

① 相続分の指定

遺言で相続分を定め、またはこれを定めることを第三者に委託することができます。遺言または第三者の定めた相続分は、法定相続分に優先します（902条1項）。

② 法定相続

被相続人の財産は、次の❶～❸の優先順位で分配・処分されます。

📝コメント

被相続人が、共同相続人中の1人もしくは数人の相続分のみを定め、またはこれを第三者に定めさせたときは、他の共同相続人の相続分は、法定相続分により定める（902条2項）。

> ❶ 遺 言
> まず、遺言があれば、遺言に従って分配・処分される。遺言は財産を有していた人の最終の意思表示として、尊重されるためである

> ❷ 相続人の合意（遺産分割協議）
> 次に、相続人の合意があれば、遺言がなくても、その合意によって分配・処分される

> ❸ 法定相続
> もし遺言がなく、相続人の合意が不調の場合は、法律の規定に従う

ア．法定相続人と法定相続分

法律の規定によって定められた相続人を法定相続人と

第6編 管理業務その他の賃貸住宅の管理の実務に関する事項

いい、その者が承継する相続分を法定相続分といいます。

配偶者は、常に法定相続人となり、配偶者と共に子（第1順位）、直系尊属（父母、祖父母。第2順位）、兄弟姉妹（第3順位）が法定相続人となります。

発展
離婚した元妻や内縁の妻には、相続資格はない。

> つまり、配偶者がいれば、子がいる場合は、配偶者と子だけが相続し、子がいない場合には、配偶者と直系尊属が相続します。そして、もし、子も直系尊属もいなければ、配偶者と兄弟姉妹が相続することになります。

次に、各相続人の法定相続分は、相続人が配偶者と子の場合は各$\frac{1}{2}$、配偶者と直系尊属の場合は配偶者が$\frac{2}{3}$で直系尊属が$\frac{1}{3}$、配偶者と兄弟姉妹の場合は配偶者が$\frac{3}{4}$で兄弟姉妹が$\frac{1}{4}$となります。

なお、子、直系尊属、兄弟姉妹がそれぞれ複数いる場合は、それぞれの間で等しく分けます。

これらをまとめると、次のようになります。

発展
養子は、養子縁組の日から、嫡出子としての身分を取得する。

	法 定 相 続 人	法 定 相 続 分	
第1順位	配偶者＋子	配偶者	$\frac{1}{2}$
		子	$\frac{1}{2}$
第2順位	配偶者＋直系尊属	配偶者	$\frac{2}{3}$
		直系尊属	$\frac{1}{3}$
第3順位	配偶者＋兄弟姉妹	配偶者	$\frac{3}{4}$
		兄弟姉妹	$\frac{1}{4}$

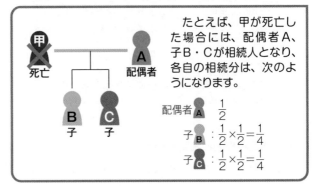

たとえば、甲が死亡した場合には、配偶者A、子B・Cが相続人となり、各自の相続分は、次のようになります。

配偶者A　$\frac{1}{2}$

子B：$\frac{1}{2} \times \frac{1}{2} = \frac{1}{4}$

子C：$\frac{1}{2} \times \frac{1}{2} = \frac{1}{4}$

イ. 代襲相続の場合

相続人となり得る者が相続開始前または同時に死亡している場合などに、その者の子が代わって相続人となることを、代襲相続といいます。死亡のほかに代襲相続が生じるのは、相続人が相続欠格となったり、相続人から廃除（相続権を剥奪すること）された場合です。

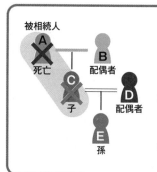

子CがAよりも先に死亡している場合、孫Eは、Cを代襲して、Aを相続します。つまり、代襲相続人は、相続人が取得するはずだった相続分を取得するから、図でEは$\frac{1}{2}$の相続分を取得することになります。

❗注意
相続放棄をした場合、代襲相続は生じない（R5問45肢2）。

⑥ 配偶者居住権

① 概　要

配偶者が、被相続人の財産に属した建物に、相続開始の時に居住していた場合に認められる権利です。配偶者は終身、無償で建物を使用できます。

- 配偶者は法律上の夫婦である者。内縁関係を含まない
- 相続開始時に建物が被相続人と別の人（被相続人の配偶者以外）との共有だったときは、否定される
- 配偶者居住権は登記が可能であり、登記をすれば、第三者に対抗できる

② 成立と存続期間

配偶者居住権は、ア. 遺産分割、イ. 遺贈の目的となったときの2つの場合に成立します。

配偶者の終身の間存続し、配偶者死亡の場合には配偶者居住権はなくなります。

📝コメント
建物の所有者は配偶者居住権を取得した配偶者に対し、配偶者居住権設定の登記を備えさせる義務を負う。

ほかに、遺産分割（遺産分割の審判）または遺言に存続期間が定められたときにも、配偶者居住権は消滅します。

③ 配偶者の使用にあたっての権利義務

配偶者は、居住建物の全部を無償で使用収益をすることが認められます。また、配偶者には善管注意義務があります。なお、増改築や第三者に使用させることはできません。

④ 修繕と費用負担

配偶者は、自ら必要な修繕をすることができます。配偶者が修繕をしないときは、建物所有者が修繕をすることもできます。

居住建物の通常の必要費（維持修繕費用、固定資産税など）は、配偶者負担になります。通常の必要費以外の費用について配偶者が費用を支出したときは、居住建物所有者は、償還をしなければなりません。

> **ポイント** 有益費について、裁判所は、相当の期限を許与することができる。

[7] 配偶者短期居住権

① 概 要

配偶者が、被相続人が所有する建物に相続開始時に居住していた場合に、居住建物を無償で使用することができる権利です。

- ●配偶者短期居住権は当然に認められる権利（遺産分割や遺贈などは不要）
- ●建物が共有であった場合、相続による持分取得者以外には、主張できない
- ●配偶者は法律上の夫婦である者とし、内縁関係を含まない
- ●配偶者短期居住権は登記できない。第三者に対する主張はできない

② 成立と存続期間

成立要件は、相続開始時に無償で建物に居住していたことだけです。被相続人と同居していなくてもかまいません。

無償で居住している部分だけに成立します。

> ●相続を放棄したときでも、配偶者居住権を取得する
> ●欠格事由に該当し、または廃除によって相続権を失ったときには、不成立
> ●配偶者が遺産の共有持分を有しない場合、建物所有者は消滅の申入れができる

存続期間は、期間の満了により当然に消滅します。

> ●建物について配偶者が遺産の共有持分を有する場合 ⇒ 遺産分割による帰属の確定日、または相続開始から6か月後のいずれか遅い日まで
> ●それ以外の場合（配偶者が遺産の共有持分を有しない場合）⇒ 消滅の申入れの日から6か月を経過する日まで

③ 配偶者の使用にあたっての権利義務

　建物取得者は、第三者に対する居住建物の譲渡その他の方法により、配偶者の建物の使用を妨げてはならない義務を負います。

　ポイント　建物所有者に、配偶者の使用に適した状態にする義務はない。

　配偶者には善管注意義務があります。配偶者短期居住権を譲渡したり、第三者に使用させることはできません。

　ポイント　配偶者が収益を得ることはできない。

> コメント
> 配偶者短期居住権における修繕と費用負担の問題は、配偶者居住権とほぼ同様

❾ その他コンプライアンスに関する事項

① 住宅セーフティネット法
① 住宅確保要配慮者のための制度の創設

　現在、多くの低額所得者、高齢者、障害者、子育て世帯等の住まい探しに困っている人々がいます。しかし、公営住宅の大幅増は期待できません。また、民間賃貸住宅の賃貸人は、家賃滞納・孤独死等への不安から入居を拒む傾向

> コメント
> 単身高齢者について今後10年間で100万世帯が増加する。うち民間賃貸住宅入居者は22万人と見込まれている。

にあり、賃貸住宅の供給も滞っています。

　他方で空き家は増加しており、駅から1km以内で腐朽破損がなく、簡単な手入れにより使うことができる活用可能な空き家は、約185万戸と推計されています。

　空き家を活用し、この不均衡な状況を解消するため、「住宅確保要配慮者に対する賃貸住宅の供給の促進に関する法律」（住宅セーフティネット法）が改正され（平成29年4月公布、同年10月施行）、新たに、入居を拒まない住宅（セーフティネット住宅）を登録する制度が創設され、さらに改正を加えたものが令和4年6月に施行されました。

② 住宅確保要配慮者の意味

　新しい仕組みにおいて、法の対象となる住宅確保要配慮者は、次のとおりです。

③ セーフティネット住宅の登録制度

ア．入居を拒まない住宅の登録

　セーフティネット住宅の登録は、都道府県知事が行います。セーフティネット住宅は、住宅確保要配慮者について入居を拒まない住宅です。入居を拒まないものとする属性を選択すること（高齢者についてだけ入居を拒まないなど）も認められます。

　セーフティネット住宅の登録を受けた場合には、住宅

コメント
住生活基本計画では、住宅の確保に特に配慮を要する者の居住の安定の確保が目標のひとつに掲げられている（目標3）。

出た！ R2・3

コメント
都道府県知事の登録は、賃貸住宅を構成する建築物ごとに行われる。

確保要配慮者であることを理由に入居を拒否してはなりません。

イ．登録住宅の要件

●床面積が25㎡以上

●台所・便所・洗面・浴室等の設備があること、耐震性を有することなど

※都道府県等は、地域の実情に応じて、基準を緩和・強化できる。

ウ．家賃の低廉化、経済的な補助

登録住宅においては、家賃等の低廉化が図られ（家賃が基準に合致していること）、経済的な補助（改修費への国・地方公共団体、独立行政法人住宅金融支援機構の融資など）が行われます。

地域の実情に応じて、要配慮者の家賃債務保証料や家賃低廉化に対し国・地方公共団体が補助する以下の助成措置があります。

	対　象	助成措置の内容
家賃債務保証料低廉化	保証業者	1戸あたり年額最大6万円
家賃低廉化	賃貸人	1戸あたり月額最大4万円

エ．情報開示

都道府県等は、登録住宅の情報を開示し、入居に関して賃貸人を指揮監督します。

④ 住宅確保要配慮者の入居円滑化に関する措置

出た！ R2・3・4

ア．居住支援法人制度

都道府県等は、ＮＰＯ等の法人を居住支援法人として指定します。居住支援法人の業務は、住宅確保要配慮者の家賃債務保証、登録住宅の情報提供、入居相談その他の援助等です。

イ．住宅扶助費等の代理納付を推進するための措置

　生活保護受給者に家賃滞納のおそれがある場合等に、福祉事務所に通知をします。必要があれば、福祉事務所は賃貸人に直接に住宅扶助費等（賃料等）を支払う（代理納付する）ことになります（生活保護法37条の2）。

ウ．住宅金融支援機構による保険の引き受け

　家賃債務保証業者は、独立行政法人住宅金融支援機構による保険に加入できます。

> 　生活保護受給者である登録住宅の入居者の住宅扶助費等（賃料等）について、福祉事務所が代理納付する制度が設けられています。賃貸不動産経営管理士は、この制度を理解して、活用することが期待されています。
> Column

② 住宅宿泊事業法

① 民泊の定義

　民泊は、住宅を活用し、住宅内で宿泊客に宿泊を提供するサービスで、現在世界各国に広まっています。日本でも、平成29年6月に住宅宿泊事業法が制定され、平成30年6月に施行され、さらに令和4年6月に改正施行されました。

② 住宅宿泊事業法の概要

ア．3種類の事業者

- ●住宅宿泊事業者：宿泊料を受けて、住宅に人を宿泊させる事業者（旅館業法の許可を受けて事業を営む者を除く）
- ●住宅宿泊管理業者：住宅宿泊事業者から依頼を受け、住宅宿泊管理の事業を行う者
- ●住宅宿泊仲介業者：住宅宿泊の仲介の事業を行う者

住宅宿泊事業	都道府県知事への届出
住宅宿泊管理業	国土交通大臣の登録
住宅宿泊仲介業	観光庁長官の登録

📝コメント
都道府県および市町村は、住宅確保要配慮者に対する賃貸住宅の供給の促進に関する計画を定めることができる（住宅セーフティネット法5条、6条）。

出た！R1

Up 発展
民泊には住宅宿泊事業法に基づくもののほかに、国家戦略特別区域法による特区民泊がある。特区民泊は区域を限って認められる住宅宿泊事業である。

　住宅宿泊事業者は届出住宅に関し、人を宿泊させた日数その他の所定の事項について、報告義務があります。

イ．住宅宿泊事業の定義

　宿泊料を受けて住宅に人を宿泊させる事業であって、人を宿泊させる日数として１年間で180日を超えないものであることを要します（住宅でなければ住宅宿泊事業を行えない）。なお、条例によって、区域を決めて日数をさらに制限することができます。

ウ．住宅宿泊事業者の義務

```
a．衛生確保措置
b．宿泊者の安全確保
c．外国人観光旅客である宿泊者       a〜fの
　　の快適性および利便性の確保       「6項目の
d．宿泊者名簿の作成・備付け         措置」*1
e．騒音防止のための説明
f．苦情等への対応
g．標識の掲示*2
h．定期報告*2
```

＊１　「６項目の措置」は、住宅宿泊事業者が、住宅宿泊管理業者に委託すれば義務を免れる。

＊２　g．標識の掲示とh．定期報告は、住宅宿泊事業者が行わなければならないのであり、住宅宿泊管理業者に業務を委託したとしても、義務を免れない。

　住宅宿泊事業には、家主居住型（ホームステイ型）と家主不在型があります。

　家主不在型の住宅宿泊事業者（狭義の家主不在型の住宅宿泊事業者）は、住宅宿泊管理業務（上記６項目の措置）を住宅宿泊管理業者に委託しなければなりません。委託先は１社（または１個人）に限られます。委託先を分けることはできません。

　住宅宿泊事業者が住宅宿泊管理業者なら、委託義務はありません（法11条１項ただし書）。

📖コメント
住宅宿泊事業者は、届出住宅ごとに、公衆の見やすい場所に、所定の様式の標識を掲げなければならない。

⬆️発展
都道府県（または保健所設置市等）は、条例で区域を定めて、住宅宿泊事業を実施する期間を制限することができると規定されており（法18条）、多くの地方自治体で条例によって区域を定めた期間制限が定められている。

🔑重要
家主不在型とは、人を宿泊させる間、家主は不在となるタイプ

📖コメント
家主居住型（ホームステイ型）の住宅宿泊事業者は委託を義務づけられないが、委託をすることもできる。家主居住型（ホームステイ型）でも、居室数が５を超えると委託を義務づけられる。

📖コメント
家主不在型でも、自分の生活の本拠が、同一の建築物内・敷地内にあるとき、または隣接しているときは、委託の義務づけ対象から外れる（法11条1項2号、施行規則9条4項）。家主不在型のうち、この場合を除いた狭義の場合に６項目の措置を住宅宿泊管理業者に委託することが義務づけられる。

③ 住宅宿泊管理業者の登録

ア．登録簿への登録

　住宅宿泊管理業を行うには登録を受けなければなりません。登録を行うのは国土交通大臣です（法22条1項）。

　登録の有効期間は5年です（法22条2項）。登録が行われたときは、申請者および都道府県知事に通知されます（法24条2項）。

イ．体制の整備

　登録には、住宅宿泊管理業を的確に遂行するための必要な体制の整備が必要となります。整備すべき必要な体制は、ａ．法令適合性を確保するための体制、ｂ．適切な業務を実施するための体制の2つです（国土交通省関係住宅宿泊事業法施行規則（国土交通省令第65号。以下「国規則」という）9条1号・2号）。

ａ．法令適合性確保のための体制

　申請者が個人であれば賃貸不動産経営管理士である場合、申請者が法人であれば賃貸住宅管理業者の登録を受けているか、賃貸不動産経営管理士を従業者として有している場合には、法令適合性確保のための体制が整っているものとされます（住宅宿泊事業法施行要領（ガイドライン）、国規則9条1号関係）。

ｂ．業務を適切に実施するための体制（適切な業務の実施）

　法に定める措置や説明、苦情への対応などを適切に実施するための体制が整備されていることを要します（同ガイドライン国規則9条2号関係）。

④ 住宅宿泊管理業者の義務

　民泊は住宅を利用した宿泊事業であり、賃貸住宅管理業者は登録をすれば住宅宿泊管理業を行うことができます。

【賃貸住宅管理業者の義務】

- ●信義誠実に業務を処理する原則
- ●名義貸しの禁止
- ●誇大広告等の禁止
- ●不当な勧誘等の禁止
- ●管理受託契約の締結前の書面の交付
- ●管理受託契約の締結時の書面の交付
- ●住宅宿泊管理業務の再委託の禁止（全部の再委託の禁止）
- ●住宅宿泊管理業務（住宅宿泊事業者に義務づけられる業務）の実施
- ●証明書の携帯、請求があったときの提示
- ●帳簿の備付け等
- ●標識の掲示
- ●住宅宿泊事業者への定期報告

⑤ 分譲マンション内での民泊

分譲マンションの管理規約等に「住居専用」と定められている場合、民泊を行うことは原則として可能です。

理由 民泊は、住居で行う宿泊事業だから

なお、分譲マンションで民泊を禁止するには、住宅宿泊事業法に基づく民泊を禁止する定め（あるいは特区民泊を禁止する定め）が必要となります。

③ 偽装請負（ぎそううけおい）

書類上、形式的には請負契約ですが、実態としては労働者派遣であるものを、偽装請負といいます。偽装請負は違法です。

請負は、労働の結果としての仕事の完成を目的とするものです。派遣との違いのポイントは、発注者と受託者の労働者との間に指揮命令関係が生じないところにあります。労働者の側からみて、自分の使用者からではなく、発注者

発展
実際上は、ほとんどの分譲マンションの管理規約において民泊禁止が定められている。

コメント
偽装請負には、労働者派遣法等に定められた派遣元・派遣先の様々な責任が曖昧になり、労働者の雇用や安全衛生面など基本的な労働条件が十分に確保されないという問題がある。

から直接、業務の指示や命令をされるといった場合、偽装請負である可能性が高くなります。

出た! R3

4 家賃債務保証業者登録制度

① 登録制度の意義

家賃債務保証業者登録制度は、2017（平成29）年10月に改正された住宅セーフティネット法とともに創設された、国土交通省の告示による登録制度です。

家賃債務保証業は、賃貸住宅の賃借人の委託を受けて賃借人の家賃の支払いに係る債務（家賃債務）を保証することを業として行うこと（家賃債務保証業者登録規程（以下「登録規程」）2条1項）です。事業者の情報は公開され、事業者選択の判断材料として活用できます。公営住宅における家賃保証債務も制度の対象です。

登録制度の利用は任意であり、登録を受けなくても家賃債務保証業を営むことができます。

② 家賃債務保証業者の登録

家賃債務保証業を営む者は、国土交通大臣の登録を受けることができます（登録規程3条1項）。登録は法人単位で行われ、法人の本社で登録します。登録事務は、各地方整備局において行われます。

登録の有効期間は5年となっており（登録規程3条2項）、更新すると5年間継続します（登録規程3条3項・4項）。

③ 登録簿の閲覧、帳簿の備付けと閲覧

ア．登録簿の閲覧

家賃債務保証業者登録簿は、一般の閲覧に供されます（登録規程8条）。閲覧の対象となるのは登録簿の記載事項です。添付書類は閲覧の対象ではありません。

イ．帳簿の備付けと閲覧

家賃債務保証業者は、営業所または事務所ごとに、業

コメント
登録事業者については、国や居住支援協議会等によって、賃借人に対して情報提供が行われる。また、住宅セーフティネットの仕組みの中で、住宅確保要配慮者に対して保証をする場合には、独立行政法人住宅金融支援機構による家賃債務保証保険の対象となり、登録事業者のサービスの利用の促進や保証リスクの軽減措置が設けられている。

コメント
売上高の額は登録の要件ではない。売上高にかかわらず登録を受けることができる。

コメント
閲覧の対象となる書類は備付けが義務づけられている帳簿。ただし、登録業者の判断でこれ以外の書類の開示請求を認めることも可能である。

務に関する帳簿を備え付け、保存しなければなりません
（登録規程20条）。

　賃借人等または賃借人等であった者は、家賃債務保証
業者に対し、登録規程第20条の帳簿（これらの者の利
害に関係がある部分に限る）の閲覧または謄写を請求す
ることができます。その請求が請求を行った者の権利の
行使に関する調査を目的とするものでないことが明らか
であるときを除き、請求を拒むことができません（登録
規程21条）。

🗒コメント

家賃債務保証業者は、業
務および財産の管理状況
を国土交通大臣に報告し
なければならないものと
されているが（登録規程
25条）、この報告内容に
ついては、閲覧の請求が
できるものとはされてい
ない。

5 特定家庭用機器再商品化法（家電リサイクル法）

家庭用機器廃棄物から、有用な部品や材料をリサイクル
し、廃棄物を減量するとともに、資源の有効利用を推進す
るための法律です。

　対象は、家庭用機器であって、①エアコン、②テレビ、
③冷蔵庫・冷凍庫、④洗濯機・衣類乾燥機の4つ（いずれ
も家庭用機器のみ）の廃棄物です（家電4品目）。

ア．義務の対象　小売業者と製造業者です。

　　小売業者＝家電4品目の小売販売を業として行う者
　　　　　　　賃貸管理業者が家電量販店・共同調達組
　　　　　　　織・販社などから家庭用エアコンを調達
　　　　　　　した場合であって、オーナーにその代金
　　　　　　　を請求している場合には、賃貸管理業者
　　　　　　　は小売業者となる

イ．小売業者に課される義務の内容

　a．消費者および事業者（排出者）からの引取り

　b．製造業者等への引渡し

　c．収集運搬料金の公表・応答（リサイクル料金を含
　　む）

　d．管理票（家電リサイクル券）の交付・管理・保管

第6編
管理業務その他の賃貸住宅の管理の実務に関する事項

小売業者に該当しない場合には、義務はありませんが、エアコン等購入先の小売業者に、家電リサイクル券の発行と排出者控えの交付を依頼することが望ましいとされています。

第5章

税金・保険

重要度ランク
A

攻略ポイント
- ●所得税、青色申告と確定申告、賃貸経営の法人化、その他税金
- ●保険の3つの分野、損害保険の構造、賃貸管理における保険

1 税 金

1 不動産所得にかかる所得税

出た! H27・28・29・30・R2・3・5

① 概 説

個人経営の場合の不動産所得にかかる税金が所得税です。不動産所得の金額は、収入（収益）から費用を差し引いて、算出します。

不動産所得の金額	=	収入（収益）の金額	−	費用の金額

不動産所得のほかに所得があるサラリーマンなどの場合は、不動産所得と他の所得（給与所得など）を合算して計算し、確定申告を行います。

給与所得者は、年末調整により給与所得に対する税額が確定するので、通常は確定申告をする必要はありませんが、不動産所得がある場合には、確定申告において、その税額を計算・申告をし、納付しなければなりません。

② 収入金額

ア．収入の内容

収入の内容には、次のものがあります。

- 賃料
- 権利金
- 礼金
- 更新料
- 敷金・保証金などとして受け取る金銭のうち、退去時に返還しないもの
- 共益費などとして受け取る電気代、水道代、掃除代など

イ．収入の金額

　賃貸借契約などで、その年の１月１日〜12月31日までの間に受領すべき金額として確定した金額です。未収の場合にも収入金額に含めます。

ウ．収入の計上時期

　収入の計上時期は、次の表のとおりです。

【地代と賃料】

契約、慣習により支払日が定められているもの		契約、慣習による支払日
支払日が定められていないもの	請求により支払うべきもの	請求の日
	その他のもの	実際に支払いがあった日

【礼金、権利金、更新料等】

賃貸物件の引渡しを要するもの	引渡しがあった日（契約の効力発生日も可）
賃貸物件の引渡しを要しないもの	契約の効力発生日
敷金・保証金のうち返還を要しないもの	返還しないことが確定したとき

　a．収入の計上時期は、実際に賃料が入金された時期とは異なります。実際の支払いがなくても、定められた支払日に収入として計上します。
　b．賃貸借契約書に、「保証金は退去時にその10％を償却するものとする」と記載されていれば、保証金は、契約締結時に返還を要しないことが確定します。したがって、賃貸人は、償却額を契約初年度の収入金額に含めなければなりません。

要点

③ 費　用（経費）

　費用として認められるもの、および費用として認められないものについては、次の表のとおりです。

費用（経費、必要経費）として認められるもの
事業税、消費税（税込の経理処理を行っている場合）、固定資産税・都市計画税、収入印紙、掛け捨ての損害保険料、修繕費（資本的支出に該当するものを除く）、管理業者への管理手数料、管理組合への管理費、入居者募集のための広告宣伝費、税理士報酬、弁護士報酬、減価償却費、立退料、共用部分の水道光熱費、土地購入・建物建築のための借入金金利（事業供用後のもの）、清掃料、消耗品費など

費用として認められないもの（R5問49肢2）
所得税、住民税、借入金の元本返済部分、家事費（事業に関連しない支出）

④ 回収不能の賃料の経理処理

　賃料を回収できない場合には、個人の所得税の計算では、貸倒れがあったものとして、損失の生じた日の属する年分の必要経費とする経理処理を行います。

　ただし、単に滞納状況であるだけで貸倒れと扱われるものではありません。貸倒れ損失については、厳格に取り扱われます。

【貸倒れの処理を行う時期】

　貸倒れの処理を行う時期は、原則としてその損失が生じた日の属する年です。賃料支払時期の属する年ではありません。

⑤ 不動産取得時の支出の扱い

　不動産取得時の支出については、所得税では次の表のとおり、取得価格（取得費）に含めるべきもの、または必要経費とするものとして取り扱います。

コメント
費用は、その発生時に計上する。
例 12月分の清掃代なら12月末に計上する。実際の支払いがない場合にも費用を計上し未払いとして把握する。

コメント
固定資産税・都市計画税のうち、自宅に係るものは費用として認められない（H29問35）。

発展
法人税の計算では、金銭債権の全額が回収できないことが明らかになった場合は、その明らかになった事業年度において貸倒れとして損金経理をすることになる。

発展
未収賃料が回収不能かどうかの判断は、滞納期間が短期・長期にかかわらない（H29問23）。

コメント
取得価格（取得費）に含めるべきものは減価償却の対象となり（土地は減価償却の対象ではない）、必要経費は当年の収入に対応して、不動産所得を計算する場合の当年の経費となる。

【取得価格（取得費）に含めるべきもの】

> ア．土地の購入金額
> イ．土地上の建物購入代金および取壊し費用（購入後1年以内に建物を取り壊すなどの場合）
> ウ．造成、整地、埋立て、地盛り、下水道、擁壁工事費等
> エ．建物の建築費、購入代金（工事代金、設計料、建築確認申請料等）
> オ．設計変更費用、測量費用
> カ．増改築リフォーム費用
> キ．エアコン・給湯設備等の建物附属設備費用
> ク．土地・建物購入のための媒介手数料
> ケ．土地の購入・建物の建築の借入金利息（借入日から使用開始までの期間に対応する利息）
> コ．土地・建物の固定資産税、都市計画税の精算金
> サ．所有権などを確保するために要した訴訟費用（相続財産である土地を遺産分割するためにかかった訴訟費用等は含めない）
> シ．賃借人がいる土地や建物を購入するときに、賃借人を立ち退かせるために支払った立退料

📝 コメント

土地と建物を購入し、媒介手数料を併せて支払う場合には、土地の購入金額と建物の購入金額を算出し、媒介手数料を購入金額の比率に按分する計算をして、必要に応じて費用化する。

【必要経費とするもの】

> ア．不動産取得税
> イ．登録免許税
> ウ．登記費用
> エ．収入印紙
> オ．建築完成披露のための支出

❗ 注意
取得費には含められない。

⑥ 減価償却 <small>げんかしょうきゃく</small>

ア．減価償却資産の費用化

　資産は事業のために用いられ、収益に対応して、費用となります。事業のために複数の期にわたって用いられる資産（減価償却資産）を、時の経過による損耗、減少に応じて費用化する手続きが減価償却です。次の表のとおり、減価償却すべき資産と減価償却の対象ではない資産があります。

📝 コメント

減価償却は、時間の経過に伴う資産の価値の減少を、定められた一定の年数（耐用年数）で計算し、費用化することである。費用化の計算方法、耐用年数は、税法によって定められている。

減価償却すべき資産	減価償却の対象ではない資産
●建物 ●建物附属設備 ●構築物 ●機械装置 ●車両 ●器具備品など	●土地 ●事業の用に供していない部分 　（自己居住・自己利用部分）

イ．減価償却の方法

減価償却の方法には、定額法と定率法があります。

定額法…毎年の減価償却費を同額とする方法

定率法…初期に減価償却費を多くし、年が経つに従って減価償却費を一定の割合で逓減させる方法

【固定資産の償却方法の例】

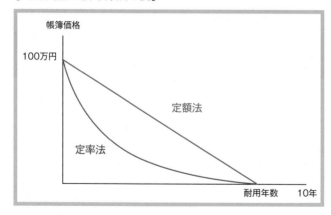

建物本体、建物附属設備、構築物の減価償却方法については、現在では、定額法しか認められていません（建物本体は、平成10年3月31日までに取得していたもの、建物附属設備・構築物には、平成28年3月31日までに取得していたものについては、定額法と定率法の選択が認められていた）。

工具器具備品などについては、定率法を選択することができます。

発展

減価償却費の考え方と計算の仕方

減価償却資産は一括で支出する。しかし経費は期間の経過で費用化する。そのため、損益計算上は費用になるが、収支の上では支出となるものではない。非現金支出費用といわれる。

第6編　管理業務その他の賃貸住宅の管理の実務に関する事項

ウ．耐用年数

　償却すべき資産については、資産の種類によって耐用
年数が決められており、決められた耐用年数にわたって
償却されます。

【建物の法定耐用年数】

	住宅	事務所	飲食店	店舗
鉄骨鉄筋コンクリート造 鉄筋コンクリート造	47年	50年	41年	39年
重量鉄骨造	34年	38年	31年	34年
軽量鉄骨造	19年	22年	19年	19年
木造（サイディング張り）	22年	24年	20年	22年
木造（モルタル塗り）	20年	22年	19年	20年

【設備の法定耐用年数】

一般的な建築附属設備	15年
エレベーター	17年
アスファルト舗装	10年

　　※建物本体・建物附属設備・構築物以外の資産については、定額
　　　法と定率法の選択が可能

⑦ 修繕費の扱い

　修繕費は、資産について維持管理を目的とする修繕のた
めに支出するものです。必要経費または償却資産の取得価
格になります（日常的な経費であればその年の経費、資産

発展

単年の必要経費と資本的
支出の区別は、実質的な
内容で判断される。

の価値を増加させる支出であれば資本的支出であって、資産の取得価額に含める）。

ポイント整理

📁 **資本的支出とされるもの**

● 建物の避難階段の取付け等、物理的に付け加えた部分の金額

● 用途変更のための模様替え等、改造または改装に直接要した金額

　なお、その修理等のための支出が修繕費か資本的支出か明らかでない場合は、次のいずれかに該当していれば、単年の経費（修繕費）として認められます。

● その金額が60万円に満たない場合

● その金額が修理等した資産の前年末取得価額のおおむね10％相当額以下の場合

---

2 **青色申告と確定申告等**
（あおいろしんこく　かくていしんこく）

出た! H27・30・R2・4

① **青色申告**

　不動産所得のある個人は、青色申告をすることができ、青色申告の承認を受ければ、税務上の特典を受けられます。

ア．申請と承認

　不動産所得のある人などが、申請をして承認されれば、青色申告ができます。

【手続き】

● 3月15日までに、承認申請書を税務署長に提出

● その年の1月16日以後に事業を開始した場合は、事業開始の日から2か月以内に申請

イ．税務上の特典

a．青色申告特別控除

　青色申告をすると、不動産所得から10万円を控除することができます。

　次の要件を満たしていれば、10万円に代えて65万円を控除することができます。

コメント
事業的規模とは、不動産の貸付規模が5棟10室以上など、社会通念上事業と称するに至る程度の貸付規模を指す。

コメント
青色申告事業者は取得価額1個当たり30万円未満の少額備品等を購入時に全額損金算入できる。年間300万円が上限となる。

コメント
純損失の繰越控除の適用を受けるためには、純損失が発生した年分の所得税の確定申告書を提出し、翌年以降も連続して確定申告書を提出する。控除を受ける年の確定申告が青色申告であることが条件となっているわけではない。

【65万円控除のための必要事項】
●事業的規模により不動産の貸付けを行っていること
●正規の簿記の原則（複式簿記）により取引を記帳していること
●確定申告書に貸借対照表と損益計算書等を添付し、期限内に提出すること

b．青色事業専従者給与（事業的規模で不動産貸付等を行っている場合に限る）

青色申告者と生計を一にしている配偶者その他の親族のうち、年齢が15歳以上で、その青色申告者の事業にもっぱら従事している人（青色事業専従者）に支払った給与は、事前に提出した「青色事業専従者給与に関する届出書」に記載された金額の範囲内で労務の対価として適正な金額であれば、必要経費として認められます。

青色事業専従者については、配偶者控除や扶養控除の対象にすることはできません。

c．純損失の繰越し

不動産所得が赤字になり、純損失が生じたときには、その損失額を翌年以後3年間にわたって、各年分の所得から差し引くことができます。

② 損益通算により税金を相殺

所得税の計算上、不動産所得などについて生じた損失を、他の所得（給与所得など）と相殺できる場合があります。これを損益通算といい、損益相殺により、給与所得で源泉徴収された税金が還付されます。不動産所得の損失額のうち土地等を取得するための借入金利息がある場合には、その金額は損益通算できません。

③ 確定申告

不動産所得が発生すれば、所得税を納税しなければなりません。

他の所得（給与所得など）がある場合には、不動産所得

と合算して確定申告をします。

ア．確定申告の手続き

期　　間	その年の翌年の2月16日～3月15日までの間
確定申告書の提出時期	3月15日まで（振替納税の場合は、4月中旬）
確定申告書の提出先	住所地を管轄している税務署

イ．住民税

住民税は所得税法上の所得をもとに計算されます。

所得税の確定申告により、その情報が税務署から住所地の市区町村に伝達され、市区町村が税額を計算し通知します。

納税は普通徴収（自ら納付書で納付する方法）と特別徴収（給料から天引きされる方法）があります。

③ 不動産賃貸経営の法人化

① 概　論

ア．所得税と法人税

事業で得た収益に対しては、個人であれば所得税、会社であれば法人税が課されます。

個人の所得税は、所得が増えれば増えるほど税率が上がるという超過累進税率の構造（最高税率は、住民税を含めて55%）が採用されています。

他方で、法人の所得に課される法人税等の実効税率は30%前後といわれます。

そのために、不動産賃貸経営を法人化すれば、所得分散による節税を図ることができます。

イ．給与所得控除の利用

会社の役員・従業員の給与には、給与所得控除があります。給与所得控除の上限額は、給与等の収入金額850万円超の場合で195万円です。

家族を役員とすることで、各人の所得税の計算上、給

📝コメント
普通徴収は、一括納付か、年4回（6月、8月、10月、翌年1月）の納税かを選択できる。

出た！ H29・R1

👆発展
一般的には、おおむね所得700万円ぐらいまでは個人のほうが税率が低く、800万円を超えると法人のほうが有利とされる。

📝コメント
同族会社への支払いが著しく高い場合、高すぎる部分についての必要経費計上が否認される。業務を第三者へ依頼した場合と比べ不相当に高額な場合、著しく高いとされる（H29問36）。

与所得控除ができます。

ウ．会社の設立、維持には費用が必要

会社を設立し維持するには、費用が必要です。

ａ．法人設立のための費用

株式会社は24万円前後、合同会社は10万円前後

ｂ．法人を維持するための費用

税理士等に決算書・確定申告書の作成を依頼すれば、費用がかかります。また、法人では、所得がなくても住民税均等割が最低7万円必要になります。

② 不動産賃貸経営の4つの形態

不動産賃貸経営に法人を利用するためには、次の**ア～エ**の4つの形態があります。

ア．管理受託会社を利用する形態

個人が所有者で賃貸人、入居者が賃借人、管理受託会社が賃貸管理を受託する形態です。管理受託会社は、管理料収入を取得します。

個人が管理委託料を管理受託会社に支払うことによって、必要経費として所得の分散を図ることができます。

【メリット】
●売買（所有権移転）をしないでよい ➡ 譲渡所得が生じない、登記費用等は不要
●管理業務がシンプル
【デメリット】
●管理受託会社としての業務の実態が伴わなくてはならない ➡ 賃料の請求・受領、契約手続、見回り、清掃、クレーム対応、業務記録など
●相続税対策や節税効果が低い ➡ 賃料収入を管理受託会社に移すわけではないので

イ．サブリース会社（一括転貸）を利用する形態

個人が所有者で原賃貸人、管理会社（サブリース会社）が一括借上げをして、入居者に転貸する形態です。サブリース会社が、転貸による差益を取得します。

【メリット】
- ●売買（所有権移転）をしないでよい ➡ 譲渡所得が生じない、登記費用等は不要
- ●個人の相続時に手間がかからない（個人は入居者との契約関係がない）
- ●サブリース会社が空室リスクを負うため、個人の賃料収入に空室リスクがない

【デメリット】
- ●サブリース会社において、賃借と転貸の実態（賃料の請求・受領、契約手続など）が伴わなくてはならない
- ●サブリース会社が空室リスクを負うので、赤字となる可能性もある

コメント

サブリース会社が空室リスクを負うことから、一般的に管理受託会社を利用する場合に比べて、賃料に対する管理料の比率は高くなる。

ウ．建物所有会社を利用する形態

　個人が土地を所有し、管理会社に土地を賃貸して地代（相当の地代）を取得し、管理会社が土地上に建物を所有する形態です。管理会社が建物を入居者に賃貸し、収益を取得します。

【メリット】
- ●所得分散効果 ➡ 建物の賃料収入はすべて管理会社（建物所有会社）が取得するため、相続税対策になる。個人は土地の地代収入だけを受領

【デメリット】
- ●建物売買における所得と手続きが発生 ➡ 譲渡所得、登記費用等が生ずる。課税、手続きが煩雑。管理会社（建物所有会社）において、入居者との契約手続を行う必要がある
- ●認定課税のおそれ ➡ 個人から管理会社（建物所有会社）への土地賃貸には、権利金支払い、または相当の地代支払い（土地の更地価額の6％程度）を要する

コメント

相当の地代は、会社にとって負担となるため、会社と個人が連名で「土地の無償返還届出書」を税務署長に提出することで、権利金や相当の地代を払うことなく、通常の地代（一般的な借地人と土地所有者間の地代の相場目安で、固定資産税額の3倍程度）を払えばよいとされている。

エ．土地建物所有会社を利用する形態

　個人が土地と建物の所有権を管理会社に譲渡し、管理会社が土地と建物の両方を所有します。

第6編　管理業務その他の賃貸住宅の管理の実務に関する事項

> 【メリット】
> ●賃料収入については、所得分散効果が大きく、節税効果がある（個人の資産が不動産から現金に代わる。賃料収入は個人ではなく管理会社の収入となる）
> 【デメリット】
> ●個人に土地・建物の譲渡所得が生じる。譲渡所得税、登記費用等の負担が生じる
> ●管理会社は多額の購入資金を要し、借入れなどの資金繰りも必要となる

出た! H28・R1・2・5

4 消費税

① 課税対象

　課税事業者が行った国内取引に対して課税されます。取引とは、対価を得て行われる資産の譲渡・貸付け、ならびに役務の提供です。

発展

土地の貸付けのうち、駐車場その他の施設の利用に伴って土地が使用される場合には、非課税にはならない。事務所などの建物を土地とともに貸し付けるときに、家賃を土地部分と建物部分とに区分している場合でも、その総額が貸付けの対価として取り扱われる。

賃　料	店舗や事務所の賃料には課税される。 土地の賃料（地代）、住居の賃料は非課税 （土地と住居については、貸付期間が1か月未満だと課税される）（R5問49肢1）
購入代金	建物の購入代金や仲介手数料等の支払いには課税される。 土地の購入代金は非課税

② 納税と納めるべき消費税

　税率は10％（消費税7.8％、地方消費税は2.2％）です。

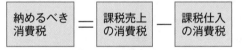

5 固定資産税と都市計画税

① 固定資産税

　土地、家屋などの固定資産を所有している者が、固定資産が所在する市町村に納める地方税が固定資産税です。

　固定資産税は、毎年1月1日現在の土地、家屋などの所有者に課されます。

出た! H28・R1・4・5

参考
固定資産
土地、家屋および償却資産のこと
例 工場の機械

ア．課税主体と徴収方法

固定資産税は、固定資産が所在する市町村（東京都特別区は都）が課税します。市町村は毎年1月1日現在、固定資産課税台帳に所有者として登録されている者に対して納税通知書を送付し、その通知書に従って納税義務者が納税します（普通徴収）。

固定資産税の納期は、4月、7月、12月および2月中において、市町村の条例で定めますが、特別の事情がある場合には、これと異なる納期を定めることもできます。

なお、固定資産税の納税義務者には、次のような例外があります。

【固定資産税の納税義務者の例外】

質権または100年より永い地上権が設定されている場合	質権者または地上権者
登記名義人が災害等で不明の場合	使用者を所有者とみなして課税
登記名義人が死亡している場合等	1月1日現在、現に所有している者

イ．課税客体と課税標準

固定資産税は、土地・家屋または償却資産を課税客体とし、固定資産課税台帳登録価格を課税標準とします。

課税標準となる固定資産課税台帳登録価格は、3年に1回、見直されます。ただし、農地から宅地に地目が変わったり、家屋を増改築するなどによって価格据置が不適当となったときは、その時点で見直しが行われます。

なお、納税義務者や土地・家屋の賃借権者などは、これらの者に係る固定資産に関する事項が記載されている部分について、固定資産課税台帳の閲覧や証明書の交付を請求できます。

ウ．固定資産税の免税点と税率

固定資産税は、同一市町村内に同一人が所有する土地・

📝 コメント
賦課期日（1月1日）における納税義務者に対して形式的に課税されるので、年の途中に所有者が変更しても、法律上の納税義務者は変わらない。

📝 コメント
1月1日の時点で家屋が完成していない場合には、家屋に対する固定資産税は課税されない（R4問49）。

📝 コメント
固定資産税の納税者は、固定資産課税台帳に登録された価格について不服がある場合、固定資産評価審査委員会に審査の申出をすることができる（H28問35）。

🆙 発展
総務大臣は、固定資産の評価の基準、評価の実施の方法・手続きを定めて、告示しなければならない。

📝 コメント
市町村長は、毎年4月1日から、4月20日または当該年度の最初の納期限の日のいずれか遅い日以後の日までの間、価格等縦覧帳簿またはその写しを、固定資産税の納税者の縦覧に供しなければならない。

第6編　管理業務その他の賃貸住宅の管理の実務に関する事項

家屋・償却資産のそれぞれの課税標準の合計が次の金額に満たないときは、原則として課税されません。

土　　地	30万円
家　　屋	20万円
償却資産	150万円

固定資産税の標準税率は、$\frac{1.4}{100}$ です。なお、特に必要があるときには、自治体によって標準税率と異なる税率を定めることもできます。

エ．課税標準と税額の特例

固定資産税は、課税標準である固定資産課税台帳登録価格に税率を掛けることによって納税額を算出します。

> 課税標準 × 税率 ＝ 納税額

a．課税標準の特例

固定資産税の課税標準は、住宅用地（土地）の場合、「200㎡以下の部分」の「小規模住宅用地」と、「200㎡を超える部分」の「一般住宅用地」に区分され、その区分に応じて次のように軽減されます（R5問49肢3）。

200㎡以下の部分（小規模住宅用地）	$\frac{1}{6}$
200㎡を超える部分（一般住宅用地）	$\frac{1}{3}$

b．税額の特例

家屋についての固定資産税の税額は、床面積が50㎡以上280㎡以下で、居住用部分の割合が全体の$\frac{1}{2}$以上の新築住宅（家屋）について、次のように一定期間、一定の範囲で、$\frac{1}{2}$に減額されます。

【税額の特例】

減額される期間	3年間 （3階以上の中高層耐火建築物は5年間）
範　　囲	床面積120㎡以下の部分のみ

発展
制限税率（標準税率を上回って課税する場合の上限）は定められていない。

コメント
店舗併用住宅が土地上に存在する場合には、居住用部分が建物の$\frac{1}{2}$以上であるなら、敷地すべてが住宅用地とみなされて、特例が適用される。

発展
共同賃貸住宅の場合は、床面積の要件が40㎡以上280㎡以下となる。

　固定資産税は、住宅用地について課税標準の軽減措置が講じられていますが、適切な管理がなされていない空き家は、防災・衛生・景観等、周辺の生活環境の観点から、この軽減措置の適用がなくなり、固定資産税が最大で6倍になる可能性があります。

Column

② 都市計画税

課税主体	市町村（東京都特別区は都）
課税される者	毎年1月1日時点の土地・建物（償却資産は課税対象ではない）の所有者 原則として市街化区域内の土地・建物が課税対象（市街化区域以外の都市計画区域では、非線引き区域において条例によって課税されることがある）
納税の方法	市町村から送付の納税通知書で、固定資産税とともに一括納付
課税標準	固定資産課税台帳登録価格（固定資産税の課税標準と同じ） 税額＝課税標準額×最高0.3％（住宅用地について、都市計画税の軽減の特例あり）

コメント
固定資産税と都市計画税は不動産所得の計算上必要経費となる。

【都市計画税の軽減の特例】

住宅用地	200㎡以下の部分	課税標準×$\frac{1}{3}$
	200㎡超の部分	課税標準×$\frac{2}{3}$ ※集合住宅では、敷地面積の全体を居住用住戸数で除した面積で判断する
新築住宅の建物	原則として、軽減の特例なし	

6 相続税

① 相続の仕組み

　相続は、被相続人の死亡によって開始します。相続の開始には、相続人が被相続人の死亡を知っていたかどうかは問われません。

　不動産や預金などのプラスの財産だけではなく、借金な

出た！ H30・R1・2・3・5

コメント
個人が当事者である場合、管理受託契約（法的には、委任ないし準委任の性格を有する）は、委託者と受託者のどちらかが死亡した場合には終了する。契約上の地位は相続人には承継されない。

どのマイナスの財産も承継されます。賃貸借契約に基づく賃貸人の地位や賃借人の地位も、相続の対象です。

相　続	人が死亡した場合に、財産上の権利義務が包括的に承継されること
被相続人	死亡した本人
相続人	生存する配偶者や子供など、財産上の権利義務を承継する人

② 相続税の計算と納税のフロー

ア．各相続人等の課税財産の合計額

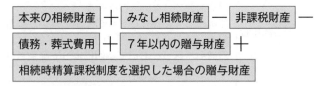

イ．課税遺産総額

　アの算式によって各相続人等の課税財産の合計額を算出して、その額から、まず基礎控除額を差し引きます。これが課税遺産総額です。

　基礎控除額は、以下のように計算します（R5問45肢3）。

コメント
基礎控除額を計算する際の法定相続人は、相続を放棄するなどして実際には財産の相続を受けなかった人も含める。

3,000万円	＋	600万円×法定相続人の数

ウ．相続税の申告と納税

　相続税申告書による申告と納税は、被相続人の住所地の所轄税務署長に対して、相続開始があったことを知った日の翌日から10か月以内に行わなければなりません。

③ 不動産の財産評価

　相続税の計算は、相続時の財産の価格に基づきます。財産の評価のルールは、財産評価基本通達に定められています。

ア．土地・建物の評価額

　土地の評価額は、路線価の定めがあれば路線価によります。路線価の定めがなければ、固定資産税評価額に一定の倍率を乗じて求めます。

　土地の評価額は、公示価格の8割の水準になるように設定されています。

　建物の評価額は、固定資産税評価額と同額であり、一般的に建築価格の5～7割程度となっています。

イ．貸家建付地

　自用地（自用地とは、税務上更地を指す）に賃貸住宅や貸しビルを建設した場合（＝貸家建付地）、更地と比べ土地の相続税評価額が下がります。

【貸家建付地の評価額の計算】

| 貸家建付地の評価額 | ＝ |

| 自用地（更地）の評価額 | × |

| 1－借地権割合×借家権割合×賃貸割合 |

借地権割合	首都圏の住宅地の場合、通常60～70％の地域が多い
借家権割合	30％（全国一律）
賃貸割合	相続開始時に賃貸されている部分の床面積に占める割合

ウ．貸家の評価額

　貸家は、30％の評価減となります。

| 貸家の評価額 | ＝ |

| 建物の固定資産税評価額 | × | 1－借家権割合30％ |

エ．小規模宅地の評価減の特例

　小規模宅地の評価減の特例には、特定居住用宅地等、特定事業用宅地等、貸付事業用宅地等の3種類があります。

発展

建物の評価額が建築代金の5～7割であることと貸家の30％評価減を合わせると、貸家の相続税評価額は建築代金の約40～50％程度になる場合が多い。

a．特定居住用宅地等

適用対象面積：330㎡

減額割合：80%

親族（相続した親族）の要件：次の 1) ～ 5)のいずれ
　かに該当する場合

【被相続人の居住の用に供されていた場合】
　1）配偶者が取得した場合
　2）被相続人と同居していた親族が取得し、申告期
　　限まで引き続き居住している場合
　3）上記 1)、2)に該当する者がいない場合で、相続
　　開始前 3 年以内に本人または本人の配偶者の所有
　　する家屋に居住したことがない親族が取得した場
　　合

**【被相続人と生計を一にする親族の居住の用に供されて
いた場合】**
　4）配偶者が取得した場合
　5）被相続人と生計を一にしていた親族が取得し、
　　相続開始前から申告期限まで自己の居住の用に供
　　している場合

b．特定事業用宅地等

適用対象面積：400㎡

減額割合：80%

親族（相続した親族）の要件：次の 1)、2)のいずれか
　に該当する場合（不動産貸付事業以外の事業が対象）
1）被相続人の事業の用に供されていた場合で、被相続
　人の事業を引き継ぎ、申告期限まで引き続きその事業
　を営んでいる親族が取得した場合
2）被相続人と生計を一にしていた親族の事業の用に供
　されていた場合で、取得者が相続開始前から申告期限
　まで引き続きその事業を営んでいる場合

c．貸付事業用宅地等（R5問45肢4）

適用対象面積：200㎡
減額割合：50%
親族（相続した親族）の要件：次の1）、2)のいずれか
　に該当する場合
1）被相続人の不動産貸付事業の用に供されていた宅地
　で、被相続人の不動産貸付事業を引き継ぎ、申告期限ま
　で引き続き貸付事業を営んでいる親族が取得した場合
2）被相続人と生計を一にする親族の不動産貸付事業の
　用に供されていた宅地で、その生計を一にする親族が
　取得し、相続開始前から申告期限まで引き続きその自
　己の貸付事業を営んでいる場合

発展

相続税の申告期限までに遺産分割協議が終了していない場合や、特例を受けようとする土地を申告期限前に売却した場合には、特例を適用できない。

出た！ H30・R1・2・5

7 贈与税

① 贈与税の仕組み

　個人が、個人から、金銭や宅地・建物などの財産をもらった場合に、財産をもらった人（受贈者）に対して課されるのが、贈与税です。

　贈与税は、1年間（1月1日から12月31日まで）に贈与を受けた財産の価額の合計額から、基礎控除額を控除し、その残額に税率（10〜55％の超過累進税率）を乗じて計算します。基礎控除額は、年間110万円です。

② 相続時精算課税制度

　相続時精算課税制度とは、生前の贈与について贈与税を納税し、その後の相続時に「その贈与財産と相続財産とを合計した価額を基に計算した相続税額」から「既に支払った贈与税額」を控除することにより、贈与税・相続税を通じた納税を可能とする制度です。贈与税の額は、贈与財産の価額の合計額から2,500万円を控除した後の金額に、一律20％の税率を乗じて計算します。なお、年間110万円の基礎控除は適用されます。

　適用の対象となる贈与者は60歳以上の親または祖父母、受贈者は18歳以上の子または孫である推定相続人（代襲相続人を含む）です（年齢は贈与年の1月1日現在）。

発展

「法人から法人」の贈与は贈与者と受贈者のいずれの法人にも法人税、「法人から個人」の贈与は贈与者の法人に法人税、受贈者の個人に所得税、「個人から法人」の贈与は受贈者の法人に法人税、贈与者の個人に所得税が、それぞれ課せられる。

コメント
超過累進税率
課税標準をいくつかの段階に分けて、その区分ごとに高くなる税率を適用する（超過金額に対してのみ、より高い税率を適用する）課税方式のこと

コメント
特例贈与財産
父母、祖父母等の直系尊属からの贈与については、その年の1月1日に贈与を受けた者が18歳以上であるときには、贈与税の税率において有利な扱いがなされる。

第6編 管理業務その他の賃貸住宅の管理の実務に関する事項

発展
相続時精算課税の特別控除額の2,500万円は、贈与者ごとに適用される。したがって、父母の双方から贈与を受けた場合、それぞれ2,500万円ずつの特別控除となる。

出た! H28

コメント
土地・建物の譲渡所得は、他の所得と分離して税額を計算する申告分離課税という計算方法をとる（H28問36）。

発展
不動産業者がその事業として不動産を譲渡する（営利を目的として継続的に行われる）場合、事業所得と扱われるため、譲渡所得とはならない。

発展
権利金の額が地価の50％を超える借地権の設定をした場合なども、譲渡所得と扱われる。

発展
資産を「法人」に対して、その譲渡の時における価額の$\frac{1}{2}$に満たない金額で譲渡した場合、譲渡したその時における価額に相当する金額により、資産の譲渡があったものとみなされる。

贈与された財産の性格	「相続財産の前払い」という意味をもつ
贈与する財産の評価	相続時精算課税制度が適用されると、相続税の計算においても、贈与時の相続税評価額で計算される（目的物の値上がりが見込まれる場合には有利になる）（R5問45肢1）

8 賃貸不動産の譲渡に関する税金

① 不動産の譲渡所得に対する税金

たとえば、2,000万円で買った土地を5,000万円で売却した場合、ひとまず費用等を考慮に入れなければ、差し引き3,000万円の利益（譲渡所得）が生じます。この譲渡所得には所得税が課せられます。所得税は、国が課税する国税で、納税義務者は、土地や建物等の譲渡により所得を得た個人です。納付は確定申告により行います（申告納税）。

譲渡所得に対する所得税は、総収入金額（売却代金）から取得費（買った時の価格）と譲渡費用を差し引いて純利益を求め、これに一定の税率を掛けて税額を求めます。

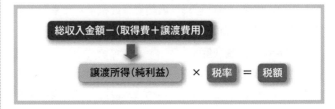

取得費は、売却した土地や建物を購入したときの購入代金、建築代金、登録免許税、不動産取得税等と、設備費、改良費との合計額です。こういった取得費が不明等の場合は、譲渡の際の総収入金額の５％を取得費として計算することができます。

また、譲渡費用は、土地や建物を売るために直接かかった費用で、不動産業者に対する仲介手数料、立退料や家屋の取壊費用などのことです。

② 長期譲渡所得と短期譲渡所得

　譲渡所得は、譲渡した土地・建物等の所有期間に応じて次のように区分されます。

長期譲渡所得	譲渡した年の1月1日現在で、所有期間が5年を超える場合
短期譲渡所得	譲渡した年の1月1日現在で、所有期間が5年以内の場合

📋コメント

土地・建物の所有期間は、「譲渡した年の1月1日現在」で判断する。

　これらの区分に従い、適用される税率は、次のように異なります。

【譲渡所得の税率区分】

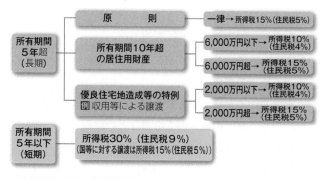

※上記税率には、復興特別所得税 2.1% 相当が上乗せされていない。

📋コメント

2013（平成25）年1月1日から2037年12月31日までは、復興特別所得税として各年分の基準所得税額の2.1%を所得税と併せて申告・納付することになる。

③ 空き家の譲渡所得に関する特別控除の特例

　平成28年度の税制改正において、空き家についての譲渡所得の特別控除という特例が創設されました。

　この特例は、被相続人が亡くなることにより空き家になった家屋とその敷地の両方を相続した相続人がそれらを譲渡した場合に、譲渡所得について3,000万円を控除できるというものです。2016（平成28）年4月1日から2027（令和9）年12月31日までの間の譲渡（対価の額が1億円以下の譲渡）に適用されます。

　特別控除の適用対象は、「被相続人居住用家屋」であり、次のア〜ウの要件を満たす家屋がこれに該当します。

📋コメント

相続人が取得した空き家やその敷地を売却した場合、所得税に関し、居住用財産を譲渡した場合の3,000万円控除の適用を受けることができる（H28問36）。

　なお、相続人が3人以上いる場合は、各2,000万円控除になる。

第6編　管理業務その他の賃貸住宅の管理の実務に関する事項

> ア．相続の開始の直前において、被相続人の居住の用に供されていた家屋であること
> イ．昭和56年5月31日以前に建築された家屋（マンションなどの区分所有建物を除く）であること
> ウ．相続の開始の直前において、被相続人以外に居住をしていた者がいなかった（被相続人のみが居住していた）ものであること

　なお、相続時から譲渡時までの間に、事業、貸付け、居住の用に供されていると特例は適用されません（無償の貸付けであっても特例は不適用）。この点にも留意が必要です。

9 その他の税金に関する事項

① 印紙税

ア．印紙税の概要

　土地や住宅を購入するときの売買契約書や、建物の賃貸借をする場合の敷金の受取書などの課税文書に対して課せられる国税が、印紙税です。

　印紙税の納税義務者は、課税文書の「作成者」です。作成者が国・地方公共団体の場合は、非課税とされています。

イ．課税文書と記載金額

　印紙税は、原則として課税文書に印紙（収入印紙）を貼り付けることにより納付します。課税文書と印紙の両方にかかるように、判明に印紙を消さなければなりません（消印するという）。

> 仮契約書、仮領収書、文書の写し（コピー）、副本などについても、契約を証するものである限り、課税されます。

　契約書の内容や「記載金額」（契約金額、受取金額等）によって、次の表のように印紙税額が定められています。

出た! R2

コメント

1つの課税文書を2以上の者が共同して作成したときは、連帯して印紙税を納付する義務を負う。

発展

代理人が本人を代理して金銭を受領した場合、受取書の作成者は代理人となるため、その代理人が、印紙税の納税義務者となる。

| 受領者 | ＝ | 代理人 | → | 納税義務 |

コメント

消印は、課税文書の作成者、その代理人や従業者等の印章または署名等によって行う。

【課税文書とその印紙税額】

おもな課税文書	記載金額等
売買契約書	●売買金額が記載金額となる ●増額変更の契約書は、増額部分が記載金額となる ●減額変更の契約書は、記載金額がないものとして200円が課税される
地上権・土地賃借権の設定または譲渡契約書	後日返還されない権利金等の額が記載金額となる
請負契約書	（上記売買契約書に準じる）
売上代金に係る受取書（領収書）	●記載金額が5万円未満 ●営業に関しない受取書 ┓→ 非課税

　同じ課税文書に2以上の記載金額がある場合は、その合計額が記載金額となります。

　また、土地の売買契約と建物建築請負契約を1通の契約書に併記している場合は、原則として、売買契約書として課税されますが、請負に係る金額のほうが多い場合は、請負契約書として課税されます。

　消費税が明記されている場合、その部分には印紙税は課税されません。

　なお、おもな「課税されない」文書は、次のとおりです。

●建物賃貸借契約書
●抵当権設定契約書
●営業に関しない受取書（領収書）

② 不動産取得税

　売買・贈与で不動産を取得したとき、建物を新築・増築したときに課せられる地方税が、不動産取得税です。

固定資産税評価額 × 3%※
　※土地と住宅の2027（令和9）年3月31日までの特例。本則は4%

【軽減措置】

　ア. 2027（令和9）年3月31日までに取得した宅地等（マ

注意
敷金・保証金等で後日返還が予定されるものは、記載金額に含まれない。また、賃料等も記載金額に含まれない。

コメント
建物賃貸借契約に伴い敷金や手付金を受領した際に交付する領収書は、受取書として印紙税が課税される。

第6編　管理業務その他の賃貸住宅の管理の実務に関する事項

ンションの敷地利用権を含む）の課税標準額は、**固定資産税評価額の$\frac{1}{2}$**に軽減されます。

イ．2026（令和8）年3月31日までに一定の条件を満たす新築住宅を取得（購入または新築、増改築）した場合、**固定資産税評価額から1,200万円**（認定長期優良住宅は**1,300万円**）が控除されます。新築の賃貸用住宅であれば適用されますが、中古の賃貸用住宅には適用されません。

③ 登録免許税

土地や建物の所有権移転登記や抵当権設定登記を受ける場合に納付する国税が、**登録免許税**です。

納税義務者は登記を受ける者ですが、登記を受ける者が2人以上いるときは、連帯して納付義務を負います。

> 例 売買による所有権移転登記の場合、登記権利者である買主と登記義務者である売主の両方が納税義務者となる。

登録免許税は、登記を受ける時までに、登記を受ける登記所で納付します。

> 国・地方公共団体等が登記権利者となるときは、登録免許税が非課税になりますが、逆に登記義務者となるときは課税されます。

【登録免許税の税率】

登記の種類により、登録免許税の課税標準と税率は、次のように異なります。

登記の種類		課税標準	税　率
所有権保存		不動産の価額	0.4%（0.15%）
所有権移転	売買・贈与	〃	2％（0.3%）
	相続・合併	〃	0.4%
抵当権設定		借入金額	0.4%（0.1%）
地上権、賃借権設定		不動産の価額	1％

※（　）内は一般住宅の軽減税率

 コメント

「不動産の価額」とは、固定資産課税台帳登録価格のことをいう。

❷ 保　険

① 保険の３つの分野

出た！　H27・28・30・R1・2・3・4

　保険は、将来起こるかもしれない危険に対し、危険を軽減・分散する方策です。相互扶助の精神から生まれています。事故発生の確率を調べ、確率に見合った保険料を算定し加入者が保険料を公平に分担する仕組みであり、事故が発生したときに、保険金支払いで対処することになります。

　保険には、３つの分類（分野）があります。

① 生命保険

　生命保険は、人の生存または死亡について、約定を定め、保険金を支払う仕組みです。保険業法上の第一分野です。

　例 終身保険、定期保険、養老保険などが代表的

② 損害保険

　損害保険は、偶然の事故に対して、保険金を支払う仕組みです。保険業法上の第二分野とされます。賃貸不動産経営管理に関係が深い保険です。

　例 火災保険、賠償責任保険、自動車保険などが代表的

③ 傷害・医療保険

　傷害・医療保険は、人のけがや病気などに対して、保険金を支払う仕組みです。保険業法上の第三分野とされます。

　例 傷害保険、医療保険、がん保険などが代表的

参考

リスクへの対応には回避と転嫁がある。回避とはリスクを生み出す行動を行わないこと、転嫁とは危険を軽減・分散すること。保険は危険の転嫁によるリスクの対応方法である。

コメント

保険は、保険会社の商品によって特性が異なり、いかなる危険に対して、どの範囲で補塡されるのかが異なっている（H28問40）。

第6編　管理業務その他の賃貸住宅の管理の実務に関する事項

② 損害保険の構造

① 大数の法則

事故は偶発的ですが、大量の事故を観察すれば発生率の予測が可能です。これを「大数の法則」といい、独立的に偶然起こる事象であっても、それが大量に観察されれば、統計的な確率によって、ある事象の発生する確率は一定値に近づくという考え方です。

> **ポイント** 損害保険は大数の法則に立脚し、リスクの発生率と被害額を計算して保険料を算出し、事故の被害による損失を平準化する仕組みになっている。

② 保険契約の運営

保険は、保険契約を締結することによって運営されています。

保険契約は、保険会社が偶然の事故を条件として財産上の給付（金銭）を行うことを約し、相手方（保険契約者、保険加入者）がこれに対してその一定の事由の発生の可能性に応じたものとして保険料を支払う契約です。

発展
保険契約者（保険加入者）と被保険者が同一である必要はない。

保険給付	偶然の事故が生じた場合に保険会社が被保険者に支払う金銭
保険金	保険給付によって支払われる金銭
被保険者	保険によって補償を受ける人（保険金受取人、保険の対象になる人）

③ 損害保険の保険料

損害保険の保険料は、純保険料と付加保険料から成り立ちます。

$$\boxed{保険料} = \boxed{純保険料} + \boxed{付加保険料}$$

純保険料は、保険金受取人に支払う保険金の原資です。

付加保険料は、保険会社が事業を運営するために必要な費用（社費）や損害保険代理店に支払う手数料（代理店手数料）、保険会社の利益（利潤）などから構成されます。

参考
地震保険の保険料の算出には、損害保険料率算出団体に関する法律に基づき運営されている損害保険料率算出機構が算定した料率（基準料率）が使用されている。

収支相等の原則	純保険料（および付加保険料）の総額と保険金の総額は等しくなる 純保険料の総額 （＋ 付加保険料の総額 ） ＝ 保険金の総額
給付・反対給付 均等の原則	保険料は保険会社が引き受けるリスクの度合いに比例するものとしなければならない。保険契約者が負担する保険料は、偶然の出来事の発生率と保険金を乗じた額と等しくならなければならない

③ 賃貸管理における保険

出た！ H27・28・29・30・R1・2・3・4

賃貸管理では、損害保険のうち、①火災保険、②地震保険、③借家人賠償責任保険が使われます。

① 火災保険

火災保険は、建物、家財、什器備品が火災や風水害などの自然災害などによって損害が生じた場合の保険です。

火災保険において支払われる保険金は、損害保険金と費用保険金です。

📝コメント
火災とは、場所または時間に偶然性があり、火勢が自力で拡大するもの

損害保険金	建物や家財の直接的な損害に対する支払い
費用保険金	保険事故の際に発生する費用について支払われるもの（引越し費用や片付け費用など）

火災や風水害などによる損害を補塡する火災保険と、地震や噴火またはこれらによる津波によって建物や家財に損害が発生した場合に、その損害を補償する地震保険をあわせて、「すまいの保険」と呼ばれています。

② 地震保険

地震保険は、地震、噴火これらによる津波により建物や家財に損害が生じた場合に補償するものです（火災保険に付帯するもので、単独での加入はできない。火災保険に付帯して加入するのであれば、すでに契約している火災保険について、保険期間中に地震保険を付することはできる）。

📝コメント
「地震保険に加入する際には、主契約の火災保険と同額の保険金額で加入する必要がある」という肢が、最も不適切として出題された（H28問40）。

📖参考
地震保険は、政府と保険会社(日本損害保険協会)が一体となって運営している。

↑up 発展
保険給付の請求には、市町村長によって作成されるり災証明が利用される。

❗ 注意
借家人賠償責任保険は、借家人の大家(賃貸人)に対する損害賠償金を補償する保険であり、自己の家財が損害を受けた場合の損害を補償するための保険ではない。

地震保険の保険金額は、主契約(火災保険)保険金額の30～50%の範囲内、建物は5,000万円まで、家財は1,000万円までとなっています。

③ 借家人賠償責任保険

借家人賠償責任保険は、火災・爆発・水ぬれ等の不測かつ突発的な事故によって、賃貸人に対する法律上の損害賠償を負った場合の賠償金等を補償する保険です。賃貸借契約において、借家人賠償責任保険に加入することが条件とされることもあります。

④ 施設所有者賠償責任保険

施設所有者賠償責任保険は、施設の所有者が、施設の安全性の維持・管理の不備や、構造上の欠陥によって負担することとなった損害賠償をカバーする保険です。建物の不備や欠陥によって生じたのではなく、上階入居者の貸室の使用方法に起因して損害が生じた場合などには、建物所有者が付保する施設所有者賠償保険を適用することはできません。

第6章 不動産の証券化

重要度ランク **A**

攻略ポイント ●不動産証券化が広まった経緯、制度と仕組み、役割等

1 不動産の証券化が広まった経緯

不動産の証券化とは、不動産の権利を証券化して販売し、投資資金を集める仕組みのことです。まず、1998（平成10）年に資産流動化法（ＳＰＣ法）が制定され、ＳＰＣ（特定目的会社）が証券を発行して投資家から不動産への投資資金を集め、集めた資金で不動産を購入して賃料収入を取得し、投資家に配当をすることができるようになりました。

さらに、2001（平成13）年には、日本版不動産投資信託「Ｊリート」がスタートしました。現在では、私募リートも利用されています。

2 制　度

① 不動産特定共同事業法

不動産特定共同事業法は、1994（平成6）年に制定された法律です。実物不動産を対象とする投資について、投資家保護のための仕組みを定めています。2013（平成25）年6月に事業主体の資格について要件が緩和され、ＳＰＣが主体として不動産共同事業を行うことが可能になっています。

② 資産流動化法

資産流動化法は、1998（平成10）年に制定された法律です。特定目的会社（ＴＭＫあるいはＳＰＣといわれる）が、

出た! R2

⬆ **発展**
オフバランス
保有資産を貸借対照表（バランスシート）の資産の部から外すこと。オフバランスは証券化の目的のひとつとなっている。

📖 **参考**
Ｊリートは現在約60の銘柄が上場し、大きな規模の市場に発展している。

出た! H28

📖 **参考**
資産流動化法の正式名称は、「特定目的会社による特定資産の流動化に関する法律」

●証券を発行して投資資金を集める

●不動産を購入して賃料収入を取得する

●賃料収入を投資家に配当する

という仕組みを定めています。

③ YK＋TK型（GK＋TK型）の不動産証券化

1998（平成10）年頃から使われるようになった仕組みです。

有限会社（YK）が営業者となって投資家との間で匿名組合契約（TK）を締結し、証券を発行して資金を集めて不動産を購入し、投資家に配当する仕組みです。

会社法が改正され、有限会社はなくなったため、現在では有限会社（YK）に代わって、合同会社（GK）が使われています。

④ Jリート

投信法に基づく不動産投信のうち、証券取引所に上場されているものをJリートとよびます。多数の投資家から、それぞれ少額の資金を集める仕組みです。上場されているので換金性が高いのが特徴で、規模は約22兆円です。

⑤ 私募リート

投信法に基づく不動産投信のうち、証券取引所に上場されていないものを私募リートとよびます。流通市場がなく換金性には乏しいですが、一定の条件下で投資口の払戻しが認められるます。規模は5兆円を超えています。

参考
②③による証券化は、④Jリートと対比して「私募ファンド」と呼ばれる。

私募ファンドは運用期間が定められています。Jリートと私募リートは、運用期間の定めがなく物件の追加や入替えにより永続的に運用されることが想定されています。

Column

種類	私募ファンド	私募リート	Jリート
投資家1人当たりの投資額	大	中	小
投資家数	少	中	多

③ 金融商品取引法

出た！ R2

不動産の証券化に携わる際に金融商品取引業にあたる業務を行うには、金融商品取引法（金商法）が適用されます。

金融商品取引業は4つに分類されます（金商法28条1項〜4項）。いずれの事業を行うにも登録が必要です。

① 第一種金融商品取引業

株式、債券、投資証券、投資法人債券など、流動性の高い有価証券を取り扱う証券会社による業務です。株式会社だけが登録でき、純資産額および最低資本金（5,000万円）の制約があります。

② 第二種金融商品取引業

流動性の低い有価証券の販売・勧誘などを取り扱う業務です。流動性の低い不動産信託受益権や匿名組合の出資持分などが有価証券とみなされ（みなし有価証券。金商法2条2項1号〜7号）、これらの販売・勧誘や自己募集には第二種金融商品取引業の登録が必要になります。個人でも登録ができ、純資産額の制約はありませんが、最低資本金1,000万円または個人の場合の営業保証金1,000万円が必要です。

③ 投資助言・代理業

投資助言や投資顧問契約・投資一任契約の締結の代理・媒介を行う業務です。個人でも登録ができ、純資産額の制約はありませんが、営業保証金1,000万円が必要です。

④ 投資運用業

投資運用を行う業務で、投資一任契約に関する投資顧問業や、いわゆる会社型投資信託についての投資法人資産運用業を行う場合に登録が必要になります。株式会社だけが

発展
第二種金融商品取引業の登録
不動産証券化の仕組みにおいては、不動産信託受益権や匿名組合の出資持分が利用されることが多いが、第二種金融商品取引業の登録がなければ、販売・勧誘や自己募集に携わることはできない。

発展
投資運用業の登録
不動産証券化において、アセットマネージャーが投資一任の業務や投資法人の資産運用業務など投資運用を行う場合には、投資運用業の登録がなくてはならない。アセットマネジメント業務であっても、資産流動化法に基づく特定目的会社などが利用され、投資一任の業務や投資法人の資産運用業務など投資運用を行うのではない場合には、アセットマネージャーに投資運用業の登録は必要ではない。

登録でき、純資産額および最低資本金5,000万円の制約が
あります。

出た! R5

4 不動産証券化のしくみ

① 器（ビークル）

不動産証券化には、器（ビークル、ＳＰＶ、ＳＰＥ）が
利用されます。器は、活動の実態を有しないペーパーカン
パニーです。

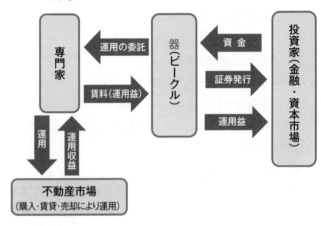

② デットとエクイティ

ア．デット

金融機関等からの借入れや社債などのことです。器
（ビークル）内の資金の性格としては、負債にあたります。
利息の支払いや元本の償還においてエクイティよりも優
先します。多くは利益が固定され安全性が高いのですが、
リターンの割合は低くなります（ローリスク・ローリター
ン）。

イ．エクイティ

組合出資や優先出資証券等を通じて資金が払い込まれ
る資金であり、器（ビークル）内の資金の性格としては、
資本にあたります。利息の支払いや元本の償還において
デットよりも劣後します。利益は固定されず、安全性は
比較的低いのですが、リターンの割合は高くなります（ハ

イリスク・ハイリターン）。

③ 流動化型（資産流動化型）とファンド型

ア．流動化型（資産流動化型）

　投資対象が先に決まり、後にお金を集めるタイプであり、はじめに資産がある場合の不動産証券化の仕組みです。器（ビークル）には投資の期間が定められており（多くは3～5年）、期間の経過により器（ビークル）が解散し、投資家は投下資金を回収することになります。

イ．ファンド型

　お金を集めてから投資対象が決まるタイプであり、はじめにお金がある場合の不動産証券化の仕組みです（実際上は、具体的な見通しがなく、投資を募るわけではない）。ファンド型では、投資の期間は定められません。投資家は、投資持分を譲渡することにより投資を回収します。そのためファンド型には、その投資持分を回収するための市場が必要となります。Ｊリートはファンド型の不動産証券化であり、東京証券取引所に上場されています。

ウ．比　較

　実物不動産への投資、流動化型（資産流動化型）への投資、ファンド型への投資を、投資家数と投資金額で比較すると、一般的に投資家数は、実物不動産が少数、ファンド型は多数、流動化型はその中間ということになり、投資金額でみれば、実物不動産は大きい、ファンド型は小さい、流動化型はその中間ということになります。

④ ノンリコースローン

　ノンリコースローンとは、特定の事業や資産から生ずる収益だけを返済原資とする借入れです。

　一般に法人や個人が借入れをした場合には、その法人や個人の資産全体が借入れの引き当て（責任財産）になり、債務の返済が行われない場合には、債権者は資産全体をその債権を実現するための原資とすることが可能です（遡及型）。

第6編

管理業務その他の賃貸住宅の管理の実務に関する事項

これに対してノンリコースローンの場合には、特定の事業や資産以外は、その債権実現のための引き当て（責任財産）とはなりません（非遡及型）。

ノンリコースローンは返済原資が限られるため、投資家にとっては返済原資の限定されない遡及型融資に比べてリスクが高くなりますが、ハイリスクである一方でハイリターンでもあります。

一般に不動産の証券化の仕組みでは、ノンリコースが利用されています。

出た! H27・28・29・30・R1・2・4

5 管理業者の役割

管理業者は、不動産の証券化のなかで重要な役割を担います。不動産の証券化のなかでの役割分担を理解しておくことは重要なことです。

① アンバンドリング

アンバンドリングとは、従来一体として行われていた業務を分離し、各部分についてそれぞれ専門的な業務として別々に行うようにすることです。不動産事業は、業務が細分化し、高度で専門的な知識、経験、能力が必要であることから、役割が分担されるようになったものです。

アセットマネジメント（AM）	不動産投資について、資金運用の計画、決定・実施、実施の管理を行う
プロパティマネジメント（PM）	不動産の実際の管理・運営
リーシングマネジメント（Leasing Management）	募集など賃貸借契約締結に関連する業務

② アセットマネジメント

投資家から委託を受け、総合的な計画を策定して、投資を決定・実行し、賃借人管理、建物管理、会計処理などについて、プロパティマネジメント会社からの報告を受けて投資の状況を把握し、現実の管理運営を指示しながら、売却によって投下資金を回収するという一連の業務がアセッ

トマネジメント（AM）です。この一連の業務を行う専門家が、アセットマネージャーです。

③ プロパティマネジメント

アセットマネージャーからの委託を受けて、実際の賃貸管理・運営を行うことです。賃借人管理、建物管理、会計処理等がプロパティマネジメント（PM）の業務です。

プロパティマネジメントの業務を行う専門家が、プロパティマネージャーであり、キャッシュフローを安定させ、不動産投資の採算性を確保するための専門家です。テナントリテンション（賃借人の維持）も求められます。所有者の交代に関する業務もプロパティマネジメント業務です。

> PM業務においては、業務の合理性を、客観的な根拠に基づいて、合理的に説明できることが必要（説明責任）であり、報告、調査・提案業務が重要です。

⑥ 収益費用項目

不動産鑑定評価基準では、次のとおり、収益費用項目が統一されています。

| 運営純収益 | ＝ | 運営収益 － 運営費用 |

| 純　収　益 | ＝ | 運営純収益 ＋ 一時金の運用益 － 資本的支出 |

> 不動産鑑定評価基準において、「賃貸収益・賃貸費用」という言葉ではなく、「運営収益・運営費用」という言葉が選ばれているのは、不動産証券化においては、ビルや住宅などのその収益が賃料といわれるもののほか、ホテルなどその収益が賃料といわれるとは限らないものが含まれているからです。

コメント
現存する建物の価値を維持することに加え、さらに管理の質を高め、長期的な観点から建物の価値を高める改修を行うことについて積極的な計画、提案を行うのは、プロパティマネージャーの役割（R１問34）

発展
コンストラクションマネジメント（CM）（中・長期的な改修・修繕の計画を策定し、実施する業務）も、PM業務に取り入れられ始めている（H27問33）。

出た！ H28・29

第6編　管理業務その他の賃貸住宅の管理の実務に関する事項

⑦ 不動産証券化における報告業務

① おもな報告内容

ア．賃貸状況の一覧表（レントロール）

イ．請求、入金、滞納状況の一覧表

ウ．空室状況、新規契約状況および募集活動報告

エ．解約および新規契約に伴う預託金精算・残高状況

オ．予算および実績

カ．建物や設備の維持保全に関する物的な管理事項、
　修繕工事状況表

キ．外部発注および支払状況表

ク．その他

② トラックレコード

　トラックレコードは、物件の稼働状況と賃貸管理の記録の集積です。日常的・定期的な管理状況に加えて、突発的な事象とこれに対する対応を含めた管理状況も記載されます。

　不動産証券化などの不動産投資の仕組みでは、投資判断の前提としての客観的資料が必要とされており、管理業者からのトラックレコードは、投資家の投資判断に有益な情報として重視されています。

③ プロパティマネジメントにおける報告業務

1. プロパティマネジメントの意味

　プロパティマネジメントは、不動産投資の仕組みにおける賃貸管理を指す用語です。プロパティマネジメント会社（プロパティマネージャー）の報告は、アセットマネージャーとの賃貸管理委託契約に基づいて行われます。

2. 報告の意義

　投資家に対する説明および適時の情報開示は、投資家のための業務の根幹です。そのために、不動産投資の仕組みの中では、これまでの賃貸管理に増してその重要性は高くなり、アセットマネージャーに対する報告書提出は、プロ

コメント

レントロール

賃貸状況の一覧表のこと。賃貸状況の記録の内容としては、住戸に関するもののほか、駐車場、看板など、住戸以外についてのものも含まれる。

発展

アセットマネージャーの求める正確な報告書を迅速に作成・提出することは、プロパティマネジメントに対する信頼性の基盤をなすものであり、報告書作成能力は、アセットマネージャーがプロパティマネジメント会社を選定する際の大きな選定基準となっている。

パティマネジメントにおいて非常に重要な業務となります。

　アセットマネージャーもまた、投資家に対して業務の報告を行いますが、通常、プロパティマネジメント会社からの報告を取りまとめて別の書類を作成し、それを投資家に報告することになります。

Column

　アセットマネージャーの投資家に対する報告は、プロパティマネジメント会社の報告に依拠しています。そのためにプロパティマネジメントにおける報告も、投資家に向けたものであることが求められます。

第6編　管理業務その他の賃貸住宅の管理の実務に関する事項

賃貸不動産経営管理士

日建学院

2021年から国家資格に！取るなら今しかない‼

賃貸不動産経営管理士は、4月21日に発表された国土交通省令にて、国家資格となりました。

賃貸物件を扱うスペシャリスト資格‼

国家資格化を果たした賃貸不動産経営管理士にはこれまで以上に幅広く適切な知識が求められるとともにその社会的な重要性はより一層、高まってくるものと思われます。

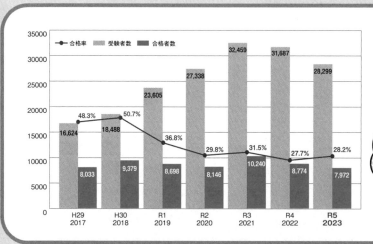

賃貸不動産経営管理士試験

受験者数 and 合格率

令和6年度 賃貸不動産経営管理士試験

願書請求・願書提出期間	令和6年8月1日（木）〜9月26日（木） ※願書請求期間は令和6年9月19日（木）12:00まで
試 験 日	令和6年11月17日（日）13:00〜15:00
受 験 料	12,000円

※賃貸不動産経営管理士試験の詳細は、一般社団法人 賃貸不動産経営管理士協議会のHPをご参照ください。

日建学院 の 賃貸不動産経営管理士 対策講座

日建学院の賃貸不動産経営管理士講座は選べる 2 パターン！

基礎から
キッチリ
学びたい
方向け

短期集中 Web 講座

◆要点解説講義 80分×8回
合格に必要な重要 POINT 知識の講義です。

◆問題解説講義 80分×8回 模擬試験×2回
過去問題を解説する演習講義です。

◆使用教材

試験対策
テキスト

試験対策
問題集

受講料	**¥80,000** （税込 ¥88,000）

※要点解説講義の配信開始は2024年7月上旬、問題解説講義の配信開始は8月上旬となります。

問題演習
で
整理する
方向け

問題解説 Web 講座

◆問題解説講義 80分×8回 模擬試験×2回
過去問題を解説する
演習講義です。

◆使用教材

試験対策
問題集

受講料	**¥40,000** （税込 ¥44,000）

※カリキュラム内容、配信日程は変更となる場合があります。

お問い合わせ・資料請求は下記までご連絡ください。

日建学院コールセンター

株式会社建築資料研究社
東京都豊島区池袋2-50-1

フリーコール **0120-243-229**
受付／AM10:00~PM5:00(土・日・祝日は除きます)

【正誤表の確認方法】

本書の記述内容に万一、誤り等があった場合には、下記ホームページ内に正誤表を掲載いたします。

https://www.kskpub.com ➡ お知らせ（訂正・追録）

なお、ホームページでの情報掲載期間は、令和6年度の試験終了時、または本書の改訂版が発行されるまでとなりますので、あらかじめご了承ください。また、掲載内容は予告なく変更する場合があります。

【正誤に関するお問合せについて】

本書の記載内容について誤り等が疑われる箇所がございましたら、**郵送・FAX・電子メール等の文書**で以下の連絡先までお問合せください。その際には、お問合せをされる方のお名前・連絡先等を必ず明記してください。

また、お問合せの受付け後、回答をお送りするまでには時間を要しますので、あらかじめご了承いただきますようお願い申し上げます。

なお、正誤に関するお問合せ以外の**ご質問、受験指導および相談等は、一切受け付けておりません。**

[郵送先] 〒171-0014
東京都豊島区池袋2-38-1 日建学院ビル3階
建築資料研究社 出版部「賃貸不動産経営管理士」正誤問合せ係
[FAX] 03-3987-3256
[Eメール] seigo@mx1.ksknet.co.jp

お電話によるお問合せは、受け付けておりません。

＊装　丁／Show's Design 株式会社（新藤 昇）
＊イラスト／しまだいさお（http://shimadaisao.g1.xrea.com）

2024年度版　どこでも！学ぶ 賃貸不動産経営管理士 基本テキスト

2024年6月5日　初版第1刷発行

編　著　　賃貸不動産経営管理士資格研究会
発行人　　馬場 栄一
発行所　　株式会社建築資料研究社
　　　　　〒171-0014　東京都豊島区池袋2-38-1　日建学院ビル3階
　　　　　TEL：03-3986-3239
　　　　　FAX：03-3987-3256
印刷所　　亜細亜印刷株式会社